广告学专业“十二五”规划教材

公益广告学概论

刘林清　和群坡　主编

中国传媒大学出版社

目 录

第一章 公益广告的定位

本章要点：

1. 公益广告的概念、特点。
2. 公益广告的作用、公益与慈善的关系。
3. 公益广告发展方略。

物质文明和精神文明是社会主义建设的两个并行必备的组成部分。广告既体现了社会主义的物质文明，也集中体现了社会主义的精神文明。广告涵盖了商业广告和公益广告两大部分。商业广告代表了我国的经济形势，显现物质文明建设的成果；公益广告表现了我国的政治形态和公民意识，是精神文明建设的组成部分。随着我国市场经济和政治文明的发展，公益广告对社会文化和社会管理形成巨大的影响。它在物质文明与精神文明之间架起桥梁，使得物质基础的不断丰富与道德水平的持续提高在全社会范围内交融。公益广告是文明社会的标志，体现崇高的精神境界。

第一节 公益广告的概念与特点

一、公益广告的概念

（一）与公益广告相关的概念

公益广告（Public Service Advertising）是一个复杂的社会科学研究范畴。有如下几个概念与公益广告相关，即公关广告、公益营销、意见广告、公共广告和公共服务广告。

1. 公关广告

公关广告（Advertising of Public Reletions）即公共关系广告，指企业或社会组织通过宣传自身的社会责任、价值观念、经营理念、企业宗旨等来塑造企业在社会上的良好形象，沟通企业与公众的关系，从而提高企业的知名度和美誉度而开展的一种宣传活动。公关广告与传统商业广告不同，它是以新闻事件为背景，借媒体、舆论对新闻事件的关注度开展宣传活动，达到提高知名度的效果，其成本较商业广告低，但需要有合乎条件的新闻事件为载体。

2. 公益营销

公益营销（Social Cause Marketing），也称社会事件营销，是企业开展的以公益项目为主题的商品促销活动。这种公益与企业营销相结合的方式，实质上是企业将自己一部分既得利益回馈社会。公益营销是市场营销手法之一，不仅满足了社会公益活动对资金的需求，同时企业又将良好的企业道德、伦理思想等带给社会，提高了社会道德水准。企业承诺把顾客支付金额的一定比例捐给特定的机构或个人，以此来吸引顾客。其构成要素有三个部分：企业本身、与企业合作的非营利组织、消费者。

3. 意见广告

意见广告（Concept Advertising）是通过提倡某种观念和意见，试图引导或转变公众的看法，影响公众的态度和行为的一种公关广告。可以宣传组织的宗旨、信念、文化或某项政策，也可以传播社会热点话题。意见广告是企业集团针对各类社会现象阐述企业的态度，其具体表现为：一是企业根据自身与社会公众交流的需要，从自身品牌形象出发，选取相关性主题，进行广告传播；二是意见广告与特定的利益集团或企业有间接的关系，具有商业性。所以意见广告的发布一般都按商业广告的规定操作。

4. 公共广告

公共广告一词是由英语 Public Advertising 直接翻译而来。我国的公益广告与西方国家的公共广告是有差别的。我国公益广告的定义将在稍后详述。在欧美国家，这类广告完全按照商业广告的模式运作，包括决定广告的目的、内容和预算，组织创意和媒体计划，最终在媒体发布。与商业广告的不同点在于公共广告不以赢利为目的，一般由公共广告机构组织策划创意，并由媒体免费提供时间和版面发布。公共广告是由社会公共机构，如绿色和平组织、动物保护协会等社会团体针对其所关心的社会问题发布的各类广告。媒体将那些不同于商业广告的，旨在引起公众对某些社会问题的关注，或者倡导某种社会事业或社会风尚、促进社会进步的广告称为“公益广告”。而在学术界，不少学者认为公益广告与公共广告在本质上是一样的。

5. 公共服务广告

公共服务广告（ public service advertising，public interest advertising）是利用广告技巧传播公益理念，为社会公众服务，不以赢利为目的的公共传播形式。在这种形式当中，广告业承担起公共传播的职能，通过某种方式成立机构，由这个机构出面，确定公益广告的主题，委托广告公司免费完成创意，并由机构出资制作，然后由媒体免费或优惠播出，最后由机构负责委托调查公司对公益广告的效果进行评定。①

(二)公益广告的定义

在我国的公益广告事业发展过程中,公益广告概念时常被混淆使用,公益广告的界定尚不清晰。有一种观点认为,真正意义上的公益广告应该是完全为公共利益而为,不掺杂某一集体的私利和商业利益,包括公益广告片和公共广告活动。然而,随着企业的社会责任感日益成为公众关注的焦点,并逐步成为企业应尽的义务,许多企业开始改变其营销策略,以公益的模式谋营销之利,变相地表现为公益营销、意见广告和公关广告。纵然,企业和社会团体在推广公益理念时顺势推广自己的品牌无可厚非,公益广告融入经营理念也是天经地义,但商业利益过度挤占公共传播资源,不利于公益广告的长期有序发展,所以,有必要对公益广告的概念做出比较清晰的界定。

在我国公益广告的研究中存在很多定义,以下几种观点较有代表性:

高萍:公益广告是为公众利益服务的非商业性广告,旨在以倡导或警示等方式来传播某种公益观念,促进社会精神文明建设。②

潘泽宏:公益广告是面向社会广大公众,针对现实时弊和不良风尚,通过短小轻便的广告形式及其特殊的表现手法,激起公众的欣赏兴趣,进行善意的规劝和引导,匡正过失,树立新风,影响舆论,疏导社会心理,规范人们的社会行为,以维护社会道德和正常秩序,促进社会健康、和谐、有序运转,实现人与自然和谐永续发展为目的的广告宣传。③

张明新:公益广告是指不以营利为直接目的,采用艺术性的表现手法,向社会公众传播对其有益的社会观念的广告活动,以促进其态度和行为上的改变。④

唐忠朴:公益广告是指为了促进公共利益,唤起人们对社会各种现实问题的关心,呼吁人们以实际行动来解决或改善这些问题,由政府、社团、媒体、企业及广告公司合作实施、共同推动的广告活动。⑤

陈刚:广义的公益广告,是指传播公益内容的广告。对这类广告的界定有若干种表述形式,比如公共服务广告是指利用广告技巧,传播公益理念,为社会公众服务,不以营利为目的的公共传播形式;公共广告是由社会公共机构,即绿色和平组织、社会保护协会等社会团体针对他们所关心的社会问题发布的各类广告;意见广告是企业集团针对某类社会现象,阐述企业的态度,表明企业在社会中的个性。这类公益广告传达的是公益内容,但在广告中都直接标出企业名称。⑥

陈辉兴:公益广告是指政府、媒体、企业、广告公司、社会团体等组织、单位及个人不

---

① 陈刚:《中国有没有公益广告》,http://blog.sina.com/s/blog_49836a3601000gab.html

② 高萍:《公益广告初探》,中国商业出版社 1999 年版,第 11 页。

③ 潘泽宏:《公益广告导论》,中国广播电视出版社 2001 年版,第 4 页。

④ 张明新:《公益广告的奥秘》,广东经济出版社 2004 年版,第 14 页。

⑤ 唐忠朴:《中国本土广告论丛》,中国工商出版社 2004 年版,第 227 页。

⑥ 陈刚:《变革运行机制——重塑中国公益广告发展构架》,《广告大观(理论版)》2007 年第 2 期。

以营利为目的，通过电视媒介向社会公众传播对其有益的思想观念、行为方式和道德标准，以唤起社会公众对社会问题的关注，加强或改变社会公众的价值观念，引导和规范社会公众的行为，进而促进人自身的完善，实现人与人、人与自然、人与社会和谐发展的活动。① 但是，在我国目前的公益广告发展现状和实际运行情况来看，对此概念的理解和运用不止于此。而且，伴随着传播环境的日新月异，公益广告的投放媒体、展现形式也更加丰富和多元。

归纳一下，公益广告定义主要突出以下要点：

- 公益广告最大的特征是非营利性。
- 公益广告的主要参与者是政府、社团、媒体、企业及广告公司。
- 公益广告的传播内容是对社会公众有益的社会观念。
- 公益广告借助于新颖的创意、艺术的表现方式以吸引受众注意。
- 公益广告的目的是为了促使公众态度和行为上的改变。
- 公益广告的对象是社会大众。

综上所述，本书定义狭义的公益广告是：公益广告是所有组织或者个人发布的，以非营利的目的，以宣传维护公共道德、时政理念、公共利益为内容的广告作品和广告运作模式。广义的公益广告是：所有组织或者个人发布的，以宣传维护公共道德、时政理念、公共利益为内容的广告作品和广告运作模式。

狭义的公益广告剔除商业和营利的因素，广义的公益广告包涵商业和营利的因素。商业广告与公益广告融汇形成公益营销广告，虽然不是纯粹的公益广告，但也具备了公益广告的主要元素，并对公益广告事业的发展具有举足轻重的推动作用，而且是企业参与公益广告的模式之一，所以本书也将其列为论述的对象。

公益广告的主体是政府、媒体、企业、广告公司、社会团体以及个人；运作方式是专业化地利用广告媒介，运用各种广告形式，向社会公众传播公益性的内容，包括：社会公共道德、政党社团的政治理念和环境保护的呼吁等，目的是唤起社会公众对社会问题的关注，加强或改变社会公众的价值观念，引导和规范社会公众行为，进而促进人自身的完善，实现人与人、人与自然、人与社会和谐发展。

二、公益广告的特点和分类

（一）公益广告与商业广告、公益营销

1. 公益广告与商业广告的区别与联系

公益广告和商业广告既有区别，又有联系。其区别，一是公益广告是民意的表达方式，是政党、政府或社团组织向公众阐释的一种观念；商业广告是企业用以推销商品和服

---

① 陈辉兴：《中国电视公益广告三十年》，《传媒观察》2008 年第 8 期。

务，并树立企业形象的营销手段。二是公益广告的目的是单一的，就是追求社会效益；商业广告的目的是多重的，既追求经济效益，也讲求社会效益；三是公益广告是为了改变人们的不良行为，倡导人们遵守有利于整个社会或个人的长远利益的行为规范；商业广告引导的是消费者现有的行为模式，如让人们购买某种商品、使用某种服务等。

公益广告与商业广告的关系是相辅相成的。公益广告与商业广告的交融形成公益营销。随着社会、经济、文化的发展，在社会环境领域诸多因素的共同作用下，企业摒弃了单纯的商业化操作思路，采用社会化的发展战略，与社会公益的关系是21世纪企业管理的重大主题之一。参与社会公益活动越来越成为企业开拓市场空间和社会空间的重要策略。企业通过积极参与社会公益活动、支持社会公益事业、承担社会责任，传达企业作为“社会好公民”的理念，以塑造自身良好的品牌形象，拉近与消费者的关系，打造独具特色的竞争优势。

2.公益广告涵盖公益营销

广义的公益广告定义涵盖了公益营销。公益营销体现了企业的社会责任。有经济实力的企业和远见卓识的企业家引领这一发展方向。公益营销的作用表现如下：

第一，提高品牌形象。公益营销的基础是从事公益活动，包括提供有形的财物或无形的劳务，对他人表达善意，对社会做有意义的事情，等等。这些活动不仅能够维护社会的公共利益，而且能够提高企业的知名度和美誉度，很多企业在制定长远战略时都将公益事业作为一项重要内容来考虑。公益事业是企业经营策略的一个不可忽视的组成部分、是企业树立品牌形象的一项重要举措。

第二，提高企业的经济效益。企业开展公益活动不仅对社会作出回馈，同时也有自身的利益考量。企业获取利润对社会是有贡献的，有了利润企业才能回馈投资人、员工，缴纳税金，诸多利益相关方如供应商也能从中得到利益。获取利润是企业生存与发展的前提与基础，但一个良好的企业不能只顾自身利益而忽视社会效益，也不能不顾自身利益用企业的钱去盲目回馈社会，需要有丰厚的利润与良好的公众形象。总之，社会公益活动、促销活动都是企业发展中必不可少的活动，两者不能相互替代，是互相促进的，各个企业要根据自身情况找到两者之间的平衡点。

另外，通过公益营销还可以拉近与消费者的关系，提高企业的社会地位。

公益营销不同于一般的促销活动，其落脚点虽然还是在营销上，但它比一般的促销活动内涵更丰富。一般的促销活动仅仅是为了提高产品市场占有率、树立产品形象。而公益营销是通过对消费者及对社会的关心来提升企业知名度，并以企业形象的提升来带动产品形象的提升。公益营销是综合性的、完整的营销活动。

国际知名的营销学家菲利普·科特勒将企业的社会活动分为：企业的公益事业宣传、公益事业关联营销、企业的慈善行为、社区志愿者活动和对社会负责任的商业实践。他认为：“企业的社会活动(Corporate Social Initiative)是一家企业为支持社会公益事业、实现其对企业社会责任的承诺而采取的重大活动。”①“往往要求企业与慈善机构达成更正式的协议和配合，安排特定的促销优惠、设计联合品牌广告、追踪消费者的购买行为；最后，这种活动通常涉及更多的宣传，尤其是付费广告”②。

（二）公益广告的特点

狭义的公益广告除了具备同商业广告一样的时效性和艺术性等特点之外，还拥有自身独特的属性。现阶段我国公益广告的特征主要有以下几点。

1. 公益性

公益性是公益广告最显著的特征。公益广告是为公众谋利益而设计的广告；不以盈利为目的而为社会公众利益和社会风尚服务。它具有社会的效益性、主题的现实性和表现的号召性这三大属性。公益广告虽然也是从事一种诱导性传播，但是其广告信息均围绕社会大众的利益，而不是广告主的利益而刊播的。公益广告作为广告主的行为，反映其强烈的义务性，无论是政府机构、社会团体还是企业，都体现了出资者对社会公益事业的责任和义务感。对于关系到人类生存、社会发展的公益主题，要反复地宣传，不断地提示，如保护环境、保护人类健康、维护交通安全等公益主题。此外，节日具有固定性，需配以公益广告，有计划、有组织地进行设计、宣传和刊播。

2. 社会性

每个人都是人类社会中的一分子，有共同的社会属性。社会属性是在自然属性的基础上形成的。离开人的自然属性，人也就不成为人了，更谈不上其社会属性。人的社会属性包括多个方面的特性，其中有些是符合人类整体发展要求的，有些是阻碍人类整体发展的。公益广告所提倡的就是人的社会属性中符合人类整体发展要求的基本特性，主要包括利他性、服从性、依赖性，以及更加高级的自觉性等。公益广告批判人的社会属性中那些阻碍人类整体发展的特性，即反社会性。反社会性的属性一般是把人的自然属性发挥到对社会发展不利的地步时表现出的特性，如利己发挥到损害公众、损害社会；自我保护发挥到残害其他生物，甚至其他人，等等。所以公益广告的社会属性包括了提倡社会性和批判反社会性两个方面的主题。

公益广告的主题及公益广告所产生的效益带有显著的社会性。公益广告的诉求对象是最广泛的社会公众。公益广告突出重点，服务大局，要紧紧围绕社会公众关心的问题，树立政治意识、责任意识，使公益广告活动为促进改革发展，维护社会稳定服务。广告受众的社会性还表现为具有普遍意义的公益广告是没有国界的，比如环境资源保护、青少年问题、艾滋病预防等都是世界范围内的问题，需对此展开国际性的公益宣传。

---

① 〔美〕菲利普·科特勒、南希·李著，姜文波等译：《企业的社会责任》，机械工业出版社2011年版，第3页。
② 同上，第82页。

3. 观念性

观念是人们在实践当中形成的各种认识的集合体。公益广告内容所表现的观念大致可以分为三类：其一，政治观念。随着时代的进步，政治观念日益走向人文化，树立科学的政治观念，有利于更好地从事各种政治活动，推进人类不断进步。其二，道德观念。道德是维系人们之间各种关系的内在法度。正确的道德观是人们自觉协调各种关系的意识准备。它是人们走向美好生活的自我心理约束机制。道德意识水平的高低，决定了个体自身素质的高低，它一般不具有强制性约束力，带有很大的主观适应色彩。树立正确的道德观有利于创造和谐的人际关系。其三，法制观念。法制观念是道德观念在更广泛适应性上的强制化。法律面前人人平等。法制观念具有外在的强制约束力，它不会因人的职位高低而变。树立法制观念，有利于人们对生活生产有基本的规范。因此，具有广泛的人权保障意义。

公益广告传达的是符合公众利益的基本观念，主要有：人的自身完善、社会行为规范，人与社会、人与自然协调发展方面的基本观念等。公益广告以广告的表现手法和独特的艺术魅力，对社会公众产生教育作用，负有教育使命。公益广告讲究形象鲜明生动，图文巧妙搭配，使受众一旦看到广告，视觉感官就受到刺激并引发情感冲动和理性思考。公益广告的观念表现是多元的，传播精神文明，引领和培养公众正确的生活观念、价值观念、行为方式和伦理道德规范；宣传党的方针政策、引导社会舆论；对商业广告提升，塑造企业社会形象；树立政府意识，促进改革发展，维护社会稳定，等等。

4. 倡导性

公益广告具备很大的包容性、亲和性和倡导性，因而备受世界各国推崇，有利于引导人类构建和平与发展的良好社会环境。公益广告的职责之一就是唤醒人们内心深处最纯、最美的东西，引导人们向善、向美的方向发展。公益广告不同于法律，后者强制人们遵守，而前者则是说服人们实行。为了收到良好的宣传效果，公益广告一定要坚持说服性原则，着重于从思想上、认识上说服人。公益广告传播美好理念，提高人们的审美情趣，陶冶人们的情操，激发人们对真善美的渴望和追求；协助构建和谐社会的伦理规范，促进社会文明进步；公益广告树立广告业关心国家及社会的良好形象。

(三)公益广告分类

1. 按照主题内容分类

(1)道德类

公益广告宣传的主要内容之一是道德义务。道德是以善恶评价为标准，依靠社会舆论、传统习俗和人的内心信念的力量来调整人们之间相互关系的行为规范的总和。道德贯穿于社会生活的各个方面，如社会公德、婚姻家庭道德、职业道德等。它通过确立一定的善恶标准和行为准则，来约束人们的相互关系和个人行为，调节社会关系，并与法一起对社会生活的正常秩序起保障作用。道德义务大致包括对他人和对社会两大类：前者是对自己的家庭、亲属、朋友、同事等应尽的责任，后者是对祖国、民族、集体等应尽的责任，是人们基于对他人和社会利益的理解，在内心信念的引导下自觉履行的责任。在我国公益广告作品中以道德为主题的优秀作品很多，例如：中央电视台推出的《打包篇》表现年迈痴呆的老人念念不忘自己的儿子，提倡父慈子孝的中华美德。2013 年 6 月 22 日，在世界顶级的广告赛事戛纳国际创意广告节上，获得了影视类铜奖。《打包篇》意在用公益的力量引发社会关注失智老人（阿尔兹海默症患者）。父母为子女辛劳一辈子，作为儿女，能够回报父母的就是让他们享受幸福安乐的晚年。

（2）时政类

我国绝大多数的公益广告活动是以党和政府为主体。公益广告与我国的政治密不可分，所以，时政类公益广告在公益广告作品中占有重要地位。公益广告以时事和政治为主题内容，就是依据国家政治生活中新近或正在发生的事实和新闻事件，表现政党、社会集团、社会势力在处理国家生活和国际关系方面的方针、政策和活动。时政类公益广告在我国政治结构和社会生活中具有重要而深远的影响，例如：在土地革命时期，中国共产党“打土豪，分田地”的口号感召了千百万农民投身革命；新中国成立后，“只生一个好”的计划生育广告宣传了党和政府的计划生育国策；改革开放初期，深圳市蛇口区“时间就是金钱，效率就是生命”的公益广告牌是我国开创社会主义现代化建设新局面的标志之一。

（3）环保类

公益广告是我国环保工作的重要方面。环境保护方法和手段有工程技术的、行政管理的，也有法律的、经济的，发挥宣传教育功能的公益广告在其中具有重要的地位。环境保护公益广告涉及的范围广、综合性强，其内容影响自然科学和社会科学的许多领域。公益广告的内容可以分为三个层面：

第一个层面是自然环境保护。为了防止自然环境的恶化，对青山、绿水、蓝天、大海的保护，涉及不能私采（矿）滥伐（树）、不能乱排（污水）乱放（污气）、不能过度放牧、不能过度开荒、不能过度开发自然资源、不能破坏自然界的生态平衡等等。例如，第 16 届中国国际广告节获得黄河奖年度公益广告影视作品金奖的《山水》，警示人们要保护青山秀水。

第二个层面是生物保护。包括物种的保全，植物植被的养护，动物的回归，维护生物多样性，濒临灭绝生物的特殊保护，灭绝物种的恢复，栖息地的扩大，人类与生物的和谐共处，不欺负其他物种，等等。例如，第八届全国优秀公益广告评选铜奖作品《钟表篇》大钟的指针是一把枪，时间刻度是各种动物的影子。指针每走一步，一个动物影子就变成一摊鲜血，喻示一种动物的灭绝。广告语：“保护野生动物就是保护我们自己”。

第三个层面是人类生活环境保护。使环境更适合人类工作和劳动的需要，涉及人们的衣、食、住、行、玩的方方面面，都要符合科学、卫生、健康、绿色的要求。这个层面属于微观的，既要靠公民的自觉行动，又要靠政府的政策法规来保障，靠公益广告教育来引导。例如，野生动物保护组织制作的《姚明护鲨》、《成龙护虎》。

这三个层面的关系是各有侧重而又统一的，虽有重合，却不矛盾。公益广告倡导对于居住、生活环境的保护，就是间接或直接地保护自然环境；公益广告告诫人们：破坏居住、生活环境，就会间接或直接地破坏自然环境。

(4)国家和城市形象类

国家和城市形象广告具有公益性　国家和城市形象广告是党政机关发布的表现国家和城市形态和特征，彰显国家和城市实力、活力和发展前景的广告。国家和城市形象广告的内容涵盖国家和城市物质文明、精神文明、政治文明三个领域，包括政治、经济、文化、生态以及国家形象、市容市貌、公民素质、社会秩序、历史文化等诸多方面。国家和城市形象公益广告促进区域经济、政治和社会的进步，所以属于公益广告的范畴。国家和城市形象是公共财富，可使整个国家和整个城市共同受益。国家和城市形象刻画个性、弘扬精神、传播文化、陶冶情操，使人们对该国和该国的城市产生深刻的认同感，增强情感联系，从而有利于国家和城市实现经济社会与文化协调、可持续、健康发展。

国家和城市形象广告具有综合性和差异性　其表现的主题和内容要素涵盖国家和城市发展的各个领域，并构成相互作用、相互依赖的有机整体，是国家和城市外形和内涵在公众头脑中结合成的感觉和记忆。国家和城市的每一个组成部分都反映国家和城市的整体面貌，都能代表国家和城市形象。每个国家、每个城市都有自身的特征，自然条件、传统文化千差万别，经济实力、发展战略也各不相同，这些差异构成国家和城市形象的基础。差异产生特色，特色强化吸引力。国家和城市形象的最大魅力来自与众不同。

国家和城市形象广告具有主观性和标识性　国家和城市具体生动的客观形态，要通过激发人们的思想活动，产生记忆，留下印象，进而便于人们沟通交流，发展为国家和城市文化的组成部分。国家和城市形象既是自然特征和客观条件的演化，更要通过人们主观努力刻画塑造，又要通过人们的主观印象去反映和传播。国家和城市形象的重要功能是为复杂的社会系统提供一种经过升华、凝练的印象标志，使人们透过现象把握本质特征，把一个国家和城市与其他国家和城市区别开来。这种标志既鲜明、简单，易于识别，又内涵丰富，使人产生联想。

例如：《国家形象宣传片——角度篇》创意概念：

> 世界越来越关注一个全新的中国。拥有着伟大传统，又身处于激烈变革的时代，想了解真正的当代中国，往往需要从不同的角度来辩证地认识。
>
> 本片就藉着“开放而有自信，增长而能持续，发展而能共享，多元而能共荣，自由而有秩序，民主而有权威，贫富而能互尊，富裕而能节俭。”八条线索，将改革开放30年后的中国向世界推出，以海外舆论关注的热点问题为契机，以政治、经济、社会、民生的现状为论据来展开论述，突出展现以中国心、中国情、中国梦为核心的当代中国之路。

开放而有自信：以中国改革开放30年为开端。

增长而能持续：以中国目前经济实力的概览和国际公民的责任感为重点，讲述前进中的中国对世界未来及环境的态度。

发展而能共享：进而论述中国的发展对自身乃至国际社会的重要性。

多元而能共荣：探讨海外媒体非常关注的民族政策问题，然后是新时代的文化和文明进步问题。

自由而有秩序：中国的言论现况简介，民众，尤其是网民话语权的提高。

民主而有权威：中国人民浴血追求民主的艰苦历程简介，以及目前民主及其法制生活的现状。

贫富而能互尊：收入差异和社会和谐问题的介绍，以及我们对其抱持的观点。

富裕而能节俭：大国的持家方针，小家的勤俭观念教育并举，盘点最近数年中国举办的重要国际交流活动（奥运、世博），树立善用资源的国家形象。

最后以大国文化缅怀和未来展望来结束全片。

创意内容：本着跨越政治、社会、文化、科研、教育、环境、民族等多个领域的话题，拍摄地点遍及神州大地。力图多角度、全景式地展现当代中国的建设成就，开放成就，彰显价值观，道德观和发展观的当代中国精神。

2. 按照执政理念分类

执政理念是指建立在对执政规律认识基础上的党的执政宗旨和指导思想。在我国，公益广告具有政治广告的要素。中国共产党用百姓喜闻乐见的话语体系——公益广告表现自身的执政理念。我国公益广告表现的党的执政理念包括两个基本层面：

其一是为什么执政，也就是执政的宗旨、目的和价值追求；

其二是怎样执政，也就是为实现执政的宗旨、目的和价值追求而选择的路径、方略和基本方式。

在第一个层面上，我国公益广告表现的“全心全意为人民服务”，“立党为公、执政为民”的宣传，表明了中国共产党执政的宗旨、目的和价值追求。在第二个层面上，公益广告表现的“反腐倡廉”、“与时俱进”、“依法治国”、“稳定压倒一切”、“把发展作为执政兴国的第一要务”、“从严治党”等体现了实现中国共产党的宗旨、目的和价值追求而选择的路径、方略和基本方式。

在欧美国家，政治广告与公益广告是有严格区分的。政党活动广告和竞选广告属于政治广告的范畴，其他社会组织所做的公益内容的广告属于公益广告的范畴。

3. 按照媒体分类

按照公益广告采用的媒体形式分类，通常可以分为报纸、电视、广播、杂志、户外公益广告、网络和手机等。

(1)报纸

在传统四大媒体中,报纸曾经是受众最多、普及性最广和影响力最大的媒体。报纸公益广告是伴随着报纸的创刊而诞生的。随着时代的发展,报纸的品种越来越多,内容越来越丰富,版式更灵活,印刷更精美,报纸公益广告的内容与形式也越来越多样化,成为人们接受公益广告的主要媒体。由党政机关部门主办的报纸,在群众中素有影响和威信。因此,在报纸上刊登的广告往往使读者产生信任感。最近几年在高新科技的支持下,报纸的印刷技术不断提升。报纸是印刷成本最低的媒体。受材质与技术的影响,报纸的印刷品质不如专业杂志、直邮广告、招贴海报等媒体的效果。

(2)电视

电视是视听合一的传播,使人们能够眼见,耳听,如同身临其境一般。因为电视媒介用忠实地记录的手段再现讯息的形态,即用声波和光波信号直接刺激人们的感官和心理,以取得受众感知经验上的认同,因此电视公益广告对受众的冲击力和感染力是其他任何媒体的广告所难以达到的。我国电视机已经普及,观看电视节目已成为人们文化生活的重要组成部分。电视公益广告注意运用各种表现手法,使得公益广告内容富有情趣,增强了视听者观看广告的兴趣,收视率比较高。

(3)广播

广播公益广告传播速度最快,可使公益广告在讯息所及的范围内迅速传播到目标受众耳中。广播公益广告可以在数小时内完成播出任务,有时还可以做到现场直播。广播公益广告的这种即时性优势是其他媒介所无法取代的。电波可以不受空间的限制,并且广播的发射技术与电视相比简单得多,所以公益广播的覆盖面特别广,理论上可以到达全世界的每一个角落。广播不受天气、交通、自然灾害的限制,适合于一些自然条件比较复杂的地区。广播可使文化程度很低甚至不识字的人也能听懂公益广告的内容,所以广播媒体的受众层次更显多样性。在我国,文化教育事业还不很发达,仍有很多文盲和半文盲,要想针对他们发挥公益广告的告知与说服功能,广播是非常合适的媒体。广播靠声音进行传播,诉诸人的听觉,它能给听众无限的想象空间,这也正是广播的魅力之所在。广播的声音是实在的、具体的,容易特别撩拨人的心弦,煽动人的情绪,而广告也在不知不觉中完成其传达与说服的功能。

(4)杂志

杂志也是一种平面公益广告的印刷媒体,尽管与报纸公益广告相比,它明显地缺乏时效性,而且覆盖面有限,但是,由于印刷技术的发展和人类思维的进步,以往的单纯平面设计模式不断被打破,新的设计形式不断出现,杂志纸质较好,可以印上精美的彩色图片。同时,杂志对于公益广告的登载量不多,一般都集中刊登在比较固定的页面上,排列整齐美观,艺术感染力强,给人以美的享受。而且可以存放,故深受特定受众的喜爱。由于杂志种类繁多,而且出刊周期短的杂志种类最多,影响颇大,因此,它成为现代广告四大媒体之一。

(5)户外公益广告

凡是能在露天或公共场合,通过公益广告表现形式,表现公益诉求目的的物质,都可称为户外公益广告。户外公益广告可分为平面和立体两大部类:平面的有路牌公益广告、电子显示屏公益广告、招贴公益广告、壁墙公益广告、海报、条幅等。立体公益广告分为霓虹灯、广告柱以及广告塔灯箱公益广告等。设计制作精美的户外公益广告可以成为一个地区的象征。户外广告一方面可以根据地区的特点选择广告形式,如在商业街、广场、公园、交通工具上选择不同的公益广告表现形式,而且户外广告也可以根据某地区受众的共同心理特点、风俗习惯来设置公益广告;另一方面,户外广告可为经常在此区域内活动的固定受众提供反复的宣传,使其印象强烈。户外广告可以较好地利用受众在公共场合经常产生的休闲心理,设计精美的公益广告,给人留下深刻的印象,引起较高的注意率。户外公益广告具有一定的强迫诉求性质,即使匆匆赶路的受众也可能因对广告的随意一瞥而留下一定的印象。户外公益广告还有美化市容、照亮周边环境、作为路标等作用。

(6)网络和手机

都是新媒体形式,发布公益广告具有传播迅速,互动性强,表现内容丰富的优点。本书第四章第二节对公益广告与媒体的关系将有更进一步的表述。

三、公益广告的作用

(一)有益于精神文明建设,促进社会和谐发展

传播精神文明,促进社会和谐发展是公益广告的基本作用。公益广告之所以深入人心,是因为公益广告符合我国精神文明建设的迫切需要,主流媒体表现了引领社会价值观的责任感,倡导良好的社会道德风尚,传播先进文化,用公益广告凝聚国家和民族的精神。公益广告是文明社会的标志,体现崇高的精神境界。党和政府组织开展公益广告活动,就是要充分发挥公益广告的作用,努力做到以科学的理论武装人,以正确的舆论引导人,以高尚的精神塑造人,以优秀的作品鼓舞人,提高全民族的思想道德素质和科学文化素质,推进社会主义精神文明建设,促进社会和谐发展。

公益广告是弘扬中华民族优秀传统美德的有效方式。中华民族具有五千年灿烂的文明历史,具有诸多优良美德,如尊老爱幼、尊师重教、艰苦奋斗、勤俭节约等。这些宝贵的精神财富,在中华民族的文明进步史上曾起了重要的作用。在建设美丽中国的今天,不仅不能忽略这些精神财富,而且应当采取多种行之有效的方式,继续发扬光大,将其作为社会主义精神文明建设的重要内容。公益广告宣传是弘扬中华民族优秀传统美德的一种有效方式,因为它借助于创意设计、制作技术和媒介传播的优势,进行倡导和宣传,能使人们增加社会公德意识,提高职业道德水平,最终使人们的道德行为更加规范,价值取向更加高尚,从而达到促进社会主义精神文明建设的目的。

上个世纪 90 年代以后,党和政府在致力于物质文明建设的同时,把社会主义精神文明建设提到突出的地位,坚持两手抓、两手都要硬的执政原则。公益广告促进社会主义

精神文明建设，既弘扬中华民族优秀的传统美德和优良的思想文化，也吸收世界文明的一切优秀成果；既包含了普世价值理念，也包含了党和政府的执政理念。公益广告在思想道德、文化教育方面发挥着重要的作用。党和政府既着眼于大政方针，又从微观入手转变话语体系，运用公益广告发动群众、教育群众，使中华民族的传统美德、爱党爱国的政治意识、环境保护的科学理念等转化为公民的自觉行动。

（二）凝聚民族精神，塑造国家形象

民族精神是综合国力的灵魂和精神支柱，是一种文化软实力。民族精神具有跨越时代的特性，贯穿于历史各个时期，又有不同的历史特点。公益广告凝聚民族精神，培育民众的核心价值观。国难当头，公益广告发挥了聚合民众力量、共同抗击灾难的重要作用。2003 年春，在党和政府领导的抗击“非典”疫情的战役中，公益广告发挥了重要作用。中央电视台第一时间在《新闻联播》中播出以“弘扬民族精神，共同抗击‘非典’”为主题的公益广告。同年 4 月下旬，央视联合企业制作抗击“非典”系列公益广告，高频率密集播出，号召人们众志成城抗击“非典”，为全国人民齐心协力击败“非典”提供了强大的精神支持。2008 年 5 月 12 日汶川大地震，中央宣传部等部委联合组织开展“我们心连心、同呼吸、共命运，夺取抗震救灾的伟大胜利”主题公益广告制作传播活动。大众传播媒介大量传播公益广告，大力弘扬中华民族不屈不挠、团结奋战的光荣传统，热情讴歌众志成城、顽强拼搏的民族精神，激励广大干部群众投入到抗震救灾的伟大斗争中去。另一方面，公益广告通过传播中国特色社会主义建设的伟大成就，潜移默化地塑造社会主义核心价值观，提高全社会文明道德素质。

塑造国家形象，打造国家软实力。改革开放初期，外国商品广告开始在我国传播。通过相关广告的大规模投放，西方国家的意识形态、价值观、经济和文化实力都传播开来，让人们真切感受到了这些国家的软实力。近年来，我国大力推进“走出去”战略，在海外主流媒体上投放国家形象广告，在塑造国家形象、提升国家软实力中发挥了重要作用。国家形象是一个国家极为重要的无形资产，它不仅可以增强本国人民的自信心和凝聚力，还可以使国家在国际事务和国际竞争中占据主动，增强国家的外交力量和在国际舞台上的话语权，促进国家目标和国家利益的实现。

（三）有益于道德与审美导向

公益广告传递的不是商品、服务信息，而是关乎社会公众利益的某种观念，传递的是一种思想意识，对人们进行社会的公德教育，引起整个社会的关注。公益广告通过大众媒介，唤醒人们的公益意识，号召人们规范自身行为，维护社会风尚。人们在接受公益广告的过程中，有意或无意地解读其中的思想、观念、价值取向。公益广告的这种价值导向和教化功能往往是一个潜移默化的过程，因此，它能对人们的行为产生深远的影响。

公益广告审美是讴歌美好，抨击丑恶。人之所以需要审美，是因为世界上众多事物，需要我们去鉴别和取舍，找到适合我们需要的那部分，即美的事物。动物只是本能地适应这个世界，人类则可以通过自己的智慧发现世界上存在的美好，丰富自己的物质生活和精神家园，以达到愉悦自身的目的。人的智慧从客观上决定了人类对美好事物的追求。公益广告除了审美和愉悦的目的之外，也是为了完善社会，建立审美标准。公益广告对事物美丑的评判，完善人们对事物的看法，剔除人性中丑陋的东西，发扬真、善、美。公益广告通过对美好事物的褒扬，尤其是对人性中存在的友情、亲情、爱情的审美，不断为不幸的人们提供心灵的慰藉。

公益广告具有陶冶情操和审美的功能。随着媒体形式的丰富以及受众审美水平的提高，公益广告也越来越注重其自身的审美效果。人们解读公益广告的过程，也是一个审美的过程。具有审美情趣的公益广告更能引起人们的注意，能使人们接受公益广告所蕴含的价值取向。受众欣赏公益广告作品能得到心理满足和精神愉悦。公益广告采用各种艺术手段去表现美，培育人们的审美观和价值观，鼓励人们去追求美的生活。公益广告的选材广泛，弘扬时代主旋律，起到宣传教育作用。公益广告作品主题鲜明，内容丰富，有宣传党的路线、方针和政策的；有激发人们爱国、爱党、爱人民、爱社会主义、爱解放军的；有弘扬中华民族传统美德，倡导尊老爱幼、尊师重教、遵守社会道德规范的；有扶贫救灾、支持希望工程的；也有抨击社会上的落后和不良现象的，等等，这些广告影响着人们的思想和情操。

（四）制约商业广告急功近利等消极因素

商业广告发展迅速，其积极方面值得肯定，但是也存在着许多需要规范和解决的消极方面。而公益广告正与那些不规范的商业广告形成鲜明的对比。公益广告所倡导的往往都是普适性的价值观，帮助人们认识社会整体进步和可持续发展所需要的价值。这种非功利性的诉求和商业广告的功利性诉求形成对照。同时，从媒体的角度来看，每年媒体都收取大量的商业广告费用，公众也期待媒体积极投身公益广告，用公益广告来平衡商业广告。无论是对于媒体还是企业，公益广告都发挥着平衡与制约商业广告消极影响的作用。

公益广告有利于塑造广告业的自身形象。改革开放以来，我国广告业迅速发展，全社会的广告意识不断增强。商业广告在推销商品、引导消费、帮忙企业开拓市场等方面，发挥了重要的作用。但同时，由于虚假违法广告多发，商业广告泛滥，一些广告中存在着不符合社会主义精神文明的内容，无论是对社会、还是对广告业的自身发展，都产生了恶劣影响。公益广告是非商业性广告，目的在于传播有益于公益事业的思想观念。公益广告制作和发布的本身，又是广告界的社会公益活动，体现了广告界的奉献精神和社会责任感。开展公益广告活动的过程，也是广告从业人员自己教育自己，升华道德情操和敬业精神的过程。进行公益广告宣传，是一项高尚的事业。因此，广告人不仅要有经济意识、效益意识，而且要有政治意识、公益意识，在弘扬中华民族优秀传统美德，抵制不良文化，促进社会主义精神文明建设的同时，进一步树立中国广告人关心国家、关心社会、关心公益事业的良好形象，促进我国广告事业健康发展。

第二节 公益广告学的学科地位

一、公益广告学科研究的层次

公益广告属于广告学的范畴，和社会营销学有密切的关联。研究公益广告不能单纯从广告学视角进行研究，研究视野要宽广，涉及学科要多元。

公益广告研究多元化的课题主要有，如何科学规划公益广告主题和测算公益广告的效果；如何建立保障机制，调动社会力量参与公益广告事业的积极性；如何为公益广告立法；如何扩大公益广告的宣传范围，强化宣传效果。对公益广告的研究必须突破原有的广告学单一研究视角。在中国公益广告研究中，要借鉴政治学、传播学、美学等多学科知识背景，针对中国公益广告问题开展跨学科、跨领域的综合研究。

公益广告的研究层次如下：第一层次从广告学的范畴研究公益广告的理论；第二层次就公益广告与社会营销学的关系进行研究；第三层次从公益广告透视政治体制和政治传播研究；第四层次研究公益广告与社会学的关系；第五层次是公益广告国别比较研究。如图1－1。

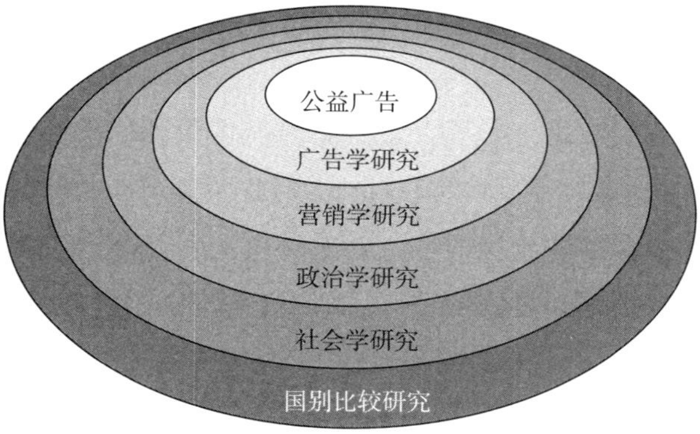

图1－1 公益广告学术研究层次

（一）公益广告是广告学的组成部分

公益广告的理论研究建立在广告学理论体系的基础之上。广告学是新闻传播学中分化出来的新兴学科，主要专业课程有：广告学概论、广告策划与创意、广告史、广告文案写作、广告法规与管理、广告媒体研究、广告摄像与摄影、实用美术与广告设计、电脑图文设计、广告调查、公共关系学、广告效果评估和公益广告等。但是，以往的广告学研究偏重于商业广告方向，而忽略了公益广告的方向。其实，商业广告和公益广告共同构成广告学的研究对象，广告学研究要克服单纯商业广告研究的倾向，公益广告研究成为广告学专业课程中的重要成员。公益广告和商业广告共同构成广告学的研究范畴，公益广告研究的深入进行极大地丰富了广告学研究的内容。

广告学是从20世纪初开始出现的一门边缘科学，是既与社会科学相关，又涉及自然科学的综合性学科。在对广告学与经济学、市场学、管理学、美学、心理学、公共关系学、文学艺术等的既联系又独立的分析中，可以勾画出广告学性质的轮廓。

广告学与市场学　广告学是市场经济发展到一定阶段的产物，广告学随着市场经济的发展而不断完善与成熟。经济学和市场学中揭示的许多规律，广告活动照样适用，也必须遵守。广告现象又是市场经济中存在的重要现象，它服务于市场经济，推动着市场经济的发展。市场学的研究成果可直接用于广告学，而广告学理论的发展又影响到市场学的理论演变，每一次广告学理论的突破都对社会经济产生重大影响，促使市场学对新问题、新现象开展研究。

广告学与传播学　广告学与传播学的联系最为密切，在许多研究成果中，都把广告学视为传播学的一个重要组成部分。广告学与传播学的区别主要有四点：一是广告学以广告现象为研究的出发点，传播学以信息传播为研究的出发点；广告的目的是通过传播广告信息而引导社会公众，传播学中信息传递的目的是与公众进行交流。二是广告的媒体是大众传播媒介；传播的媒体既可以是大众传播媒介，也可以是人际传播媒介和组织传播媒介。三是广告讲究突出重点信息，强化形象，可以采用多种艺术形式进行形象塑造和文案设计；传播讲究的是信息的完整性、准确性。四是广告追求广告效果，注重投入产出效应；传播追求的是信息到位。

广告学与管理学　广告活动作为一种社会活动、经济活动和传播活动的综合，在其活动中必然要求以管理行为来计划、组织、指挥、协调和控制。广告学借助管理学的理论和方法指导广告工作，以达到完善广告学的理论体系并指导广告实务的目的。

广告学与心理学　广告作为说服社会公众的艺术，它与心理学有着密切的关系。心理学提供了人的心理构成的机理和心理活动的特点和性质，广告借助于心理学的理论和规律才能达到说服的目的。一则广告从确立主题、构思内容到选择媒介，无不体现广告学与心理学的结合。甚至一则广告的版面设计、文字语言多少、词义准确度、刊播媒体、背景材料等，都要求心理学理论体现于其中。

广告学与美学、文学和艺术　广告与文学和艺术有着不可分割的关系。文学、艺术可以通过其特有的形式去影响、传达、感染，甚至支配人们的感情，有时乃至改变人的观念和行为。广告作为一种特殊的艺术形式，正在吸收美学、文学和艺术的理论方法，逐步形成自己独特的艺术方式和规律，不断推动广告美学理论、广告艺术和广告活动的发展。

广告学与公共关系学　广告和公共关系都是运用一定的传播媒介宣传、树立自身形象。广告学与公共关系学既相互联系又有区别，各自具有本学科存在的质的差异性和规定性。广告学与公共关系学的差异主要表现在以下几点：一是广告学与公共关系学出现的时间不同。广告学先于公共关系学而成熟和系统化。广告学产生于20世纪初，是随着商品经济的发展而产生，并受到传播手段多样化和现代化趋势的直接推动。而公共关系学是在20世纪20年代后随着经济领域高度社会化和商品化、政治领域和文化传播手

段现代化的发展而形成的一门学科。广告学的产生和发展推动了公共关系学的形成和发展。二是商业广告以树立产品形象为核心，目的在于促进产品销售；而公益广告与公共关系均以树立组织形象，提高组织知名度和美誉度为核心，目的在于树立组织的整体形象，在这一点上公益广告与公共关系有相同之处。三是广告一般是单向式地传递诉求信息，以影响人们的观念和行为；而公共关系活动呈全方位和双向沟通模式，充分显示组织的宗旨、实力、信誉和社会责任，造成一种全面的社会舆论，影响公众，使其对组织产生良好的总体印象。

在现代社会中，广告学与公共关系学在诸多领域融合与交叉。首先，公共关系必须在许多时候利用广告的形式来宣传自身，树立自己的形象，广告也在不断地吸收公共关系的经验来调整、修正、完善传统的广告活动。传统的广告往往直接诉求自己的产品信息，而现代广告已经开始以表现企业社会责任为侧重点，开展公益营销。其次，公共关系和公益广告在传播组织信息时，是从不同角度把有关组织的不同信息传递给公众，目的都是为组织整体目标服务，从而树立组织的完整形象。公益广告与公共关系出现融合趋势。

（二）公益广告与社会营销学的关系

社会营销是一种运用商业营销手段达到社会公益目的，同时推广商业服务的营销模式。社会事件和公益主题最吸引媒体和民众关注，同时由于二者都具有广泛的社会性，很多企业把商业运营模式放到公共领域，以此来开展营销活动，从而获得良好的效果，这种营销活动称为“社会营销”或“公益营销”。企业生产经营不仅要考虑自身的需要，而且要考虑消费者和整个社会的长远利益，即树立社会营销观念。此观念不仅要确定目标市场的需要、欲望和利益，比竞争者更有效地使顾客满意，同时还要维护与增进消费者的社会福利。商业广告与公益广告的结合就形成了公益营销。

有了企业的支持，公益广告才能具备长久性和社会性。社会营销采取与公益广告相通的各种公益理念。随着全球变暖、环境污染、资源短缺、人口爆炸等问题日益严重，社会营销观念要求企业顾及消费者整体与长远利益即社会公益。市场营销学界提出了一系列新的观念。如人类观念、理性消费观念、生态准则观念和企业社会责任等。

社会营销的本质在于“社会”，表现企业的社会属性。企业把商业运作模式转移到社会公共领域。在社会营销方面，变自觉适应为主观能动地从事其社会属性范围内的事情，但是，企业的经济属性才是生存和发展的基础，因此，它的最终目的仍然是为了经济利益，社会效益只是一个逐渐发展起来的手段而已。社会营销往往以某个极具聚焦效应的社会事件为契机，因此它很多时候表现为事件营销，但是由于社会事件具有复杂多样性，所以从事件本身的性质来看，社会营销还表现为政治营销、体育营销、文化营销等，但是，本质上仍然属于差异化营销、整合营销。

（三）公益广告与政治学的关系

政治学是一门以研究政治行为、政治体制以及政治相关领域为主的社会科学学科。

政治学是在学术上的研究领域，政治研究则代表了更广泛的研究领域。宣传体制是政治体制的组成部分，我国的政治体制特点之一是党管宣传，因此，要从政治学的高度理解和研究我国公益广告的性质。

(四)公益广告与社会学的关系

社会学是从社会整体出发，通过社会关系和社会行为来研究社会的结构、功能、发生发展规律的综合性学科，研究对象包括历史、政治、经济、社会结构、人口变动、民族、城市、乡村、社区、婚姻、家庭与性、信仰与宗教、现代化等领域。公益广告的选题、效果评估等方面都要使用社会学的研究方法。另外，公益广告还有从文化特色入手进行的中国文化研究，探讨公益广告国别差异的国别比较研究等。

(五)公益广告国别比较研究

随着全球交往、传播技术和公关策略的发展，世界各国都越来越重视运用多种手段在世界范围内塑造本国的良好形象，公益广告是其中的一种重要方法。中国政府将广告策略运用到国家形象的构建之中，运用公益广告传播的模式，把消极应对转为积极主动传播，及时而准确地彰显中国形象。由于文化传统、政治制度的不同，各国公益广告的形式、内容、机制等方面有很大区别，这些区别极大地影响了我国公益广告在其他国度的传播效果。深刻研究中国公益广告与国家形象的关系，分析其作用、特点和运作模式，指出其发展趋势，并对国际公益广告作一定的比较与介绍，是公益广告研究的重要方面。

我国公益广告学术研究参与国际交流合作是必然趋势。我国政治体制与欧美国家不同，我国的公益广告需要借鉴国外发达国家成功的经验，翻译、交流最新的理论与实践研究成果，在各国学术交流中取长补短、互相学习。公益广告深层次的研究涉及不同国家政治制度和文化等方面的课题，需要不断拓展和深化。

二、公益广告学科研究对象与方法

(一)公益广告的研究对象

传统的广告学研究仅仅局限于商业广告，这是不够的，还要开辟对公益广告学的研究。

公益广告的研究对象是参与公益广告活动的当事人，及其相互结成的依存关系，涉及经济范畴和社会范畴。公益广告主体是公益广告活动的首倡者和主导者。公益广告主体要发布公益广告，公益广告的制作者和发布者必须建立一种特殊的关系，它们都是公益广告活动的当事人。这种关系既是社会关系，也包含经济关系。双方都有各自的权利，由于必须履行义务，才获得权利。例如，1999 年，著名爱国人士李嘉诚先生联合中央电视台推出“知识改变命运”系列公益广告，广告分 40 集，每集 60 秒，每集都是一个故事。通过各个层面的人生变迁，诠释“知识就是力量”、“知识改变命运”的主题。

企业和媒体双方都有维护公益广告真实性和艺术性的义务，也有获得社会效益和经济利益的权利；公益广告主题有支付广告费的义务，也有要求广告经营单位制作和发布公益广告并达到一定效果的权利。公益广告活动的当事人都有以最少的花费取得最大社会效益和经济效益的客观要求。公益广告活动把广告主体、媒体、企业和社会公众紧密地联系在一起。公益广告活动的规律、公益广告活动当事人之间的关系以及国家政治体制对这种关系的调整和固定，构成了公益广告学的研究对象。

（二）公益广告的研究方法

研究对象确定以后，研究方法就成了关键。

科学研究的方法很多：有一般性研究方法，如哲学方法、统计学方法、信息论方法、系统论方法；还有具体性研究方法，如逻辑分析方法、法规分析方法、历史分析方法、实证分析方法、心理分析方法、案例分析方法、模拟法、类比法、综合法、演绎法、归纳法、社会调查法等。这些方法在公益广告学研究中常常综合使用，在研究某一具体问题时，会侧重运用一种研究方法。

研究对象的特点、结构和本质对研究方法有特定的要求。研究公益广告的定义必须运用归纳法、演绎法或其他逻辑分析的方法。研究公益广告的作用，就要运用类比法和综合法。研究公益广告学的体系结构，就要运用系统论方法。系统论方法是近几十年发展起来的一种现代科学研究方法，是一种立足于整体，筹划全局，使整体与部分辩证统一起来的现代思想方法，学会系统性和动态性分析方法，可以培养学生对于公益广告理论和实践的完整性、严谨性和科学性进行深刻理解。研究公益广告历史的演进，就要运用历史唯物主义的哲学方法。研究公益广告的效益，就要运用统计学的方法。在公益广告选题和效果评析上，学会运用定量化的方法来界定其性质。要把统计的方法应用于公益广告学习与研究之中，坚持定性与定量相结合的方法，就是要尊重公益广告效果、尊重社会公众认可标准的理念。

公益广告的实践性强，要运用理论与实际操作相结合的方法。公益广告理论必须通过广告实践来检验，而且只能用公益广告实践来检验。公益广告理论的是与非、优与劣绝对不能用纯逻辑的方法来推论。从概念到概念，从理论到理论研究公益广告现实，而无视公益广告实践，其理论往往只能是空中楼阁。坚持理论与实际操作相结合的方法，是研究公益广告的思想基础。

本书采用文献分析、案例研究及归纳总结的方法，查阅了国内外大量相关文献，包括广告学、行政管理学，以及公益营销、企业社会责任、互联网公益研究等方面的资料。同时，本书通过研读我国历年的公益广告、企业社会责任报告、其他学者的相关研究，访问互联网各个公益项目的活动页面及其他媒体的相关介绍、评述等，并充分利用网上数据库资源，通过对所收集到的文献资料的梳理，将理论与实践结合起来进行分析、归纳，得出结论。

三、公益广告与慈善事业

(一)公益广告与慈善事业的关系

慈善事业是一种无私奉献、不求回报地救助遇到灾难或不幸的人的事业。慈善事业的意义重大,它以有益于人类社会与人群的社会公益事业为己任,是政府主导下的社会保障体系的必要补充,在政府的倡导和扶持下,由民间团体和个人自愿组织、参与。

慈善事业也是一种社会财富再分配的实现形式。

有学者将社会财富分配分成三个层次:第一层次是以竞争为动力的分配,即根据能力大小决定收入多寡;第二层次是以公平为原则的分配,即通过社会保障、社会福利进行再分配;第三层次是以道德为动力的分配,即有钱人自愿把钱分给穷人,也就是慈善事业。慈善事业是以社会成员的慈善心为其道德基础,以社会成员自愿捐献的款物为其经济基础。

慈善事业是从慈爱和善意的道德层面出发,通过实际的自愿捐赠等行为和举动,对社会的物质财富进行第三次分配。因此,慈善事业也可以说是物质文明、制度文明与精神文明的综合体现。它是和谐社会的重要力量。它既起着安老助孤、扶贫济困的作用,同时又起着疏理社会人际关系、缓解社会矛盾、稳定社会秩序的作用,具有深远的传统性和广泛的群众性与社会性。诸如:社会公益、社会保障、慈善公共事业、公益希望工程、社会保障、社会救济、优抚安置、公益事业社会服务、社会救助、社会扶贫、社会福利、公益律师等都属于慈善事业的范畴。

公益广告宣传内容与慈善事业有一部分是相同的,如从道义和精神层面对社会中遇到的不公平现象进行批判,呼吁对遇到灾难或不幸的人实施救助等。但是时政类和国家与城市形象类的公益广告不属于慈善的范畴。

公益广告是慈善活动的前导和宣传,慈善活动是公益广告的继续和落实。

公益广告是允许得到利益回报的,慈善事业是不要利益回报的无偿捐赠。

公益广告是以公众为服务对象的,慈善事业既服务于公众,也服务于小众或个体。

(二)我国慈善事业的特点

1. 慈善思想历史悠久

我国是世界上最早倡导与发展慈善事业的国家,慈善思想历史悠久。先秦诸子百家与随后的佛家、道家都对慈善有过精辟的阐述。例如,儒家讲仁爱,从孔子的“仁者爱人”到孟子的“不忍人之心”,儒家的慈善思想理论逐渐丰富和完善。佛教讲慈悲,道教讲积德,墨家讲兼爱,各思想流派虽在表述上不尽相同,然义理相近,都蕴含着救人济世、福利为民,以及人类共通的人道理念和道德准则。在原始社会的氏族内部,每个成年人都尽自己的能力去创造社会财富,老有所养,少有所托,孤寡残疾之人都得到氏族的供养,享受着一定的社会福利保障。这些纯美的社会生活和风俗,蕴涵了原始社会人民淳朴的道德观念和福祉共用的原始朴素的福利观。

2.西方思想影响近代慈善事业

我国近代慈善事业的兴起是以西方教会慈善活动的介入，以及中西慈善文化的冲突和融汇为标志的。中国传统的慈善事业在近代社会变迁进程中，古为今用，融汇中西，最终形成了顺应时代要求，又具有崭新内涵的慈善事业。中国人了解西方社会慈善事业最直接的一个途径是教会。鸦片战争后，一些传教士或教会在通商口岸及内地兴办了育婴堂、孤儿院、诊所、医院等育婴与医疗慈善机构。在此影响下，一些开明绅商开始联络西方人士，创办西医诊所，仿照教会育婴机构开展育婴事业。教会的赈灾慈善活动也对中国慈善事业产生了影响。近代的一些大规模义赈就模仿了西方传教士在华设赈灾委员会的赈灾模式。

3.政府主导慈善事业

我国许多的慈善活动都是在政府的主导下进行的。为此，政府还特别制定了慈善制度和设置了许多慈善机构。譬如，隋唐时期的仓廪制度，两宋时期的福田院、居养院、安济坊、惠民药局，明清时期的养济院、普济堂。我国当代的慈善事业是在20世纪80年代初复兴与发展起来的，并还受到了一定的阻力。因此它起步晚，在政府的扶持下兴办，采用的是官办或半官办的管理模式。慈善事业是一种公益事业，是政府应负的职责。扶贫济困是政府机构应有的功能，而不是出于同情。慈善事业应该制度化，纳入政府社会保障体系。民间慈善事业是慈善事业的中坚力量，是政府社会保障体系的重要补充，要大力推进其发展，并加强对慈善机构的监督。要突破传统的宗族和地域观念，实现大福利、大慈善。慈善不应有宗族、地域和国界之分。

4.公益广告推动慈善事业

进入20世纪90年代后，我国公益广告大发展。公益广告在宣传慈善事业方面发挥了重要的作用。例如：1983年出生在安徽省金寨县的一个普通的农家女孩苏明娟，父母靠打鱼、养蚕、养猪、种田为生，一家人过着辛劳、拮据的乡村生活。1991年5月，中国青年报摄影记者解海龙到金寨县采访，将课堂上的苏明娟那一双特别能代表贫困山区孩子渴望读书的“大眼睛”摄入镜头。这张《大眼睛女孩》的公益广告，推动了我国希望工程捐资助学的热潮，改变了几千万少年学子的命运。我国的红十字会、宋庆龄基金会等慈善组织都运用公益广告的方式扩大影响力。

进入21世纪，我国的慈善事业改变了由过去政府实行福利式的全包揽，逐步向依赖社会民间力量为主的形式过渡。政府也明确赞同和支持慈善事业的发展。慈善事业成为新的社会保障体系的有效补充，成为调节社会财富进行第三次分配的重要形式，成为构建和谐社会的重要力量。在政府和民间的共同努力下，慈善思想发生了深刻的变化，慈善事业得到了人们的普遍认同，慈善意识得到普及，民间慈善事业得到极大的重视，中华民族的优秀传统美德逐渐得以回归。

第三节　我国公益广告事业发展方略

一、纳入法制轨道

近年来，政府、学界和广告界要求将公益广告纳入法制轨道的呼声渐高。全国人大也加快了修订《广告法》的进程。现行《广告法》第二条限定的调整对象和范围是商业广告，而没有规范公益广告。

商业广告和公益广告属于广告的范畴。《广告法》仅仅规范商业广告，而不界定公益广告，是不完整、不全面的广告法规。随着我国经济体制和政治体制改革的深入进行，公益广告已经成为我国广告事业的重要组成部分，并且受到党、政府和社会各界的关注，在社会政治生活中产生着影响。精神文明建设和物质文明建设是建设有中国特色社会主义的两个重要方面，两者相辅相成，缺一不可。所以，通过立法不仅能为发挥公益广告的作用提供法律保障，而且使得《广告法》趋于完善。

二、落实广告产业发展规划

我国政府发布鼓励公益广告发展的文件。2008 年 4 月，国家发改委和国家工商行政管理总局联合发布《关于促进广告业发展的指导意见》，提出："壮大公益广告事业。建立和完善公益广告发展促进机制，使公益广告成为构建和谐社会、传播社会主义精神文明的重要手段。"

2012 年，国家工商行政管理总局印发《广告产业发展"十二五"规划》(以下简称《规划》)的通知，指出：发展公益广告事业，提高公益广告的社会影响力，重视公益广告事业发展，充分发挥公益广告在建设社会主义核心价值体系中的重要作用，动员政府机关、社会团体、企业和个人通过制作发布公益广告，大力倡导良好道德风尚；鼓励引导单位和个人通过公益广告树立社会形象，体现社会责任，支持、鼓励在生产、生活领域增加公益广告设施和发布渠道，扩大公益广告宣传阵地和社会影响。

《规划》明确要求健全公益广告发展机制。积极发挥政府引导作用，提高社会参与程度，支持建立促进公益广告发展的专业机构，提高广告活动主体对公益广告的贡献度.形成公益广告可持续发展的良性机制，在资金保障、法制建设、激励措施、监督管理等方面研究建立和完善相关措施，推动公益广告发展和规范公益广告运作。

《规划》要求完善公益广告扶持政策。多渠道筹集公益广告资金，积极探索建立公益广告基金，逐步推行公益广告政府采购制度，研究制定企业投入公益广告费用税前列支鼓励政策，调动政府、企业、媒体、广告公司、行业组织及社会各方力量的积极性。加大对公益广告创意、策划、设计、制作和传播等方面的投入，提高公益广告的思想主题、艺术表现、文化内涵和传播效果。鼓励媒体提高公益广告的刊播比例。

《规划》鼓励开展公益广告学术研讨和公益广告作品评优工作.支持公益广告创新研究基地建设。

政府为促进公益广告的发展指明了方向。要落实文件的精神还有很多的工作要做。我国公益广告存在的结构性问题主要有:制作公益广告的资金来源没有保障、优惠和鼓励公益广告的措施不到位、公益广告管理的主体和依据不明确,等等。

在保障公益广告的纯粹性和鼓励广告主投入的积极性方面出现了两难的局面,制约了公益广告的发展。公益广告要宣传公共道德,而企业要突出企业形象,不愿意做赔本的生意。所以如何让公益广告远离商业气息,又能够鼓励企业积极参与,就成为一项两难选题。建立公益广告基金的设想正是破解难题的方法。

三、科学研究公益广告效果

在公益广告事业发展的进程中,媒体发挥着举足轻重的作用。尽管公益广告的投放提升了媒体的公信力,创造出潜在的巨大品牌价值与商业价值,但对于这一提升效果缺乏严格的实证研究。

媒体肩负着宣传党和国家方针政策、引领舆论导向的责任,而公益广告正是完成这一使命的有效途径。公益广告一改政策简单严肃的说教方式,表现形式生动亲切,富有哲理,从而实现了对党和政府话语体系和民众话语体系的对接。对公益广告的社会效果需进行科学描述和量化分析。

为使公益广告的潜在价值具象化,有必要引入社会科学量化的研究方法,进行有效的实证研究。现今的公益广告研究,往往采用定性的总结描述,仁者见仁,智者见智,无法形象、客观、精确和简洁地测量并描述公益广告的效果。为此,要完善底层数据收集,建立公益广告数据库,对不同时期不同主题的公益广告选取制作量、播出量、投资额、时段价值等关键指标进行描述,分析其发展趋势,并就多种媒体在公益广告制作投入额度、黄金时段播出量等方面的差异进行横向比较,以得到初步的描述性结论,为进一步的研究提供启发和方向。显现媒体的优良播出环境,必然也会提升媒体商业广告时段的价值。

量化公益广告的传播效果,使媒体品牌价值具体化,要回答三个问题,即:谁在看公益广告?他们对公益广告的态度如何?公益广告能否改变和多大程度上改变其态度与行为?

对于第一个问题,可以在毛评点、收视率、15 秒刊例价、点成本、千人成本等一般广告传播效果的评价指标的基础上,结合公益广告受众的性别、年龄、受教育程度与月收入进行描述。

对于第二个问题,则需要通过焦点小组访谈和问卷调查进行分析。焦点小组访谈能够探测受众在观看公益广告时的想法及原因,但其结论缺乏代表性,无法直接将其推广到全体受众;而在焦点小组访谈的基础上编制问卷,进行大规模测量,则可弥补知道问卷调查的结论却无法解释结论成因的缺陷，较为精确有效地测量指定地域（例如北京地区、重点城市或全国范围）和指定媒体的公益广告传播效果。

对于第三个问题，则需视情况采用自然实验法和实验室试验法。这两种方法是较为复杂的研究方法。自然实验法能够测量公益广告能否改变人们对某个问题的态度和行为，在多大程度上改变，以及哪些受众容易改变等问题；实验室试验法能够通过精心的实验设计，测量公益广告如何才能改变观众的态度和行为，取得理想的传播效果。

总之，通过引入专业的研究方法，能够就公益广告与媒体品牌价值之间的相关性问题得出有意义的结论，从而改变公益广告和商业广告间的对立关系，形成公益广告和商业广告相辅相成的新思维。

四、多渠道筹集公益广告发展资金

多渠道筹集公益广告发展资金，专款专用。逐步推行公益广告政府采购制度，研究制定企业投入公益广告费用税前列支鼓励政策，减免公益广告设计制作单位的税收，鼓励更多的广告经营单位参与公益广告的发布，调动政府、企业、媒体、广告公司、行业组织及社会各方力量的积极性。

创立公益广告发展基金是解决公益广告资金匮乏问题的必由之路。公益广告是一个高投入，少回报甚至无回报的产业。让热衷公益广告事业的企业长期赔钱是不现实的。采取市场化、多渠道的公益广告融资方式，通过企业赞助、公开竞标、公开拍卖公益广告的所属权等方式筹集资金，建立国家公益广告发展基金。建立相应有效的公益广告基金捐助机制，使得集资活动经常化，规划化，法制化，并建立起完善的社会监督机制。建立企业为主、社会团体和中介力量积极参与的公益广告制作和发布的激励机制，激发社会各方参与公益广告活动的积极性。将商业化、市场化的操作规则引入公益广告活动，发挥市场机制在公益广告传播过程中的作用。

我国政治体制改革的进程对当今的公益广告模式提出了新的要求。公益广告传播主体构成由单一的主体向多元化的主体转变。公益广告研究是一个国际性的课题，也体现了政治体制和传媒运行机制的不同。由于社会制度和政治体制的差异，世界各国对公益广告的管理模式和运作方法各有不同，对其定义的理解和发展的进程也各有千秋。我国对公益广告的理论研究已经起步，借鉴外国的研究成果和研究方法是十分必要的。

五、建立全国公益广告创新研究基地

开展公益广告学术研究要倚重专门的学术研究机构。国家工商行政管理总局落实《关于促进广告业发展的指导意见》，支持和推动公益广告创新研究工作，在中国传媒大学设立全国公益广告创新研究基地。该基地的主要任务是：着眼于我国公益广告事业的整体发展状况，借鉴国外公益广告发展的经验，开展公益广告运作模式、资金保障、法制建设、促进机制等基础性课题研究，为主管部门制定相关政策提供参考；总结我国公益广告实践，开展对公益广告热点和前沿问题的研究，推动公益广告发展的理论创新，促进公益广告理论与实践的有机结合，为提高我国公益广告整体水平服务；举办公益广告学术论坛，编辑出版优秀公益广告论文，推进国内公益广告业界和学术界的交流；依据有关规定，编辑出版公益广告发展报告；开展公益广告文物、标本及史料的收集、保管与研究；依据有关规定，参与公益广告评优和向社会推广的有关工作；建立公益广告作品库，收藏各类公益广告优秀作品；参与组织公益广告展览会等活动。

本章小结

物质文明和精神文明是社会主义建设的两个并行必备的组成部分，广告既体现了社会主义的物质文明，也集中体现了社会主义的精神文明。广告涵盖了商业广告和公益广告两大部分，其中公益广告是一个复杂的社会范畴。本章论述了公益广告的概念，狭义的公益广告剔除商业和营利的因素，广义的公益广告包涵商业和营利的因素；明确了公益广告的特点和分类，公益广告的作用，公益广告学科研究的范畴，公益广告学科的研究对象与方法，公益广告与慈善事业的关联；阐述了我国公益广告事业发展的方略。

思考题

1. 简述公益广告的概念和特点。
2. 简述公益广告的分类。
3. 简述公益广告的学科地位。
4. 简述公益广告主体构成。
5. 分析公益广告与慈善事业的关系。
6. 讨论我国公益广告事业发展的方略。

第二章　公益广告简史

本章要点：

1. 孕育萌芽阶段的特点。
2. 起步形成阶段的特点。
3. 发展阶段的特点。
4. 快速发展阶段的特点。

回顾我国公益广告事业走过的历程，认识其发展的必然性，是有重要意义的。根据公益广告内容和称谓的变化，可以把我国公益广告的历程分为孕育萌芽阶段、起步形成阶段、平稳发展阶段、快速发展阶段等四个阶段。

第一节　孕育萌芽阶段(1949—1985)

一、海报和招贴画具有公益理念

公益广告最早出现在20世纪40年代的美国，而在中国，现代意义上的公益广告开始于改革开放之后。

具有公益性质的宣传古已有之，在各个历史阶段都有过一定的发展，宣传活动时有时无，时断时续。其宣传作品数量和发布次数较少，且宣传主题单调，创意直白，形式简单，发布的媒介极为单一。进入近现代后，尽管这类公益宣传活动的频率有所增加，但它基本上是对某些历史事件或者社会形势即兴式的回应。新中国成立之后，具有公益性的宣传增多，其主要作用是配合政治运动进行宣传。这些具有公益性的宣传品以招贴和海报为主要形式，当时没有形成公益广告的概念，仅称之为印刷品、宣传画、海报或者年画。

海报又称招贴画，是一种张贴在公共场所、以文字和图画构成的广告宣传品。在广播和电视普及之前，海报被广泛地运用于政治、文化和商业领域。无论在城市还是乡村，一幅幅色彩艳丽、构图生动、动人心魄的宣传海报经常会展现在人们的面前。现今，这些具有公益性的招贴广告已经成为收藏珍品。图 2—1 所示就是荷兰学者田思①的收藏。第一幅是中国人民解放军第三野战军宣传中央人民政府成立的海报，第二幅是宣传尊老爱幼中华传统美德的海报。

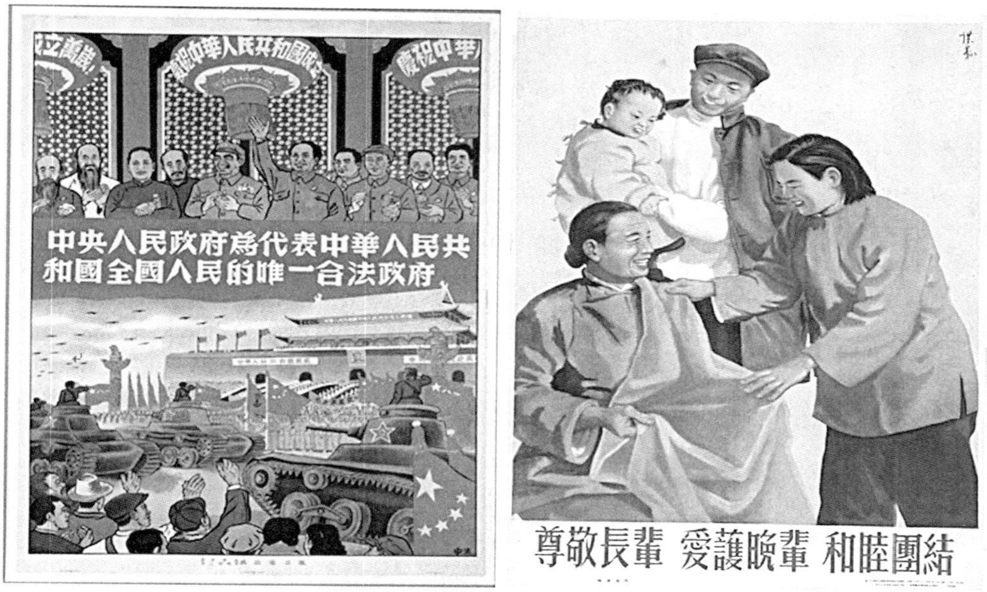

图 2—1 公益性招贴广告

二、广告事业发展促进公益事业

1978 年我国广告业恢复。中央电视台开始以文字或画面的形式播出类似公益广告的节目。1979 年 1 月 14 日，在《文汇报》发表丁允朋署名文章《为广告正名》，提出“应该运用广告给人们以知识和方便，沟通和密切群众与产销部门之间的关系”。春江水暖鸭先知，这篇文章成为了中国广告业复苏的表征。随后，我国广告业高速发展。1981 年至 1985 年的 5 年间，广告经营额增长 4 倍，年均增长速度高达 50%。详见表 2—1。

表 2—1 全国广告行业经营情况一览表(1981—1985)

项目 年份	全国广告营业额(万元)	广告费占国民生产总值比重(%)	人均广告费(元)	全国广告经营单位数(户)	全国广告从业人员数(人)
1981	11800.0	0.024	0.117	1160	16160
1982	15000.0	0.028	0.147	1623	18000
1983	23407.4	0.039	0.227	2340	34853
1984	36527.8	0.051	0.350	4077	47259
1985	60522.5	0.067	0.571	6052	63819

资料来源：国家工商行政管理总局、国家广告研究院供稿。

① 田思(Stafan R. Landsberger)，荷兰莱顿大学(Leiden University)汉学研究院教授。

随着中国广告事业的恢复和发展，各类公益活动组织出现。20 世纪 80 年代初开展的“修我长城，爱我中华”活动就是由北京广告公司所倡导的国际性公益活动。1984 年为抢救国宝大熊猫，中国野生动物保护组织在首都各大新闻单位和企业的支持下，在国内外发动了一场拯救大熊猫的舆论风暴，并开展募捐活动。同年 3 月初，全国“熊猫商标”38 家企业在南京集会，纷纷捐资支持抢救国宝大熊猫工作。3 月 28 日，中国野生动物保护协会和林业部在北京政协礼堂举行大熊猫救灾新闻发布会和笔会，首都新闻界和书画界知名人士 100 多人参加会议。书画家当场作画题字 100 多幅，支持大熊猫抢救工作。抢救大熊猫的行动，还得到世界上许多国家和地区的政府、社会团体及各界人士的广泛支持。他们通过各种渠道向中国野生动物保护协会捐赠资金和物资。如 1984 年 4 月 27 日，随美国总统里根访华的夫人南希将美国小朋友为抢救大熊猫的捐款转交给中国野生动物保护协会。

三、公益广告见证我国经济体制改革历程

这一时期的公益性广告绝大多数是由政府及其相关部门发起组织的，发挥了政治宣传的作用。例如：改革开放初期，“时间就是金钱，效率就是生命”的口号提出，掀起轩然大波。1984 年，邓小平一锤定音，消除了当时围绕这一口号的种种争议。如今，这块著名的标语牌，依然屹立在深圳市蛇口工业区，它见证了我国经济体制改革的历程。如图 2—2 所示。

图 2—2 “时间就是金钱，效率就是生命”标语牌

尽管这一时期广告公司和媒体所进行的公益性宣传还没有明确公益广告称谓，但已经具备了公益广告的基本特征。这一时期商业广告蓬勃发展，企业借助公益理念开展公益营销活动，目的在于传达政治理念或者引导社会风尚，其使用的传播媒介主要是广播、户外媒体、平面媒体。运用电视媒体进行公益宣传还是少数。

第二节　起步形成阶段(1986—1995)

一、电视成为传播公益广告的主要渠道

(一)贵阳电视台《节约用水》发端

1986 年,贵阳市节水办公室和贵阳电视台联合发布《节约用水》公益广告。这是中国第一条电视公益广告,标志着中国现代意义上的公益广告的诞生。该电视公益广告一改以往标语式、口号式的说教方式,运用专业的艺术化创作手段,将“节约用水”这样一个环保主题融入形象生动的电视画面,展现了节约用水的紧迫性和必要性,以唤起人们的节水意识。这条电视公益广告播出后,引起了贵阳市民的强烈反响,节约用水的理念得到了较好的传播。请欣赏该广告分镜头脚本(广告画面请见第 162 页):

《节约用水》(30 秒)　　贵阳电视台

序号	镜头	画　　面	配　　音
1	平、推近	水花飞溅,叠印字幕:水	男声:水!
2	近、特	女子端起水杯喝水,一饮而尽。	女声:水是人类赖以生存不可替代的有限资源。
3	平、近	家庭主妇淘米做饭,双手洗米。	男声:水是城乡建设必不可少的物质条件。
4	近、平	少儿在浴盆洗澡,用毛巾擦胸,舒服的微笑。	女声:水源匮乏已经引起联合国的高度重视。
5	俯、近	施工工地地面水磨石机器飞转,水花四溅。	男声:目前,贵阳市已面临水资源匮乏的危险。
6	全、远	湖面水波荡漾,湖心岛郁郁葱葱。	女声:主要水源的水位比去年下降了 9 米之多。
7	俯、近	水龙头前,众多的居民提桶等水。	男声:严重威胁人们的生活和生产。
8	特、叠化	水龙头旁,字幕:请君注意节约用水。	女声:请君注意节约用水。
9	特、定格	节约用水的标志	

(二)中央电视台《广而告之》产生的背景和意义

1987 年 10 月 26 日,中央电视台开播《广而告之》栏目,这是中国公益广告史上第一个电视公益广告栏目。

《广而告之》的出现是以广告事业蓬勃发展为前提的。1987 年 10 月,国务院颁布《广告管理条例》,进一步规范广告行业,为行业健康发展提供了有力保障。同年 6 月,第三世界广告大会在我国成功举办。广告行业借鉴发达国家先进的广告技术和经验,提高了我国广告从业人员的专业化水平。这一年我国广告行业继续保持快速增长趋势。据统计,1987 年全国广告经营单位 8225 户,比上年增长 18.4%;广告从业人员 92279 人,比上年增长 13.7%;全国广告营业额 11.12 亿元,比上年增长 31.6%,比 6 年前的 1981 年 1.18 亿元增长约 10 倍。广告事业的迅速发展使得社会对广告行业提出更高的要求和期盼,广告行业自觉的担负起公益广告的社会责任。

《广而告之》是社会主义精神文明建设事业发展的必然。新中国成立之后，由于我们对国情认识不清，对建设社会主义的长期性和艰巨性认识不足，因而在道德建设方面出现了一些偏差。具体表现之一是轻视甚至摒弃对中华传统美德的宣传。这样的失误在"文革"期间发展到了登峰造极的地步，造成社会道德素质下降。1986 年 9 月，党的十二届六中全会通过的《中共中央关于社会主义精神文明建设指导方针的决议》，是十一届三中全会之后精神文明建设领域尤其是道德建设领域拨乱反正的理论表述。它关于共产主义道德教育与社会主义基本道德教育相结合，道德建设的先进性要求与广泛性要求相结合的指导方针，具有重大的现实意义和理论意义。党和政府关于加强精神文明建设的方针，为《广而告之》的问世奠定了理论基础。在新中国历史上，还没有一个大众传媒像中央电视台那样如此集中地对人民群众进行社会主义基本道德的教育。《广而告之》反映了道德建设方面的新气象。

《广而告之》的问世也是历史发展的必然，是各种社会条件综合作用的结果。这一时期，中央电视台认识到作为主流媒体具有引领社会价值观的力量，有责任倡导良好的社会道德风尚，传播先进文化，用公益广告凝聚民族精神。主流媒体和社会大众通过公益广告形成互动和双赢：媒体社会责任和公信力是品牌建设的中心，而公益广告会赢得大众信任，大众信任又会给广告主带来经济效益，给广大观众和整个社会带来深远、健康的影响。

《广而告之》作为一个里程碑式的事件，它的问世有着划时代的意义。它使公益广告活动一跃成为具有一定目标、规模和系统的经常性活动，标志着公益广告事业史的开端。它的问世带动了中国大众传媒和广告业积极投身于公益广告事业中，也深刻地影响了广告业最高领导层关于开展全国性公益广告活动的决策。

（三）主流媒体是公益广告的先驱

在公益广告起步形成阶段，媒体是推动公益广告发展的主要力量。中央电视台在黄金时段开办的第一个公益广告栏目《广而告之》，定期播出公益广告，揭开了我国公益广告发展史上新的一页。《广而告之》创作了一批主题鲜明、生动活泼的公益广告，其中影响较大的有《高高兴兴上班来，平平安安回家去》《啊！真对不起》《别挤了！》《救救孩子》等。

《广而告之》栏目每天播出一至二次，每次 30 秒或一分钟。最初的目的是"倡文明之风"，所有费用都由中央电视台出资，没有任何商业回报。每天以小故事的形式弘扬公益主题，以树立社会良好风尚，倡导社会公德为主要内容。中央电视台广告部在《广而告之》开播之初提出宗旨："通过提醒、批评、规劝，向广大人民群众传播各种有益于社会进步的思想、行为方式和道德准则，以改变人们的价值观和道德观，达到培育良好社会风气，促进社会文明与进步的目的。"《广而告之》栏目播出了大量契合社会现实、主题多样、传播效果较好的电视公益广告。据统计，1987～1995 年，《广而告之》栏目播出的电视公益广告达到 844 条。《广而告之》栏目依靠中央电视台的强势地位和全国性覆盖面，在全社会产生了广泛的影响，取得了良好的社会效果。"公益广告"概念从此逐渐深入人心。

在 1987 年到 1995 年的八年间，《广而告之》逐渐成长为中央电视台的品牌栏目，它的收视率曾高居中央电视台各栏目收视率第三位，在 1991 年和 1992 年连续两年获得中央电视台优秀栏目一等奖；1989 年第四届全国电视广告“印象奖”评比中，《广而告之》获得“特别奖”；在《广而告之》栏目中播出的很多公益广告都在国内外电视和广告等类别的评奖活动中获奖。例如，《啊，真对不起》获得 1991 年国际广告博览会铜奖，《希望工程·救助篇》获得第四届全国优秀广告作品展荣誉奖，《反腐倡廉》获得第八届全国电视广告“印象奖”一等奖和创意奖，等等。《广而告之》栏目部分广告片分镜头脚本如下：

《渴望篇》(60 秒) 中央电视台广告部

序号	镜头	画　　面	配音、配乐
1	特、近	五彩斑斓的泡沫飞舞，城市男孩和女孩翩翩起舞，一女孩笑容满面弹奏电子琴。	欢快乐曲
2	平、近	城市女童挑选电动车玩具，商场货架上儿童玩具琳琅满目。男孩与女孩欢快地玩耍。	欢快的乐曲
3	近、中	山村小学校门口，女孩和男孩抱着柴草木然地聆听。	幽怨的笛声。 校园里读书声：白日依山尽，黄河入海流，欲穷千里目，更上一层楼。
4	平、中	男孩拉着一头毛驴，木然地站在小学校门外，凝视校园。	
5	平、推近	小学校门墙上的标语：百年大计，教育第一。校门外大树下，三个孩子的背影，一个拉着毛驴，两个抱着柴草。叠字幕：希望工程。	画外音：中国每年有 100 多万少年儿童因贫困而失学，他们期待着您的帮助！
6		黄钟大吕敲响。字幕：广而告之	钟声悠扬

《流失篇》(60 秒) 中央电视台广告部

序号	镜头	画　　面	配音、配乐
1	仰、近	农村小学的上课钟声敲响。	钟声悠扬
2	平、全景	简陋的教室，破旧的课桌，学生起立，老师走近教室，同学坐下。老师看到前排一个课桌空着。	哀婉的电子琴乐曲。
3	平、近	老师拿起空桌上的一张纸，凝神。纸上写着：老师，我交不起学费，不来上学了。	
4	平、全	老师环视教室，表情悲伤，无奈。	
5	平、全、特技	全体学生注视着老师，一个接着一个的学生消失，教室座位空了一多半。	
6	特	水坝垮塌，洪水狂泻。	画外音：水土流失，就是人类生存的基础的流失。
7	平、中	辽阔草原上，少年放羊。	画外音：而学生的流失，就是国家未来在流失。
8	仰视、远	崎岖山路上，少年牵牛。	
9	平、近、	农田里，少年和父亲种地。 字幕：希望工程。	画外音：中国每年有 100 多万少年儿童因贫困而失学，他们期待着您的帮助！
10	特、平	黄钟大吕敲响。字幕：广而告之	钟声悠扬

《救助篇》(60 秒) 中央电视台广告部

序号	镜头	画　面	配音、配乐
1	平、全	会场，燃放鞭炮。	童声歌唱： 希望是绿色的小苗， 希望是幼稚的小孩， 希望是爱心一片。 希望就在明天。
2	平、全	山村小学，奠基典礼。鼓号队列队整齐，鼓号齐鸣。	
3	平、近、特	红花彩绸装饰奠基石，上书大字：平邑县希望小学奠基，一九九一年八月。字幕：希望是幼稚的小孩。	
4	平、全	小学生排队领书，女学生接过书向老师鞠躬。字幕：希望是爱心一片。	
5	平、全	四位老师向学生们发书，学生整齐排成八队。土墙上挂着锦旗，上书：希望小学捐书仪式。	
6	平、近	三个小学生在读书。	欢快的乐曲。
7	平、中	全班小学生在读书。字幕：希望就在明天。	
8	平、近	赞助商和爱心人士在接受孩子们的鲜花和敬礼。	
9	俯、特	奠基礼会场，爱心人士为奠基石培土。	
10	平、近、特	某县城，红色的捐款箱。干部们踊跃捐款。	画外音：中国每年有 100 多万少年儿童因贫困而失学，他们期待着您的帮助！
11	平、近、特	红色的捐款箱。人们踊跃捐笔。	
12	平、近、特	某县城，红色的捐款箱。人们踊跃捐款、捐书、捐笔和笔记本。叠字幕：希望工程。	
13	平、特	黄钟大吕敲响。字幕：广而告之	钟声悠扬

《广而告之》的成长并非一帆风顺。在经历初期发展之后，由于节目制作资金缺乏保障，《广而告之》团队的创作意识和制作能力受到束缚，导致公益广告的质量降低、数量减少。为此，从 1994 年初开始，中央电视台采取了节目片尾打企业名称的办法，吸引企业投资，很大程度上解决了制作经费不足的问题。

《广而告之》逐渐成长为对国内乃至亚洲地区公益事业发展比较有影响的公益平台，整个栏目的制作水平、创意能力和运作经验都有了较大提升，我国第一条三维动画公益广告即由《广而告之》制作播出。《广而告之》和政府各大部委及国内外近百家非营利机构、公益团体形成了公益传播联络网，并且组织召开全国性公益广告研讨会，共同推动我国公益广告事业的发展。

国家级媒体开办公益广告栏目，形成了良好的示范效应。各地电视台纷纷开办公益广告栏目，播出公益广告片，激发了全国电视媒体参与公益广告的积极性。如北京电视台的《广角镜》、四川电视台的《公益广告》、河南电视台的《兴利除弊》，等等。截至 1995 年 11 月，全国已有 27 家省级电视台和计划单列电视台拥有了类似栏目。地方电视台由于资金和制作力量有限，通常采取和广告公司签约的方式。如 1994 年北京桑夏广告公司与北京电视台签约《广角镜》栏目，负责制作了 600 余条公益广告，其中较具代表性的作品有《人民的利益高于一切》《尊严来自于实力》《今天回家陪陪老人》《祖国需要你，参军最光荣》等，这些作品获得了政府和各级有关部门的褒奖。《祖国需要你，参军最光荣》

的脚本如下：

《祖国需要你，参军最光荣(陆军篇)》(20 秒)　　北京桑夏广告有限公司

序号	镜头	画面	配音
1	平、近	一排士兵持枪站立，烈日下苦练军姿，汗透衣衫。 字幕：百炼千锤，你行吗？	军乐曲。
2	平、近	一少尉军官带领士兵匍匐前进，擒拿格斗，尘土飞扬。	
3	俯、中	战士执枪排成整齐的军列式，正步前向。	
4	平、中	坦克冲过激流险滩。	
5	平、近	军官将一枚军功章别于战士的胸前。 字幕：祖国需要你 参军最光荣	

《祖国需要你，参军最光荣(海军篇)》(20 秒)　　北京桑夏广告有限公司

序号	镜头	画面	配音
1	平、近	舰艇上，炮位。军士紧急行动，手摇机关炮的方向轮盘。一战士填充炮弹。 字幕：长风破浪，你想吗？	军乐曲。
2	平、全景	大海上，快艇编队，乘风破浪前进。 海军战士操纵高炮，雷达转动快速搜索，鱼雷出膛。 大浪汹涌，拍打甲板，激起雪样浪花。	
3	平、近	甲板上，海军战士列队，目光坚毅。 国旗和海军军旗徐徐升起。	
4	平、全景	碧海蓝天，战舰在前进。 字幕：祖国需要你 参军最光荣	

《祖国需要你，参军最光荣(空军篇)》(20 秒)　　北京桑夏广告有限公司

序号	镜头	画面	配音
1	平、全	一列空军战士迅跑，登上飞机。	军乐曲。
2	平、全	一排飞机正待起飞。	
3	平、远	一架飞机在跑道上飞驰。 字幕：凌云壮志，你能吗？	
4	平、远	两战鹰拔地而起，冲向蓝天。	
5	平、近	机舱内，飞行员紧盯仪表盘。	
6	平、中	战机在空中排成横列，比翼飞翔。	
7	平、近	雷达转动。飞行员凝视前方。	
8	仰、远	战鹰掠空，声震环宇。 字幕：祖国需要你 参军最光荣	

二、学术研究开始起步

《广而告之》是我国第一个真正意义上的电视公益广告栏目，在中国公益广告发展史上具有里程碑式的意义，"公益广告"概念由此形成。这一时期中国电视公益广告虽然刚

刚起步，但发展势头良好。电视媒体以设置专题栏目的形式播放电视公益广告，成为这一阶段电视公益广告的一大特色。电视公益广告的专业化水平迅速提高，电视媒体刊播公益广告的自觉性也增强了。主流媒体迫切要求研究公益广告创作规律，提高制作水平和质量，从而在理论研究方面发挥引领作用。

中央电视台广告部在不断提高《广而告之》质量的同时，有计划地进行了公益广告理论的建设。1994 年，中央电视台组织在曲阜召开了“首届电视公益广告研讨会”，全国 15 个省、市电视台和部分学术界、企业界代表共 63 人参加了会议。这是中国公益广告史上第一个以公益广告为主题的理论研讨会，标志着公益广告创作从实践到理论的提升。第二届研讨会于 1995 年 11 月在黄山召开。第三届研讨会于 1997 年 5 月在大连召开。

这三次研讨会催生了许多学术成果，很多研究者开始探讨公益广告的基本概念，分析公益广告与商业广告的区别和联系，如《现代传播》杂志 1991 年第 4 期发表丁俊杰等的论文《公益广告初探》；研究公益广告的特征、社会功能与作用，如 1991 年杜延龄的论文《公益广告之社会功能刍议》；研究当时公益广告发展所产生的热议现象，如 1995 年文大会的论文《公德公益广告拍卖好》；叙述创作一个公益广告的感受，如 1995 年折虹的论文《公益广告创作的新收获——〈悬鱼太守〉赏析》，等等。研究者大部分使用新闻传播学知识进行论述。也出现了从美学角度探讨公益广告特征的文章，如《真善美——电视公益广告的美学追求》。总的来说，这一阶段的论文数量较少，研究主题较狭窄，处于起步阶段，多围绕有关公益广告的一些表层问题展开。论文主要是观点型文章，采用研究方法全部是定性分析，研究水平参差不齐。但不可否认的是，初期的论文开拓了公益广告研究的思路，对于之后的公益广告学术研究的发展起到了重要的铺垫作用。

在此之前，电视公益广告并未引起专家学者的足够重视，而且有关电视公益广告的研讨也非常少。我国公益广告的研究是伴随着电视公益广告的出现而产生的，促进着公益广告的发展。我国的电视公益广告始于 1986 年，其后就有关于公益广告的文章出现，但大都止于报道层次。真正发表于期刊上的学术论文是在 1991 年，此后关于公益广告的学术研究才逐渐兴起。在这一时期，中央电视台和各地方电视台定期或不定期地召开各种形式的电视公益广告研讨会。

中央电视台面向全社会征求公益广告的创意脚本，受到公众的热烈响应，说明电视公益广告产生了良好的社会效果。但是，作为一项社会公益事业，电视公益广告的参与主体还是显得过于单一，主要还是以电视媒体和政府的参与为主，众多企业缺位。同时，这一时期的电视公益广告活动大多还是“单兵作战”，缺乏统一有效的组织管理，这也使得电视公益广告活动难以形成合力，从而限制了电视公益广告功能的发挥。

1995 年由中央电视台广告部主办的第二届全国电视公益广告研讨会召开。会议观摩了优秀电视公益广告作品，并进行经验交流，肯定了公益广告的社会作用，深入探讨了目前电视公益广告存在的问题，如：部分公益广告作品创意不新颖、题材狭隘、全国公益广告缺乏整体规范等，并提出了解决方案。此后，中央电视台组织制定《关于企业资助联合制作“广而告之”节目的暂行办法》，从制度上保证了公益广告《广而言之》的经费来源。

我国公益广告产生之初，在公益广告主题的选择上有一定的随机性，没有经过专门的机构进行审核，以及开展受众调查，了解社会的需要。由于处于起步阶段，公益广告所涉及的主题一般比较分散，每则公益广告一个主题，每个公益活动一个主题，尚无年度主题。这种状况一直持续到 1995 年。

三、广告事业发展催生优秀公益广告的评选

1987 年国务院颁布的《广告管理条例》并未涉及公益广告，但是广告事业发展促使广告行业自觉地承担起社会责任。在这一时期广告事业发展迅速，全国广告营业额十年间增长了 31 倍，年平均增长速度 47%。详见表 2—2。

表 2—2　全国广告行业经营情况一览表(1986～1995)

项目 年份	全国广告营业额(万元)	广告费占国民生产总值比重(%)	人均广告费(元)	全国广告经营单位数(户)	全国广告从业人员数(人)
1986	84477.7	0.083	0.786	6944	81130
1987	111200.3	0.093	1.017	8225	92279
1988	149293.9	0.100	1.345	10677	112139
1989	199899.8	0.118	1.774	11142	128203
1990	250172.6	0.135	2.188	11123	131970
1991	350892.6	0.162	3.030	11769	134506
1992	678675.4	0.255	5.792	16683	185428
1993	1340873.6	0.388	11.314	31770	311967
1994	2002623.0	0.429	16.709	43046	410094
1995	2732690.0	0.475	22.562	48082	477371

资料来源：国家工商行政管理总局、国家广告研究院供稿。

评选优秀公益广告对于推动公益广告事业的发展具有重要意义，也是公益广告制作和播放规模化的标志。广告行业组织以公益广告评选为平台，联络广告行业成员，推动公益广告事业不断发展。最早创办优秀公益广告评选的是全国电视广告“印象奖”。

1984 年 6 月，中国广告协会电视委员会在南京成立，并于 1985 年 3 月在成都举办首届全国优秀电视广告评选活动，于 1986 年 11 月在杭州召开第二届评选活动，于 1988 年在西安举行第三届评选活动。1990 年 2 月 26 日，中国广告协会电视委员在北京举行第二届第三次常委会，会议期间，全国优秀电视广告评选活动获奖作品被定名为政府级的“印象奖”。所谓“印象奖”，是指广告作品小而短，要一眼看去就给人以深刻印象才是好作品。1990 年 4 月 2 日，第四届全国电视广告“印象奖”评选结果在福州揭晓，第一次设立“公共广告奖”。全国电视广告评选从此届起正式定名为“印象奖”，由国家广播电影电

视部主办。为了提倡公益性电视广告，第一次增设了“公共广告奖”与商业广告奖并列。公益广告首次从商业广告评选中分离出来，成为单独的评奖系列，这是中国公益广告发展史上的重大事件。获奖的公益广告作品有福建电视台《电子游戏机》，中央电视台《安全交通系列节目》《养成好习惯》《广而告之》、重庆电视台《保护线路》、深圳电视台《疏通走道小心防火》、烟台电视台《爱护公共设施》，共 7 件。由此拉开了为公益广告评奖的序幕。

全国电视广告“印象奖”从第四届到第九届均设置了“公共广告奖”。第五届颁奖大会于 1991 年 3 月在珠海举行，第六届颁奖大会于 1992 年 5 月在丹东举行。第七届颁奖大会于 1993 年在深圳举行。第八届于 1994 年 10 月在重庆颁奖。

继第四届“印象奖”之后，中国广告协会广播委员会第六届优秀广告作品评选和广告公司委员会第三届优秀广告作品评选也开始接纳公益广告。1992 年 11 月全国第三届优秀广告作品展在南昌举行，最终评出“公益广告荣誉奖”6 件作品。这是全国综合性广告评选第一次为公益广告设立奖项。

1990～1994 年，第四至八届全国电视广告“印象奖”公共广告获奖名单见表 2—3。

表 2—3　全国电视广告“印象奖”公共广告获奖一览表

年份	届数	奖项	作品名称	制作单位
1990	第四届	一等奖(1 名)	电子游戏机	福建电视台
		二等奖(2 名)	安全交通系列节目	中央电视台
			保护线路	重庆电视台
		三等奖(3 名)	养成好习惯	中央电视台
			疏通走道小心防火	深圳电视台
			爱护公共设施	烟台电视台
		特别奖(1 名)	广而告之	中央电视台
1991	第五届	一等奖(3 名)	如此这般何时能了	中央电视台
			文明礼貌	福建电视台
			唉！救救孩子	中央电视台
		二等奖(5 名)	珍惜暑假好时光	福建电视台
			种树	北京电视台
			全社会关心残疾人	深圳电视台
			夏季游泳注意安全	江西电视台
			搬家以后	天津电视台
		三等奖(7 名)	如此造字吓跑了上帝	中央电视台
			男儿有泪不轻弹	中央电视台
			赌博之风刮干亲人的泪	中央电视台
			捐出热血，献出热心	广东电视台
			计划生育是基本国策	广东电视台
			行人横穿车行道	厦门电视台
			假冒商品害人害己	重庆电视台

续表

年份	届数	奖项	作品名称	制作单位
1992	第六届	一等奖(2名)	注意交通安全	广州电视台
			希望工程(系列)——渴望篇、流失篇、救助篇、红烛篇、爱意篇	中央电视台
		二等奖(4名)	清洁卫生靠大家	广州电视台
			居家安全小心火源	重庆电视台
			仅有微笑是不够的	湖南电视台
			节约能源刻不容缓	中央电视台
		三等奖(6名)	不该流出的泪水	河南电视台
			榜样的力量	湖南电视台
			改了旧习,绿了山川	云南电视台
			粮食来之不易,粒粒要珍惜	广东电视台
			爱护公家这个家	宁波电视台
			治安联防	重庆电视台
1993	第七届	一等奖(2名)	“洗衣机”的功能	湖南电视台
			偷税漏税国法难容	中央电视台
		二等奖(4名)	交通安全	苏州电视台
			保护水资源	深圳电视台
			献给国际老人节	福建电视台
			禁毒	广西电视台
		三等奖(6名)	破坏交通线路是违法行为	江苏电视台
			保护鸟类	深圳电视台
			喝酒四部曲,暴食变奏曲	中央电视台
			伸出你的手,让世界充满爱	广西电视台
			有理还要有礼	湖南电视台
			请勿乱扔果皮	汕头电视台
1994	第八届	一等奖(4名)	正确教育儿童	北京电视台
			反腐倡廉	中央电视台
			请不要酒后开车	中央电视台
			希望工程	青海电视台
		二等奖(7名)	交通安全	北京电视台
			灾区读书声	湖南电视台
			就这一回	中央电视台
			工间操、课间操,工作学习不可少	中央电视台
			正确对待高考,正确对待人生	中央电视台
			希望工程	四川电视台
			贺卡篇	山东电视台

续表

年份	届数	奖项	作品名称	制作单位
1994	第八届	三等奖(8名)	病从口入,饭前先洗手	中央电视台
			请爱护森林	中央电视台
			一笔税款,一片爱心	山西电视台
			为了孩子,麻将风该停	无锡电视台
			要鸟语,不要枪声	曲靖电视台
			创卫靠大家	重庆电视台
			噢!原来是儿媳妇	包头电视台
			好孩子不玩火	新疆电视台

四、探索公益广告长效发展之路

单纯靠热情和社会责任感是不可能使公益广告持续发展的。公益广告需要资金支持,广告人在积极地探索长效发展机制。

1995 年 8 月,杭州举行公益广告拍卖会。一件题为“保护水资源”的报纸广告是拍卖会上唯一的拍品。它最终被浙江金义集团获得,成交金额为 16.8 万元。此举开创了公益广告拍卖及拍卖成功的先例。公益广告拍卖活动是企业家们公益意识的一次大检阅,它们不仅为解决公益广告事业的经费来源拓宽了渠道,提供了经验,而且充分表明部分企业开始以更为积极的姿态加盟此项事业。至此,由企业直接投资或以购买现成公益广告冠名权的形式间接投资、由广告制作单位收取低廉费用或自费进行制作、由媒介单位收取低廉费用或免费进行发布这三方合作的局面已具雏形。

1995 年 11 月,“古汉杯”全国第四届优秀广告作品评选颁奖活动在长沙举行。经专家评选,共有 442 件作品获奖。本届优秀广告作品展增设了“CI”设计和公益广告类作品。公益类评出了荣誉奖 9 件,地区发展奖 2 件。其中获得荣誉奖的有中央人民广播电台的《希望工程》、中央电视台的《“希望工程”救助篇》、北京电视台的《尊严来自于实力》、国家环保局的《保护环境就在今天》、中国广告杂志社的《广告人》、北京创格文化事业发展有限责任公司制作的《爱国主义教育宣传组画》、山东人民广播电台的《水是生命之源》、新华日报社广告部的《江苏省控制人口增长取得丰硕果实》、唐山国际广告公司的《严禁捕杀动物》;获得地区发展奖的有重庆电视台的《创卫靠大家》和云南省广播电台的《利用太阳能,保护大自然》。

第三节　平稳发展阶段(1996—2007)

一、党和政府主导全国性公益广告活动

这一时期电视公益广告摆脱了自主发展的状态,步入党政主导的局面。

从 1996 年开始,党和政府开始组织全国性的公益广告活动,面向社会征集广告作

品。同时出台法规政策，规定电台、电视台关于公益广告的制作和播出情况，引导公益广告规范化发展。公益广告把党和政府的方针政策以人民喜闻乐见的形式呈现在世人面前，体现了"以人为本"的执政理念。同时，中央文明办、中央宣传部、中央纪委、国家广电总局、国家工商总局等部门联合组织开展了一系列公益广告活动，促进了公益广告事业的发展。媒体、广告公司、企业、社会组织和个人开始广泛参与到公益广告的出资、制作、播出等运作链条中来。

1996 年 2 月 1 日，全国人大常委会副委员长、中国广告协会名誉会长陈慕华就商业广告的社会效益和公益广告作了重要指示："我很欣赏中央电视台的《广而告之》，它的形式和内容都不错，但涵盖面还不够……诸如有关社会公德，职业道德，家庭伦理道德等，广告要正确予以倡导。"

1996 年 6 月，作为广告业主管部门的国家工商行政管理局发出《关于开展"中华好风尚"主题公益广告活动的通知》，标志着政府主导下的全国性公益广告活动全面展开。这是公益广告发展史上的标志性事件，政府有关部门开始对全社会的公益广告活动进行组织和管理。

1997 年 9 月，国家工商行政管理局再次组织开展以"自强创辉煌"为主题的公益广告月活动。从 1996 年到 1998 年，国家工商行政管理局在全国范围内每年都组织开展不同主题的公益广告活动，并且进行优秀公益广告评选。

1999 年，中央精神文明办和国家工商行政管理局印发《关于进一步做好公益广告创作有关问题的通知》，标志着党中央对公益广告的组织和领导。党和政府将每年举行的全国性公益广告评选活动改为每两年举行一次，各地方可以结合当地实际，按年度或每两年安排一次本地区的公益广告评选活动。截止到 2009 年，全国优秀公益广告作品评选活动共举办了八届。

2000 年 1 月初，中央精神文明办与国家工商行政管理局联合组织开展以"树立新风尚，迈向新世纪"为主题的公益广告宣传活动。同时，围绕这一主题制作了若干系列电视公益广告，如《中华好风尚》系列、《自强创辉煌》系列、《下岗再就业》系列、《知识改变命运》系列、《树立新风尚迈向新世纪》系列等。这些系列电视公益广告播出后，引起社会的广泛关注，产生了较好的社会效果。如社会影响广泛的《从头再来》，关注了下岗工人再就业的社会重大问题，非常励志，发挥了重要的导向作用。

2001 年被称为公益广告年。此后，由国家工商行政管理总局①、广电部、卫生部等单位组织开展了一系列多主题、规模空前的公益广告活动。政府部门的组织力度也相应加大。中宣部、中央文明办或单独或会同有关部委开展公益广告活动。例如，2001 年，中宣部、中央文明办、国家工商行政管理总局、国家广电总局等联合举办"全国思想道德公益广告大赛"。其后每年都有主题公益广告活动。如 2002 年"希望工程助学行动"，重视知

① 1953 年，政务院下设"中央工商行政管理局"，"文革"中并入商业部，1978 年 9 月恢复设立，称"国家工商行政管理局"，2001 年 4 月，升格并改称"国家工商行政管理总局"。

识、重视教育;2003 年“抗击非典的第二战场”,凝聚人心的力量;2004 年“节约创造价值”,和谐社会从每一个人开始;2006 年“红盾护农”和“新农村”,建设社会主义新农村;2007 年 3 月 27 日持续到 2008 年 3 月 20 日的“迎奥运 讲文明 树新风”等公益广告活动。

党和政府的一系列文件,规范和指导公益广告事业的发展。例如,2008 年国家工商行政管理总局和国家发改委联合发布《关于促进广告业发展的指导意见》,是今后公益广告发展的纲领性文件。中央文明办和国家工商行政管理总局等部委联合签发了一系列文件,规范和指导公益广告活动的开展,这也是我国公益广告的特色之一。

政府和相关部门进一步加强对电视公益广告的组织和管理。主要体现在两个方面:一是从 2002 年开始,政府和相关部门在组织公益广告活动的同时,还明确公益广告的主题,介入了电视公益广告的创作过程。二是政府和相关部门通过颁布行政规章,进一步规范电视公益广告活动,包括《关于进一步做好公益广告宣传的通知》、《广播电视广告播放管理暂行办法》、《关于加强制作和播放广播电视公益广告工作的通知》、《广电总局关于做好有线数字付费频道公益广告片播放工作的通知》等。

为了规范电视公益广告活动,党和政府的主管部门以下发通知的形式对电视媒介刊播公益广告做出规范。例如,在主题公益广告月期间,国家工商行政管理局下发文件要求省级以上电视媒介每天黄金时间刊播主题公益广告应不少于一条,其他时间不少于两条。1997 年 8 月 4 日,中共中央宣传部、国家工商行政管理局、广播电影电视部和新闻出版署联合发出《关于做好公益广告宣传的通知》,其中对于电视媒介刊播公益广告明确提出了四条规定:一是电视媒介每套节目用于发布公益广告的时间应不少于全年发布商业广告时间的 3%;二是电视媒介在 19 点到 21 点每套节目发布公益广告的时间应不少于该时段发布商业广告时间的 3%;三是对于企业出资设计、制作、发布的公益广告,可以标注企业名称,但不得标注企业产品名称和商标标识,不得涉及与该企业商品或提供的服务有关的内容;四是电视公益广告标注企业名称显示时间不应超过 5 秒,标注面积不超过电视广告画面的 1/5。

自 1996 年开始,中央精神文明办和国家工商行政管理局设立公益广告政府奖,奖励制作公益广告做出突出成绩的广告公司。例如,推出近千条公益广告的北京桑夏广告公司,2003 年被评为全国广告行业文明单位、首都广告行业精神文明先进单位、抗击“非典”公益广告宣传先进单位、荣获由中央精神文明建设指挥委员会办公室、国家工商行政管理总局颁发的 2001—2002 年度公益广告全国奖的优秀奖。

二、广告行业积极参与“中华好风尚”公益广告活动

在这一时期,广告业高速发展,广告行业形成规模,2007 年的广告经营额达到 1740 亿元,12 年间增长近 4 倍,平均增长速度达到 15%;从业人员达到 111 万,在国民经济中形成了完整的行业规模。中国广告协会发挥行业组织的作用,政府广告监管机关和广告行业组织引领广告行业积极参加公益广告活动。参与公益广告活动的不仅仅是广告媒

体,而是全行业的参与,广告行业为公益广告事业作出了巨大贡献。广告行业发展规模见表2—4。

表2—4 全国广告行业经营情况一览表(1996—2007)

项目 年份	全国广告营业额(万元)	广告费占国民生产总值比重(%)	人均广告费(元)	全国广告经营单位数(户)	全国广告从业人员数(人)
1996	3666372.0	0.548	29.957	52871	512087
1997	4619638.0	0.629	37.368	57024	545788
1998	5378326.0	0.706	43.528	61730	578876
1999	6220500.0	0.758	49.760	64882	587000
2000	7126631.7	0.801	55.895	70747	641116
2001	7948876.3	0.829	62.101	78339	709076
2002	9031464.4	0.890	71.679	89552	756414
2003	10786800.0	0.920	83.472	101786	871366
2004	12645600.0	0.930	97.286	113508	913832
2005	14163500.0	0.777	108.316	125394	940415
2006	15730018.0	0.751	114.350	143129	1040099
2007	17409626.0	0.698	133.276	172615	1112528

资料来源:据国家工商行政管理总局资料整理。

1986年1月,中国广告协会向在京会员单位发出《广告业要为精神文明建设做贡献》的倡议书,呼吁全国广告界积极参与公益广告事业,发挥行业优势,制作和发布更多,更好的公益广告,为经济建设和社会发展服务。这一文件在公益广告事业发展史上具有十分重要的意义。1996年6月27日,国家工商行政管理局局长王众孚在《人民日报》发表《广告要符合精神文明要求》一文,指出:要"积极指导,组织广告公司,媒介单位开展公益广告宣传"。至此,全国性的公益广告活动启动。同年6月18日,国家工商行政管理局发出《关于开展"中华好风尚"主题公益广告月活动的通知》。其要点是:(1)充分认识开展主题公益广告月活动的重要意义;(2)积极宣传、动员和指导广告主、广告经营者、广告发布者参与此项活动;(3)提出明确要求,确保宣传效果;(4)各级广告行业组织应结合实施精神文明公约,组织成员单位在活动中做出表率;(5)认真做好主题公益广告的评选工作。《通知》要求各级工商管理机构把开展此项活动作为工商形象建设的一项内容,高度重视,精心组织,加强领导,抓好落实。还要动员广告经营额较大的广告主积极出资制作和发布公益广告;专业广告公司应至少制作一件公益广告,其中有较强实力或有影视广告制作范围的,应制作一部电视公益广告;广告发布者应积极为公益广告提供时间或版面;广告月期间,省级以上电视媒介每天黄金时间播出公益广告应不少于一条,其他时间应不少于两条,省级以上报纸媒介显著版位每周刊出公益广告应不少于一条,其他版位应不少于两条,广播、期刊、省级以下(不含省级)电视、报纸以及户外媒介发布公益广告的数量,由省级工商局提出要求。作为《通知》附件下发的还有《"中华好风尚"主题公益广告月参考题录》，它为主题公益广告的内容框定了范围。

《通知》发出后，大多数省、自治区、直辖市及计划单列市工商局成立了以主管副局长负责的领导小组，积极筹备落实公益广告月活动。1996 年 8 月 8 日，北京市工商局组织召开“中华好风尚”主题公益广告月活动动员大会，国家工商行政管理局局长王众孚发表《弘扬传统美德，塑造自身形象》的重要讲话。此后云南和青岛等许多省市也相继召开类似的大会。各地还利用大众传媒向社会进行广泛宣传，从而营造了良好的舆论环境。

1996 年 9 月 1 日至 10 月 1 日，“中华好风尚”活动如期开展。这是中国公益广告史上第一个由国家行政管理部门组织开展的大规模公益广告活动。广告月期间，全国电视公益广告平均每天播出达 2000 条次，广播广告 2000 条次，报刊广告 350 余条次。活动中，全国共制作发布各类公益广告 16860 件，其中电视广告 4582 条，播放 137460 次；广播广告 2749 条，播放 82470 次；报刊广告 4123 条；户外广告 5406 条；招贴广告 50 多万张。这是中国公益广告史上空前的壮举。1996 年 12 月，国家工商局在京召开“中华好风尚”主题公益广告月活动总结颁奖大会。会上共有 101 件公益广告作品获公益广告政府奖，其中金奖 3 件，银奖 6 件，铜奖 10 件，提名奖 22 件，发展奖 60 件；6 家省级工商局获公益广告组织奖；74 家单位和 42 名个人获公益广告政府奖贡献奖。颁奖大会的当天还举办了全国公益广告研讨会。会上，中国广协学术委员会正副主任分别作了《要建立公益广告的良性循环机制》和《发展公益广告事业的若干思考》的学术报告。“中华好风尚”活动是一次影响深远的事件，它的开展极大地增强了全国各个行业和各个地区的公益广告意识。

1996 年 11 月，中国广告协会理事会决定，自 1997 年始，把“参与各项公益事业，重视公益广告的设计，制作和发布”作为推荐精神文明先进单位的五项条件之一。1997 年 4 月，中国民航总局决定在全国 45 个大中型机场设置大型公益广告牌。同月，厦门市公益广告宣传月活动拉开帷幕。地方党政部门自发举办如此大规模的公益广告活动，在公益广告史上尚属首次。

三、党政联手推动公益广告事业发展

“自强创辉煌”全国性公益广告活动是党政联手推动公益广告事业的开端，是公益广告事业大发展的标志。

1997 年 4 月 11 日，国家工商局发出《关于开展“自强创辉煌”主题公益广告月活动的通知》。《通知》说：“今年是我国具有重要历史意义的一年，中国人民将以崭新的面貌迎接党的十五大胜利召开和香港回归祖国。”8 月 7 日，国家工商局广告司下达《关于开展“自强创辉煌”主题公益广告月活动的补充通知》。对广告主和广告经营者在公益广告活动中的作为提出了更高要求，着重强调这次活动的政治性与时代特点，并将其与某些重大政治活动直接联系起来。

同年 8 月 11 日，中央宣传部、国家工商局、广电部和新闻出版署联合发出《关于做好公益广告宣传的通知》。这是中宣部第一次领衔下发有关公益广告的文件。尽管本意是为了规范各广告媒介单位在广泛意义上的公益广告活动中的具体行为，但客观上却对“自强创辉煌”活动的巨大成功起到了推动作用。这是党政领导机关联手具体推动公益广告事业的开端，具有里程碑式的意义。

1997年9月1日至30日，“自强创辉煌”活动如期举行。在广告月期间，电视公益广告平均每天发布5000余条次，广播公益广告每天发布近4000条次，报刊公益广告每天发布近200条次。在这次活动中，全国共制作各类公益广告24155件，其中影视广告6548条，播放158544次；广播广告3921条，播放117630次；报刊广告5961条；户外广告7725条。另外还印制了100多万张招贴广告。这是到当时为止规模最大的一次公益广告活动。它为香港回归和党的十五大召开创造了良好的舆论氛围，对社会主义精神文明建设起到了积极的促进作用，并且在“中华好风尚”活动的基础上，从各个方面有力地推动了公益广告事业的发展。

1998年4月7日，国家工商局发出《关于开展公益广告活动的通知》，指出：1998年，各级工商管理机关既要把公益广告活动作为贯彻党的十五大精神和工商形象建设的一件大事来抓，高度重视，广泛宣传，做好监督指导工作；又要把它作为一项重要的日常工作来抓，坚持不懈，从而使此项工作逐步长期化，法制化。为拓展创意思路，1998年不再组织主题公益广告月活动，各类主题的公益广告均可参加年度公益广告政府奖的评选；各地可倡导一些针对性较强的主题，增强本地公益广告活动的声势和宣传力度。

1999年10月22日，中央文明办和国家工商局联合发出《关于进一步做好公益广告工作有关问题的通知》(以下简称《通知》)。《通知》要求各地“把公益广告宣传活动作为精神文明建设的一项长期工作，深入开展下去。”从1999年起每年举行的全国公益广告评选活动改为每两年举行一次。2000年1月5日，中央文明办和国家工商局联合发出《关于开展2000年“树立新风尚，迈向新世纪”主题公益广告宣传活动的通知》，要求各地按照《通知》精神，认真做好公益广告内容的思想导向和公益广告活动的组织协调及监督管理工作。1月13日，中央文明办和国家工商局为这次活动在京召开新闻发布会。

2001年中央文明办与国家工商总局组织开展思想道德电视公益广告征集活动。

2002年中央文明办又与国家工商总局、团中央及中央电视台共同举办首届CCTV电视公益广告大赛作品征集活动，有力地带动了全国公益广告活动的展开。

党政领导机关联手举办公益广告活动，使得公益广告具有活动经常性、参与广泛性、管理规范化、主题多样化、创作水平高质量、理论探索深层次这六个鲜明的特点。“中华好风尚”活动是时代的产物，是当时各种社会条件综合作用的结果。中国广告业的长足发展为“中华好风尚”活动的开展提供了必要的条件，它是广告业发展到一定阶段的必然产物。中国公益广告事业的稳步发展为“中华好风尚”活动的问世提供了必要的前提条件；各级工商管理机构依法规范广告市场的实践，为“中华好风尚”活动的问世提供了契机。

“中华好风尚”的问世有着划时代的意义。首先，它标志着党和政府主管部门开始介入公益广告事务。最初公益广告活动是由一些广告媒介单位自发地开展起来的，因此公益广告的题材内容、媒介形式以及制作和发布的数量全由这些单位自己决定。然而在这次活动中政府的参与却起了关键性作用。以往自发性的活动变成了由党和政府主管部门发起的，有目的、有规则、有主题的活动。规范公益广告事务是党政主管部门介入这一事务最主要和最本质的内容。

1996 年后，党政主管部门对公益广告进行了进一步的规范，表现在下列几个层面：

第一，对公益广告活动的思想性提出要求，将这一活动纳入社会主义精神文明建设的规划和实践之中。

第二，对公益广告活动的公益性提出要求，严格区分公益广告和商业广告行为，确保这一活动健康发展。

第三，对广告活动主体在公益广告活动中的作为提出要求，确保这一活动的规模和力度。

第四，制定优秀公益广告作品的标准和评选工作程序，保证评选工作的质量，从而使之起到推动公益广告事业发展的作用。

第五，中央文明办、各级工商管理局和广告协会对公益广告活动中的工作提出要求，确保这一活动参与者的行为符合规范。

四、公益广告参与主体多元化

在这一时期，中国的公益广告事业从小到大，从低级状态走向高级状态，从发轫走向初步繁荣。《广而告之》的开播和“中华好风尚”活动的问世，不仅是公益广告事业发展史上两个重要的里程碑，而且还是经济发展和社会进步的两个重要标记，见证着改革开放以来中国社会令世人瞩目的巨大变化。尽管适合中国国情的公益广告发展机制还没有完全建立起来，尽管在公益广告事业的成熟程度上中国与发达国家之间依然存在着一定差距，然而，我国公益广告在短时间内攀登到了世界上大多数国家一时还难以企及的高度。在党和政府的领导下，公益广告的参与主体呈现多元化的趋势，电视媒体、企业、广告公司、社会团体等积极参与。

1994 年初，中央电视台采取了节目片尾打企业名称的办法吸引企业赞助电视公益广告。公益广告与商业密切结合，商业企业介入公益广告的创作与传播。哈药六厂成为这一时期的典型代表。有的电视台采取公开拍卖公益广告所属权的融资方式。如 1996 年 2 月 28 日，大连电视台将其制作的公益广告《欢呼生命辉煌》予以拍卖，开创中国电视公益广告公开拍卖的先河。还有的电视台采用公开竞标的方式，如 2000 年 1 月 22 日，福建电视台举行黄金时段广告招标，鼓山涌泉寺以 80 万元买断第二季《福建新闻联播》前最后一条广告播出权，用来播放禁毒电视公益广告和保护野生动物电视公益广告。

1996 年，作为电视公益广告参与主体之一的中国广告协会，向全体会员发出了《广告业要为精神文明建设做贡献》的倡议书，呼吁广告界“积极参与公益广告事业，发挥行业优势，制作和发布更多、更好的公益广告”。广告公司踊跃参与公益广告创作，提高了公益广告的制作水平。

2002 年 2 月 1 日，由中央文明办、国家工商总局、共青团中央、中央电视台共同举办的首届 CCTV 电视公益广告大赛正式启动。这是国内首次专门以电视公益广告为内容的大型比赛。

2006 年 7 月 6 日，由国家工商行政管理总局，贵州省委、省政府指导，贵州省工商局主办的中国首届“国酒茅台杯”中华好风尚电视公益广告大奖赛在贵阳正式启动，历时五个多月。全国 27 个省、市、自治区、直辖市的数十家媒体、广告公司积极参与。

2007 年，中央文明办启动“迎奥运，讲文明，树新风”公益广告征集和宣传活动。全国各个省、自治区、直辖市和计划单列市、部级城市都报送了作品。

五、公益广告学术研究深化、优秀作品评选工作展开

随着公益广告的发展，公益广告学术研究逐渐发展起来。1991 年开始有公益广告研究的论文正式发表。1994 年 10 月，我国第一个以公益广告为主题的理论研讨会——全国首届电视公益广告研讨会在山东曲阜召开。

1996 年 4 月 22 至 24 日，中央电视台在北京召开了“首届全国电视公益广告题材会”，全国 15 个省、市电视台参加，公益广告逐步走进了全国省市电视台的视野。此后，中央电视台基本上每年召开一次，为电视台系统搭建了共同探讨公益广告的交流平台。从 1998 年开始，中央电视台对公益广告的运作进行改革，动员和整合更多的社会力量参与公益广告创作，公益广告出现了新的气象。

很多公益广告论文深入探讨公益广告的定义，作用、特点和运作方式，并进行与外国公益广告的比较研究。1996 年至 2007 年期间，网上发表的论文数呈稳步增长态势，如图 2—3 所示。

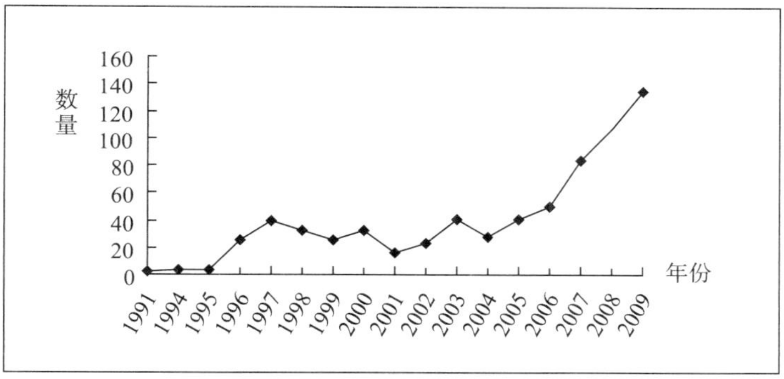

图 2—3 公益广告论文发表数量

这一时期的公益广告呈现主体多元化、主题系列化、组织规模化、融资多样化的特点。大部分的主题集中于公共道德和社会福利。而在主题规划方面，涉及地方振兴方面的西部大开发主题开始进入公益广告的选题视野。1996 年至 2000 年间，国家工商行政管理局、中央宣传部、中央文明办、中国广告协会等部门密切合作，先后在全国范围内开展"中华好风尚"、"自强创辉煌"、"下岗职工再就业"、"抗洪救灾"和"知识改变命运"等五次主题公益广告活动。

这一时期，党和政府领导公益广告事业，紧扣社会热点开展有组织的全国性活动。党和政府主导，媒体和企业积极参与，使公益广告在社会上形成较大影响力。公益广告活动日趋规范，成为有主办单位、有文件规范、有主题设定、有时间期限、鼓励社会各界参与，并且有评比选优程序的全国性的社会公益活动。

第九届全国电视广告"印象奖"颁奖大会于 1997 年 5 月 24—25 日在大连举行，共有 37 件公益广告获奖，但获等级奖的商业广告只有 21 件。获奖的公益广告在数量上超过了商业广告，这是以往从未有过的现象。在这次评选中，主办单位把"公共广告奖"改名为"公益广告奖"，并提升了它的规格，使之成为与商业广告并立的另一大类。1997 年中国广告节暨第五届全广展于 1997 年 8 月在广州举行，12 件作品获"最佳公益广告奖"。原奖项称谓"公益广告荣誉奖"被"最佳公益广告奖"所取代。从"公共广告奖"到"公益广告奖"，从"公益广告荣誉奖"到"最佳公益广告奖"，这其中的微妙变化反映了公益广告事业本身的变化，以及公益广告为广告界甚至全社会认可程度的变化。

第四节　快速发展阶段(2008 年至今)

一、围绕重大事件开展公益广告活动

这一时期，党和政府进一步加强对公益广告的管理工作。各媒体之间展开合作，开展了公益广告跨媒体传播平台的建设。企业社会责任意识不断提高，以投资制作公益广告、赞助冠名、公开竞标等方式为公益广告提供了市场化的融资渠道，在一定程度上缓解了公益广告资金的困难、运行机制缺乏活力等问题。公益广告理论研究速度加快，研究成果数量猛增。大量的论文对公益广告发展的核心问题如运行机制、资金等方面进行了更为深刻的探讨，为我国公益广告的实践提供了有益的借鉴和指导。中共中央主办的期刊《求是》杂志于 2013 年第 11 期发表中国传媒大学丁俊杰教授署名文章《公益广告："微时代"社会沟通的大手段》，这是党中央刊物第一次发布有关广告的文章。

我国公益广告正在以党和政府为主导力量，媒体、企业和各类组织为协作力量的运作方式发展。在交通部、铁道部、民航总局的领导下，利用交通运载工具，如火车、汽车、飞机，及空港、车站等播放优秀的电视公益广告片，实现公益广告覆盖的最大化。

此阶段的公益广告活动围绕重大历史事件和群众普遍关心的热点问题展开，具有反

应迅速、投资巨大、主题鲜明、反响热烈等特点。例如,2007年,中央电视台陆续播出“迎奥运,讲文明,树新风”公益广告,为2008年奥运会的到来创造了和谐、文明的社会氛围,受到广泛好评。2008年“5·12”汶川大地震发生后,各方力量纷纷发布以抗震救灾为主题的公益广告,在全社会发挥了积极作用。2009年,涌现出大批迎接祖国60华诞的公益广告,为国庆60周年献上厚礼。

中央文明办、广电总局、工商总局、新闻出版总署以及各省省委宣传部继续高度重视公益广告的发展。中纪委等多家部委、中国残疾人联合会等组织,根据自身工作特点直接出面主持创作公益广告,例如中纪委开展的“扬正气,促和谐”全国廉政公益广告展播,用公益广告的形式履行政府职能。

广电总局自2010年1月1日起施行《广播电视广告播出管理办法》,其中第三章第十六条明确规定,播出机构每套节目每日公益广告播出时长不得少于商业广告时长的3%。其中,电视台在19点至21点之间,公益广告播出数量不得少于4条(次),为公益广告播出提供了进一步的政策支持。

2013年中央文明办联合七部委举办“讲文明树新风”公益广告活动。中宣部、中央文明办、中央外宣办等七部委联合发文,要求深入开展“讲文明树新风”公益广告活动。文件要求依托人民日报、中央人民广播电台、中央电视台、中国网络电视台、中国移动等5家单位的公益广告制作中心,分别牵头设计制作平面类、广播类、影视类、网络类、手机类公益广告,形成公益广告作品库,供各媒体无偿选用。文件强调,要动员社会力量参与公益广告,可选择信誉度高、公众形象好的企业冠名襄赞,推动公益广告宣传常态化。文件还要求中央电视台综合频道每天播出“讲文明树新风”公益广告不少于10次,其他专业频道每天播出“讲文明树新风”公益广告不少于15次。

二、广告主和广告行业热心参与公益广告

2008年至2013年的六年间,党和政府实施的一系列重大经济社会发展战略,如将广告行业列为文化创意产业,为广告业加快发展提供了强有力的政策支持与制度保障。我国国民经济持续平稳快速增长,人民收入水平和消费能力不断提高,为广告业加快发展提供了良好的经济基础。以数字传播为代表的新一代信息技术的发展、以互联网为代表的新媒体的普及、“三网”融合步伐的加快,使得我国广告业发展与发达国家处在新一轮同一起跑线上。广告是引导消费、扩大内需、拉动经济增长的重要力量,是企业塑造品牌、开拓市场、增强自主创新能力的有力工具,是传播先进文化、弘扬时代主旋律、提升国民道德水平的重要载体,是宣传各项方针政策、创新社会管理、促进社会和谐发展的重要途径。我国广告业取得了长足发展,广告市场总体规模已跃居世界第二。2012年,全国广告经营额4698.2亿元,5年增长1.5倍,年均增长速度达到25.3%,远远高于国民经济的增长速度,是我国国民经济中增长最快的行业之一,这为公益广告的大发展奠定了基础。见表2—5。

表 2—5 全国广告行业经营情况一览表(2008—2012)

年份 \ 项目	全国广告营业额(万元)	广告费占国民生产总值比重(%)	人均广告费(元)	全国广告经营单位数(户)	全国广告从业人员数(人)
2008	18995614.0	0.632	135.077	185756	1266393
2009	20410322.0	0.599	152.944	204982	1334900
2010	23405076.0	0.583	174.546	243445	1480000
2011	31256000.0	0.661	231.981	297000	1674000
2012	46982000.0	0.900	346.962	3788000	2177800

资料来源:国家工商行政管理总局。

电视公益广告对于塑造和提升企业形象具有重要作用,吸引着越来越多的企业参与,出现了"媒体搭台,企业唱戏"的局面。例如,从 2001 年 1 月 1 日开始,哈药集团制药六厂在中央电视台和多数省市级电视台全天候(包括黄金时间段)播出系列公益广告。除了哈药集团制药六厂之外,热心电视公益广告的企业还有海尔集团、三株药业集团、蒙牛集团、中国移动、中国联通、华泰保险、统一集团等。

一批运用公益营销的企业涌现出来。从 2001 年开始,农夫山泉连续几年推出不同主题的"一分钱"公益行动。2006 年,以"一瓶水,一分钱。每喝一瓶农夫山泉,你就为水源地的贫困孩子捐出了一分钱。饮水思源,农夫山泉"为广告语,农夫山泉"喝一瓶水捐一分钱"公益创意引起了社会的广泛关注。同年,蒙牛集团提出"每天一瓶奶,强壮中国人"的口号,在全国范围内进行捐奶助学工程,给全国 500 所贫困学校的学生免费提供一年的牛奶,折合人民币上亿元。数年来,蒙牛致力于营造"蒙牛一直在为中华民族的强壮事业努力着"的形象,使得它在面临危机时能化险为夷。

随着公益营销的概念在国内流行,企业开展公益营销也日益频繁。2005 年 5 月 5 日,中国互联网协会启动中国第一个互联网公益日,网络公益成为互联网行业的一项重要活动。2007 年底,阿里巴巴集团在中国互联网业率先发布第一份社会责任报告,认为社会责任一定要融入企业的核心价值体系和商业模式中,才能行之久远。阿里巴巴集团还专设社会责任部门,建立并完善相应的规划、实施、管理与评估体系。腾讯、百度、淘宝网、携程网、微软中国、英特尔中国等互联网巨头也紧跟其后,对外发布企业社会责任报告。随着互联网企业社会责任实践活动的增多,公益模式也得到进一步发展。与传统企业不同,互联网企业所能捐赠的除了资金,还有网络平台。譬如国内各大商业网站纷纷开辟公益站点,已有"腾讯公益网"、"百度公益频道"、"搜狐公益" 和"新浪公益"等。互联网作为一个低门槛、透明化、方便快捷且高效互动的网络公益平台,使原来由少数企业、慈善组织或社会名流参与的慈善活动,变成了人人可参与的全民公益运动。

2008 年,互联网企业掀起了中国历史上最大规模的公益营销活动,央视网、腾讯、新浪等互联网企业策划的汶川抗震救灾专题网站成为全国人民了解地震灾情的重要渠道,新开展的各种网络捐助倡议为灾后重建贡献了力量。2009 年,"互联网公益日"活动对青海互助土族自治县明德小学、甘肃陇南市武都区汉王中学及甘肃东江中心小学进行捐助。2010 年上海世博会期间，腾讯援建了“腾讯梦想空间”的 40 所学校，组织“放飞梦想献礼世博”手工作品大赛，并由此评选出 436 名获奖学生及 52 名指导老师。

在电视新闻栏目中插播公益广告，是这一时期电视公益广告发展的亮点之一。例如，2003 年 4 月中旬，中央电视台《新闻联播》播出以“弘扬民族精神，共同抗击非典”为主题的公益广告。2004 年 4 月 1 日，由青岛模范工人许振超亲自出演的公益广告《劳动创造人生价值》，时长达 1 分钟，以央视新闻联播的高覆盖率增强了公益广告的宣传力度。

2013 年 4 月 3 日，央视《新闻联播》对公益广告的发展进行全面介绍。播音员说：“从刊播公益广告，到直接制作公益广告，从开辟公益广告专栏，到形成规模化、制度化，越来越多的媒体发挥权威性和影响力，集合社会力量大手笔投入精良化制作，推出大量脍炙人口的优秀公益广告。在经济利益和社会利益面前，广大媒体把社会利益放在首位，体现了媒体的社会责任。越来越多的公益广告深入人心，不仅彰显了社会的价值取向，更为构建社会和谐提供了强大的社会动力。”央视于蛇年春节期间推出“春节回家”系列公益广告，并加大公益广告制作播出力度，制作播出“美丽中国系列”、“民族复兴中国梦系列”、“文明系列”、“节约系列 ”等公益广告；举办“星光电视公益广告大奖”颁奖盛典；推动设立“中国电视公益发展基金”，鼓励更多机构和个人投身公益广告事业。其中，公益广告基金的建立已带来公益广告投资方式的变化，从而使得选题方法和运作主体产生变化。

全国主要媒体践行媒体责任。如中央电视台播出的公益广告《关爱老人——打包篇》，表现了失智老人慢慢失去了记忆，甚至不认识自己的儿子，但父亲却没有忘记吃饭时为儿子往口袋里装几个饺子。这个打动亿万观众的 90 秒广告，创意来源于作者和父亲的真实经历。2012 年在中国国际广告艺术节上获得优秀广告片奖的《回家》系列，也是央视从 400 个真实的回家故事中遴选出来的，并邀请当事人担任主角。人民日报设计的公益广告，用连环画展示了粮食从种子到饭桌的全过程，这种形式在人民日报公益广告的历史上还是第一次。中央人民广播电台、中国网络电视台、中国移动等发挥各自的优势，精心设计，刊播了交通文明、厉行节约等主题公益广告。2013 年 4 月 15 日，全国电视公益广告大赛启动，面向全国征集公益广告，并举行公益广告论坛。9 月 14 日，该广告大赛举行了颁奖典礼。

地方媒体携手联合，共创展播公益广告的平台。2010 年 3 月，黑龙江卫视、贵州卫视、甘肃卫视联合开启全国公益广告联播平台，通过举办公益广告大赛征集作品，利用平台进行交叉覆盖展播，以媒体的影响力推动公益事业的发展。上海世博会开幕之前，东方早报联合全国 21 家主流媒体，共同刊登公益广告，宣传游客参观世博会的各项信息，为全国各地来上海参观世博会的游客提供便利。

三、学术研究范畴拓展

这一阶段论文的数量和水平都有极大提高。研究的主题广泛，学术角度多样。论文几乎涵盖公益广告策划、创意、设计制作等主要环节。其中有探讨公益广告语的撰写技巧、语言特征，有探析公益广告的策划与创意标准、创作方法、创意思维与表现方式，也有分析公益广告各参与主体与公益广告的关系。例如，研究企业这一主体在公益广告中所扮演的角色，公益广告与企业形象、企业营销的关系；研究公益广告之于媒体形象、媒体自我宣传的作用影响；研究公益广告发展中的政府行为等。有研究者从整体上探讨公益广告现状及问题、繁荣公益广告的对策的研究。此外，还有学者论述公益广告与文化的关系，从法律层面来思考公益广告现阶段存在的问题，建立健全公益广告法规的必要性与紧迫性；公益广告与名人的互动效应等。

这一阶段论文数量猛增，在延续上一阶段主题广度的基础上，对公益广告发展的关键内核问题较前一阶段有了更为深刻的探讨。主要表现为：

第一，中外学者和机构同时开展公益广告研究。越来越多的研究者将视角转移到国外，研究国外发达国家成熟的公益广告的发展经验与模式，以期为我国公益广告的发展提供借鉴与参考；国外科研机构开始关注和研究我国的公益广告，荷兰皇家科学院设立专项课题研究中国公益广告，中国传媒大学教授刘林清和荷兰莱顿大学教授施达尼负责具体科研工作。

第二，《中国公益广告年鉴 1986—2010 年》出版。全国公益广告创新研究基地用时 3 年，全书 100 万字。年鉴系统性地记述了我国公益广告发展 25 年的历程，系统地研究了我国公益广告长远发展的重要问题——即公益广告的运行机制，包括资金来源、各行为主体（政府、媒体、企业、广告公司）的职能，并介绍了部分优秀公益广告作品。

第三，政府部门立项研究公益广告。国家广电总局在推动公益广告发展方面做了大量的工作。《中国广播电视》杂志承办国家广电总局的社科项目，即 2009 全国电视公益宣传事业调研展评活动，积极调研各个电视台和广告公司的公益广告活动开展情况。公益广告既是广告事业的组成部分，也是中国特色社会主义文化建设事业的表现，推动公益广告事业繁荣发展，必须全面准确地把握新形势新任务和人民群众的新要求新期待，以科学发展观指导公益广告事业。

第四，建立全国公益广告创新研究基地。2010 年 1 月，全国公益广告创新研究基地举行揭牌仪式，这是国家工商总局批准在中国传媒大学设立的全国性公益广告研究机构，以发挥学校教学研究资源和优势，研究解决困扰公益广告运行发展的机制问题，推动我国公益广告创新研究工作。全国人大常委会副委员长、全国妇联主席陈至立为“全国公益广告创新研究基地”成立发来的贺信。公益广告是一门科学，研究者对公益广告的特点、运行机制、公益广告历史这三个方向给予重点关注，标志着我国公益广告学术研究开始走向成熟。不仅研究议题广泛，很多学者还从伦理学、心理学、语言学、社会市场学等多学科、多角度研究。这一时期除了沿用定性研究方法之外，还有学者引入了定量研究的方法，如内容分析法、个案研究法等等，研究方法开始多样化。

四、公益广告全面发展

党和国家主管部门对公益广告事务进行规范的方针和措施是行之有效的，对于繁荣公益广告事业发挥了决定性作用，标志着中国公益广告事业进入了大繁荣时期。“讲文明，树新风”公益广告活动是持续多次的全国性公益广告活动。“迎奥运，讲文明，树新风”、“迎世博，讲文明，树新风”、“迎国庆，讲文明，树新风”等活动已成风气。“讲文明，树新风”公益广告活动的持续开展，充分显示了广告界和大众传媒以及社会各界参与公益广告事务的热情和潜力。活动波及的地域之广，参与的媒介之全、组织之多、人员之众，制作和发布的公益广告数量之大、质量之好，都是史无前例的。

中国公益广告经过20多年的发展，取得了巨大的成绩，在主题选择上也逐渐成熟。公益广告的主题从一开始的分散、小范围、小规模发展到现在的主题相对集中、有组织、大规模。

大型公益广告活动的主题有：

2008年主要以公共道德、社会福祉为主题，以“扬正气，促和谐”和“抗震救灾”为主题。

2009年以“城市让生活更美好”为中心，以公共道德、国际交流、环境问题为主题。

2010年主要围绕“严防酒驾”为中心，以交通安全为主题。

2011年，我国公益广告活动开始呈现“一个中心，多个主题”的特征，围绕“讲文明，树新风”主题，选择呈现出“迎世博，讲文明，树新风”、“迎国庆，讲文明，树新风”、“迎十八大，讲文明，树新风”等公益广告活动多样化的趋势。

2012年2月，中央电视台举行优秀广告代理公司颁奖仪式，首度设置年度优秀公益广告制作公司奖和中央电视台2011年度优秀公益广告创意奖。一方面对在公益广告方面做出突出贡献的机构和个人予以激励，鼓励更广范围的力量参与到公益广告事业中来；另一方面希望形成强强联手的合作机制，在未来的公益广告创作中多出为人民喜闻乐见、充分实现公益传播效果的优秀佳作。

我国公益广告事业蓬勃发展的同时，也面临许多问题，如缺乏良性循环的资金保障体系、创意水平不足、缺乏规范的运作机制、理论研究滞后，等等。但随着各个参与主体公益意识的不断提升，多方面的社会力量积极参与到公益广告事业中来，大家共同努力，一定会解决影响公益广告发展的难题，公益广告必然会朝着健康有序的方向快速发展。我国的公益广告事业前景辉煌。

本章小结

本章系统论述了我国公益广告的发展历程。在孕育萌芽阶段，具有公益性的广告很多，其主要作用是配合政治运动进行宣传。这些具有公益性的宣传品以招贴和海报为主要形式。在起步形成阶段，电视成为传播公益广告的主要渠道，公益广告的概念形成，学术研究起步。中央电视台的《广而告之》是我国第一个真正意义上的电视公益广告栏目，在中国公益广告发展史上具有里程碑式的意义，主流媒体发挥引领作用。在平稳发展阶段，党和政府主导全国性公益广告活动，面向社会征集广告作品，出台法规政策，引导公益广告规范化发展。公益广告参与主体多元化，公益广告学术研究深化，公益广告活动多样化，主题丰富。在快速发展阶段，党和政府围绕重大事件领导开展公益广告活动，企业热心参与，公益营销已成风气，全国主要媒体践行媒体社会责任，学术研究范畴得以拓展。随着我国经济体制和政治体制改革的深入进行，公益广告已经发展成为我国广告事业的重要组成部分，在社会政治生活中发挥着重要作用。

思考题

1. 简述公益广告孕育萌芽阶段的特点，举例说明。
2. 简述公益广告起步形成阶段的特点和作品表现。
3. 论述在公益广告平稳发展阶段，党和政府主导的主要公益广告活动。
4. 论述在公益广告快速发展阶段，党和政府领导下的主要公益广告活动。
5. 简述公益广告各发展阶段的特点。

第三章　公益广告运行体制

本章要点：

1. 党政结合的管理体制。
2. 国家形象广告、城市形象广告。
3. 公益广告制作流程。
4. 公益广告活动参与者。

公益广告是社会公共服务体系的重要组成部分，对传播正确的价值观、推广国家形象、政府开展公共服务乃至个人寻求社会援助、企业进行社会营销等都具有不可忽视的作用。我国公益广告也是政治宣传的重要组成部分，党和政府是我国公益广告最主要的发起者和推动者。因此，党和政府的行政体系对于我国公益广告的发展也有着重要的影响。

第一节　我国公益广告管理体制

一、以党为主、党政结合的管理体制

研究公益广告的运行体制，对分析公益广告的传播过程、衡量其效果和作用都具有重要的作用。我国对公益广告管理的机构如图 3－1 所示。

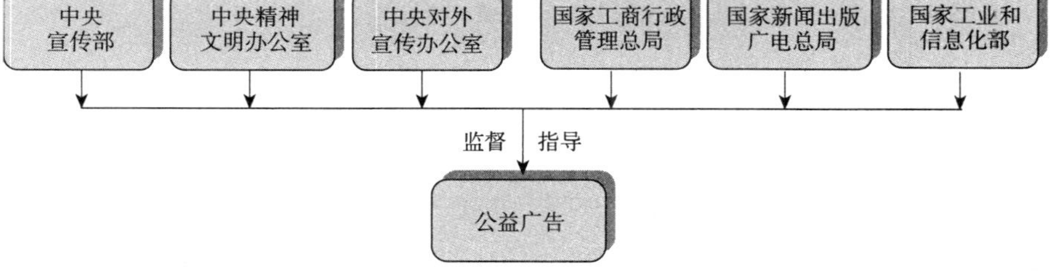

图 3－1　公益广告管理机构示意图

从发展历程来看，中国的公益广告实质上是党和政府领导媒体运行的政治宣传和公共广告的结合体，管理体制由意识形态宣传部门、广告行业管理部门和大众媒体管理部门构成。

中央宣传部、中央文明办、中央外宣办是党的政治宣传主管机构，国家工商总局、国家新闻出版广电总局、国家工业和信息化部是政府对广告管理的行政机构。它们都是我国公益广告事业的主要管理机关，分别从意识形态、广告行业和传播媒体的角度，为我国的公益广告管理、发展提供监督、指导。

二、党的意识形态管理机构

在党的意识形态管理机构当中，与公益广告活动关系最为密切的是中共中央宣传部、中央精神文明建设指导委员会办公室（简称中央文明办）和中央对外宣传办公室（简称外宣办）。从纵向来看，还包括各省委、市委和县委级别的宣传部和文明办、外宣办。党管媒体是我国政治体制的特点。中央宣传部、中央文明办和中央外宣办及其各级机构在公益广告事业中的作用主要是对公益广告进行意识形态层面的监督和指导，使得我国的公益广告在总体上坚持社会主义价值观方向，符合党的方针政策，并契合一定时期、一定地区的宣传重点。党的宣传管理机构设置如图 3—2 所示。

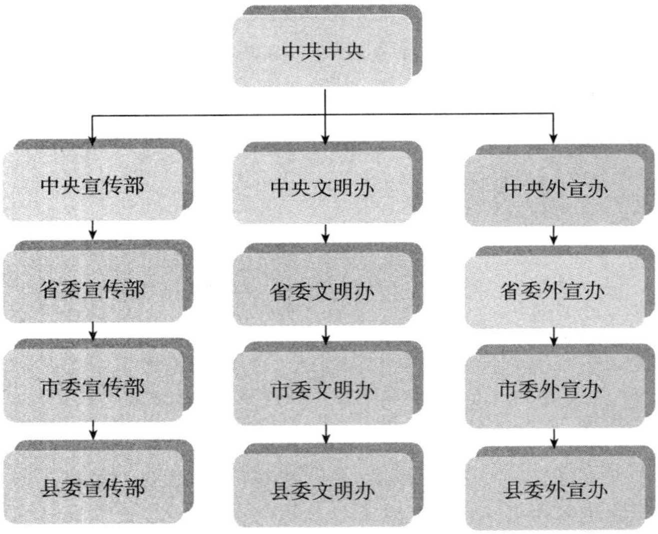

图 3—2　党的宣传管理机构设置示意图

（一）中央宣传部

中国共产党中央委员会宣传部，简称为“中共中央宣传部”、“中央宣传部”或“中宣部”，是中共中央直属机构之一，是中共中央主管意识形态方面工作的综合职能部门。

中宣部负责指导全国理论研究、学习与宣传工作；引导社会舆论，指导、协调中央各新闻单位的工作；规划、部署全局性的思想政治工作任务，配合中央组织部做好党员教育工作，同有关部门研究和改进群众思想教育工作；协同中央组织部管理文化部、国家新闻出版广电总局、中国社会科学院的领导干部，同中央组织部管理人民日报社、新华社等新闻单位和代管单位的领导干部，对省、自治区、直辖市党委宣传部部长的任免提出意见；指导宣传文化系统制定政策、法规，按照党中央的统一工作部署，协调宣传文化系统各部门之间的关系。

中宣部的具体职能共有八条，分别如下：

第一，负责指导全国马克思主义理论的研究、学习和宣传；

第二，负责引导社会舆论，指导协调中央的各新闻媒体做好新闻宣传工作，搞好舆论引导；

第三，从宏观上指导精神文化产品的创作和生产；

第四，规划和部署全局性的思想政治工作的任务；

第五，受党中央的委托，协同和会同有关部门对宣传文化系统的重要岗位的领导干部进行管理。联系宣传文化系统的知识分子，协助有关部门做好知识分子的工作；

第六，负责提出宣传文化事业发展的指导方针。指导宣传文化系统制定政策和法规；同时按照中央的统一工作部署，做好宣传文化系统各有关部门之间的协调工作；

第七，为中央领导和中宣部领导的决策和指导全局工作提供舆情信息的服务，并且负责组织协调和指导宣传文化系统的舆情信息工作；

第八，负责文化体制改革，包括新闻出版、广播电视业的改革和发展的调研，提出政策性建议。

中宣部机构设置如图 3—3 所示。

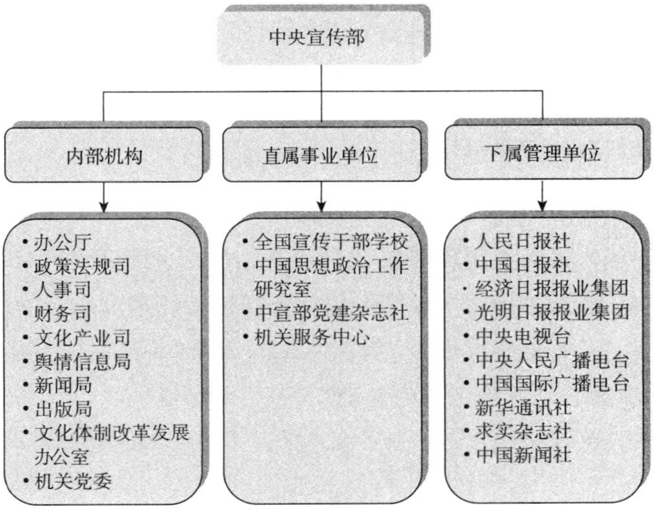

图 3—3 中宣部机构设置图

(二)中央文明办

中央精神文明建设指导委员会办公室，简称“中央文明办”，是中央精神文明建设指导委员会(简称“中央文明委”)的办事机构，负责处理委员会的日常工作，正部级单位。

中央精神文明建设指导委员会成立于1997年，是党中央指导全国精神文明建设工作的议事机构。中央文明办设在中宣部，由中宣部代管。中央文明办的党组织、人事财务和行政管理等由中宣部负责。中央文明办的具体职责包括：按照中央精神文明建设指导委员会的工作安排，做好组织协调、督促落实工作；调查了解党的有关决议贯彻落实的情况，研究分析精神文明建设的新情况新问题，及时向中央精神文明建设指导委员会反映并提出建议；组织精神文明建设工作经验的交流推广；负责委员会的文秘、会务工作；管理中央级文化事业建设费；完成委员会交办的其他事项。

（三）中央外宣办

国务院新闻办公室与中共中央对外宣传办公室是一个机构两块牌子，列入中共中央直属机构序列。

中华人民共和国国务院新闻办公室（简称国务院新闻办）组建于1991年1月。国务院新闻办的主要职责是推动中国媒体向世界说明中国，包括介绍中国的内外方针政策、经济社会发展情况，及中国的历史和中国科技、教育、文化等发展情况。通过指导协调媒体对外报道，召开新闻发布会，提供书籍资料及影视制品等方式对外介绍中国。协助外国记者在中国的采访，推动海外媒体客观、准确地报道中国。广泛开展与各国政府和新闻媒体的交流、合作。与有关部门合作开展对外交流活动。国务院新闻办在推动中国媒体向世界报道中国的同时，还积极推动中国媒体对各国情况和国际问题的报道，促进中国公众及时了解世界经济、科技、文化的发展进步情况。

国务院新闻办的工作目的是促进中国与世界各国之间的沟通了解与合作互信，通过组织新闻报道，为维护世界的和平稳定和推进人类进步事业发挥积极的建设性作用。

三、政府相关广告行业监督管理机构

（一）国家工商行政管理总局

国家工商行政管理总局，简称“国家工商总局”（原国家工商行政管理局于2001年4月改为现名），是中华人民共和国国务院主管市场监督管理和有关行政执法工作的正部级国务院直属机构。工商总局的主要职责包括市场监督管理和行政执法、市场主体的注册登记、维护市场秩序、监督商品质量、负责商标的注册和管理等，其中包括指导广告业的发展，负责广告活动的监督管理工作。《广告法》第六条规定，我国大众传媒广告的管理机关是县级以上人民政府的工商行政管理部门。因此，工商总局是我国大众传媒广告行业的最高监管机关。

在工商行政管理系统的机构设置中，省级工商行政管理部门是省级政府的直属部门，省级以下工商行政管理部门由上级工商行政管理部门实行垂直管理。国家工商总局之下负责广告活动监督管理的部门是广告监督管理司，省级、市级和县级工商局下分别设有广告监督管理处、广告监督管理科和广告监督管理股。工商行政管理机构设置如图 3—4 所示。

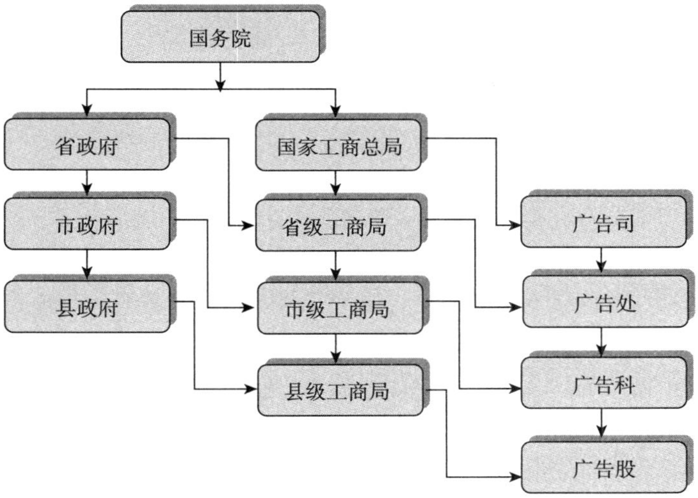

图 3—4 工商行政管理机构设置图

国家工商总局作为广告业的管理机关，采用组织活动、发布行政法规等多种方式推动公益广告事业的发展。1996 年，国家工商总局主持在全国范围内开展“中华好风尚”主题公益广告月活动，主题涵盖遵守公德、保护环境等具有时代特色的公益议题，号召全国各地的广告主、广告经营者和发布者参与这一活动，并对有影响的广告经营者和主流媒体提出了一定的数量指标。1998 年 4 月，工商总局发出《关于开展公益广告活动的通知》，表示从 1998 年起工商总局不再举办主题公益广告月活动，各类主题的公益广告都可以参加年度公益广告政府奖的评选。2003 年，工商总局联合中宣部、中央文明办、新闻出版总署、国家广电总局发出通知，要求广播电视媒体用于发布公益广告的时间不少于全年发布商业广告时长的 3%，报纸期刊的公益广告版面不少于商业广告版面的 3%，互联网也要按照商业广告量 3%的比例发布公益广告。同时，工商总局也一直是“讲文明，树新风”系列公益广告活动的主管单位之一。工商行政管理总局从整个广告行业的高度为公益广告的生存和发展提供保障和支持，协调公益广告和商业广告的关系，从“广告”的角度对公益广告活动进行监督管理。

(二)国家新闻出版广电总局

国家新闻出版广电总局(原国家新闻出版总署、广电总局 2013 年合并而成)为国务院直属机构，是我国具体负责新闻出版和广播电视事业发展的最高管理机构，领导并规划、运行和推进我国新闻出版业和广电业的公益广告事业。

国家新闻出版广电总局的主要职责是：

- 负责拟订新闻出版广播影视宣传的方针政策，把握正确的舆论导向和创作导向。
- 负责起草新闻出版广播影视和著作权管理的法律法规草案，制定部门规章、政策、行业标准并组织实施和监督检查。

- 负责制定新闻出版广播影视领域事业发展政策和规划，组织实施重大公益工程和公益活动，扶助老少边穷地区新闻出版广播影视建设和发展。
- 负责制定国家古籍整理出版规划并组织实施。
- 负责统筹规划新闻出版广播影视产业发展，制定发展规划、产业政策并组织实施，推进新闻出版广播影视领域的体制机制改革。
- 依法负责新闻出版广播影视统计工作。
- 负责监督管理新闻出版广播影视机构和业务以及出版物、广播影视节目的内容和质量，实施依法设定的行政许可并承担相应责任，指导对市场经营活动的监督管理工作，组织查处重大违法违规行为。
- 指导监管广播电视广告播放。
- 负责全国新闻记者证的监制管理。
- 负责对互联网出版和开办手机书刊、手机文学业务等数字出版内容和活动进行监管。
- 负责对网络视听节目、公共视听载体播放的广播影视节目进行监管，审查其内容和质量。
- 负责推进新闻出版广播影视与科技融合，依法拟订新闻出版广播影视科技发展规划、政策和行业技术标准，并组织实施和监督检查。
- 负责对广播电视节目传输覆盖、监测和安全播出进行监管，推进广电网与电信网、互联网三网融合，推进应急广播建设。
- 负责指导、协调新闻出版广播影视系统安全保卫工作。
- 负责印刷业的监督管理。
- 负责出版物的进口管理和广播影视节目的进口、收录管理，协调推动新闻出版广播影视领域“走出去”工作。
- 负责新闻出版广播影视和著作权管理领域对外及对港澳台的交流与合作。负责著作权管理和公共服务，组织查处有重大影响和涉外的著作权侵权盗版案件。
- 负责处理涉外著作权关系和有关著作权国际条约应对事务。
- 负责组织、指导、协调全国“扫黄打非”工作，组织查处大案要案，承担全国“扫黄打非”工作小组日常工作。
- 领导中央人民广播电台、中国国际广播电台和中央电视台，对其宣传、发展、传输覆盖等重大事项进行指导、协调和管理。
- 承办党中央、国务院交办的其他事项。

（三）工业和信息化部

工业和信息化部的主要职责是，拟订实施行业规划、产业政策和标准；监测工业行业日常运行；推动重大技术装备发展和自主创新；管理通信业；指导推进信息化建设；协调维护国家信息安全等。作为行业管理部门，主要是管规划、管政策、管标准，指导行业发展，但不干预企业生产经营活动。

工业和信息化部在统筹推进国家信息化工作，组织制定相关政策并协调信息化建设中的重大问题，促进电信、广播电视和计算机网络融合，指导协调电子政务发展，推动跨行业、跨部门的互联互通和重要信息资源的开发利用、共享，统筹规划公用通信网、互联网、专用通信网，依法监督管理电信与信息服务市场，会同有关部门制定电信业务资费政策和标准并监督实施的同时，在中宣部和中央文明办的指导下推进网络新媒体公益广告的工作。

另外，中央各部委也在自身的职权范围内开展专项公益广告活动。例如：中央纪律检查委员会、国家计生卫生委、环保部等每年都做大量的公益广告宣传活动，不断推出优秀的公益广告作品。地方政府也积极组织公益广告活动。

第二节　与公益广告有关的法规和规章

我国对广告活动进行规范的法律是《中华人民共和国广告法》（简称《广告法》）。《广告法》第一章第二条规定："本法所称广告，是指商品经营者或者服务提供者承担费用，通过一定媒介和形式直接或者间接地介绍自己所推销的商品或者所提供的服务的商业广告。"因此，《广告法》所规范的广告行为是以销售产品和服务为目的的商业广告，没有对公益广告的概念进行界定，也没有包含有关公益广告的内容，即公益广告目前仍不属于《广告法》的适用范围。目前还没有专门针对公益广告的法律，我国与公益广告有关的主要是中央部委各主管部门的相关政策和行政规章，以及地方上的相关规章。

一、中央各部委有关公益广告的规定

党和政府联手是我国公益广告运行机制的特点。1997 年 8 月 11 日，中共中央宣传部、国家工商总局、广播电影电视部、新闻出版署联合下发《关于做好公益广告宣传的通知》，第一次以党政联手的形式对公益广告的积极作用予以肯定，并对各媒体公益广告的播出时长、版面等做出规定：广播电视媒介每套节目用于发布公益广告的时间应不少于全年发布商业广告时间的 3%；电视媒介在 19 点至 21 点时间段每套节目发布公益广告的时间应不少于该时段发布商业广告时间的 3%；报纸、期刊媒介每年刊出公益广告的版面应不少于发布商业广告版面的 3%；户外广告经营者应发布一定比例的户外公益广告，具体数量由当地工商行政管理部门会同有关部门共同制定，统一规划。在监管方面，《通知》规定发布公益广告时应当认真审核内容，凡违反国家法律、法规、政策规定和社会主义道德规范要求的，不得发布。此外，针对社会关注的企业公益广告和公益营销问题，《通知》禁止以公益广告的形式发布商业广告；对于企业出资设计、制作、发布的公益广告，可以标注企业名称，但不得标注企业产品名称和商标标识，不得涉及与该企业商品或提供服务有关的内容；电视公益广告标注企业名称显示时间不应超过 5 秒，标注面积不

超过电视画面的 1/5，报刊、户外公益广告标注企业名称面积不得超过报刊、户外广告版面的 1/10。1997 年《通知》最重要的影响是确定了“3%”这一公益广告占总广告量的比例，并沿用至今。

2002 年，中宣部、中央文明办、国家工商总局、广电总局和新闻出版总署下发《关于进一步做好公益广告宣传的通知》。《通知》要求各单位充分认识公益广告宣传的重要意义，把公益广告宣传作为促进社会主义物质文明和精神文明建设事业的一项重要工作来抓，统筹合理安排好公益广告的制作和发布。在媒介播出公益广告方面，《通知》重申公益广告要占广播、电视、报纸、期刊媒介广告总量 3%的要求，并添加了有关发布商业广告的互联网站点必须刊登公益广告的规定，其比例也是商业广告总量的 3%。在企业公益广告方面，标注企业商标的行为不再禁止，但仍然不可标注与商品和服务有关的内容。2002 年《通知》正式开启了公益广告发布备案和检查制度，各媒介单位每季度要将发布公益广告的情况送当地工商行政管理局备案，当地工商行政管理局要对各媒介公益广告刊播情况进行定期或不定期的检查。《通知》还明确规定对于发布公益广告工作成绩突出的单位和个人应予表彰鼓励。

2002 年《关于进一步做好公益广告宣传的通知》是对 1997 年《通知》的深化和加强，是目前我国公益广告事业发展的主要法规依据。在此之后，广电总局对于广电媒介中的公益广告播出做出了一系列规定。在 2003 年发布的《广播电视播放管理暂行办法》中，规定广播电台、电视台每套节目中每天播放公益广告的数量不得少于广告总播出量的 3%。

2004 年，广电总局又下发了《关于加强制作和播放广播电视公益广告的通知》，要求各级广播电视播出机构每年应制作和播放一批思想性、艺术性和观赏性俱佳的公益广告，用公益广告等形式大力宣传物质文明、精神文明和政治文明协调发展的成就，大力宣传中华民族的优秀文化和道德观念，大力弘扬社会正气。在播出比例方面，重申公益广告要占广告总时长 3%的要求。本通知还提出建立全国优秀广播电视公益广告备播节目库，有需要的播出机构可直接向备播节目库索取。在公益广告的激励机制方面，鼓励企业创作公益广告，并指示做好优秀公益广告评奖工作。而对达不到公益广告播放比例，或在黄金时段不按本通知要求播放公益广告的，应对有关播出机构进行批评、警告等处理。

2006 年，国家广电总局下发《关于做好有线数字付费频道公益广告片播放工作的通知》，要求有线数字电视付费频道播放广电总局制作的数字付费电视系列公益广告宣传片。

2011 年，广电总局发布《关于进一步加强广播电视广告播出管理的通知》，其中第七条规定：广播电视播出机构要切实履行媒体的社会责任，认真执行每套节目每日黄金时段公益广告播出数量不得少于 4 条(次)、全天公益广告播出时长不得少于商业广告总量 3%的规定。因公共利益需要等特殊情况，广播影视行政部门可要求广播电视播出机构在指定时段播出特定内容的公益广告，各播出机构必须按要求播出。

2013年1月，中宣部、中央文明办、中央外宣办、工业和信息化部、国家工商总局、国家广电总局、新闻出版总署七部委发布《关于开展“讲文明，树新风”公益广告宣传的意见》，规定：各类媒介要大力制作刊播“讲文明，树新风”公益广告，形成公益广告宣传运行机制，加强对公益广告宣传组织领导。

二、地方性公益广告法规和规章

为贯彻《通知》要求，各地方政府开展了公益广告宣传活动，许多省市的工商行政管理部门、广电部门等都制定了适用于本地区情况的公益广告管理规章。但是总的来说，系统的地方性公益广告规章还比较少，多数地区有关公益广告的规定多见于当地的户外广告管理办法之中。

早在2001年，大连市就出台了《大连市公益广告管理规定》。该规定对公益广告进行了明确的定义：“本规定所称公益广告，是指单位或个人为社会和公共利益出资设计、制作、发布的，反映社会政治、经济、文化生活需要，以广告为表现形式的文字、图片、音像等作（制）品。”该规定还对公益广告作品的主题内容、风格特点等进行了要求。除对“3%”要求的重申之外，这一规定最大的特点是对未按规定发布公益广告的行为进行处罚。《规定》第十六条规定：擅自不按规定的时间、数量发布公益广告的，责令限期改正；逾期不改正的，处500元以上2000元以下罚款；闲置大型户外广告设施不向市工商行政管理局报告的，处200元以上1000元以下罚款；骗取公益广告备案登记的，处5000元罚款。

2011年，深圳市政府发布《深圳市公益广告管理暂行办法》，将公益广告定义为“向社会传播良好的思想意识、道德观念、行为规范和安全、应急知识，有利于社会进步，促进社会和谐健康发展的不以营利为目的的广告”，并将公益广告分为思想道德、法制宣传、生态文明、公共服务四类，但将国家机关发布的法规、规章、规范性文件、政务信息、其他公共信息及围绕市委市政府中心工作的信息和主题性宣传片等排除在外。《办法》对深圳市公益广告的选题、发布等都做出了详细的规定。例如：公益广告主管部门应于每年6月30日前公布下一年度的公益广告宣传主题，并根据年度宣传主题、公益广告作品质量、年度免费发布量等评选一定数量的公益广告，纳入下一年度公益广告发布计划等。《办法》也对违规行为设置了处罚方式，根据性质的不同由市场监督、城市管理等部门负责执行。

2011年，北京市工商局出台《关于促进北京市广告业发展的意见》，将推进北京市广告行业的快速发展提升到“紧迫而长期的战略任务”的高度。其中，将公益广告作为提升北京城市形象的重要手段，提出要充分发挥公益广告在传播社会文明、弘扬良好道德风尚等方面的重要作用，促进首都精神文明建设和文化建设。《意见》还提出建立公益广告创新研究基地、设立公益广告专项基金，奖励参与公益广告创作的企业和个人。在媒介刊播方面,《意见》要求广播电视机构每套节目每日公益广告播出时长不得少于商业广告时长的3%。平面媒体每日不得少于3%。户外广告设置的总量不得少于1/5面积用于公益广告宣传。

2011年,天津市出台《关于加快天津市广告业发展的指导意见》,提出发展多种形式的公益广告,提高公益广告策划、创意和制作水平,充分发挥公益广告在弘扬社会主义道德风尚和先进文化、塑造城市品牌形象方面的作用。

许多地方政府颁布的行政规章,将公益广告管理条款包含在户外广告管理办法中,详见表3—1。

表3—1 地方政府颁布的公益广告管理的有关规章

年份	地区	规章名称或来源	有关公益广告的规定
1998	上海	《上海市户外公益广告管理实施细则》	户外公益广告比例不低于10%,发布户外公益广告须向工商管理部门报批,在商业广告设施上发布公益广告者应减免使用费。
2001	大连	《大连市公益广告管理规定》	明确公益广告内涵与外延,对主题和内容提出要求,对违规者的处罚方法。
2006	武汉	武汉市"四社同创"办公室、城管局	一般地区公益广告占30%,商业街和窗口地带占40%,火车站、商场灯箱等为50%。
2006	太原	太原市规划局规章	公益广告须占户外广告总量的20%。
2006	济南	《济南市创建国家环保模范城市宣传工作方案》	公益广告须占户外广告总量的20%。
2007	石家庄	《石家庄户外广告设置管理办法》	公益广告须占户外广告总量的20%。
2007	西宁	《西宁市户外广告设置管理办法》	设置户外广告应当保证一定的时间或版面用于公益宣传,空闲超过7日的商业广告设施应设置公益广告。
2008	杭州	《杭州市户外公益广告设置规划》	公益广告须占户外广告总量的20%,过期应及时更换,将市区划分为公益广告禁设区、许设区和限设区。
2009	苏州	《苏州市市区户外公益广告设置管理办法》	户外公益广告内容提前两个月报市容市政行政主管部门批准。
2010	长沙	《长沙市户外广告设置管理办法》	户外公益广告设施上不得发布商业广告,商业广告设施上应发布一定比例的公益广告,商业广告设施空闲超过十天者应发布公益广告代替。
2011	北京	《关于促进北京市广告业发展的意见》	建立北京市公益广告创新研究基地,设立公益广告专项基金,对积极参与公益广告活动的企业与个人给予奖励。广播电视机构每套节目每日播出公益广告时间不得少于商业广告时长的3%。

续表

年份	地区	规章名称	有关公益广告的规定
2011	天津	关于加快天津市广告业发展的指导意见	发展多种形式的公益广告，提高公益广告策划、创意和制作水平
2011	深圳	《深圳市公益广告管理暂行办法》及《实施细则》	全面规范深圳市公益广告的选题、制作和发布，公益广告管理部门每年的6月30日以前公布下一年的公益广告宣传主题。积极推进深圳市公益广告事业。
2012	广州	《广州市户外广告和招牌设置规范》	工地围墙户外广告中公益广告应占一半。
2012	昆明	昆明市城管局	公交站台候车亭总面积的20%或将20%的时间用于发布公益广告。
2012	拉萨	《拉萨市户外广告牌匾标识设置管理办法》	公益广告设施不得发布商业广告，空置的商业广告设施应当发布公益广告。
2012	乌鲁木齐	《乌鲁木齐市户外广告设施设置管理条例》	公益广告和商业广告适用同样的管理和审批办法。

第三节　公益广告活动的参与者

作为一种媒介传播行为，公益广告的实施需要多种主体的共同参与。我国公益广告的参与者主要包括党和政府、媒体、非政府组织、企业和个人。在公益广告制作的流程中，党和政府负责主题选定，企业负责出资，广告公司负责制作，媒体负责播放。这是一个自上而下的过程，如图3—5所示。

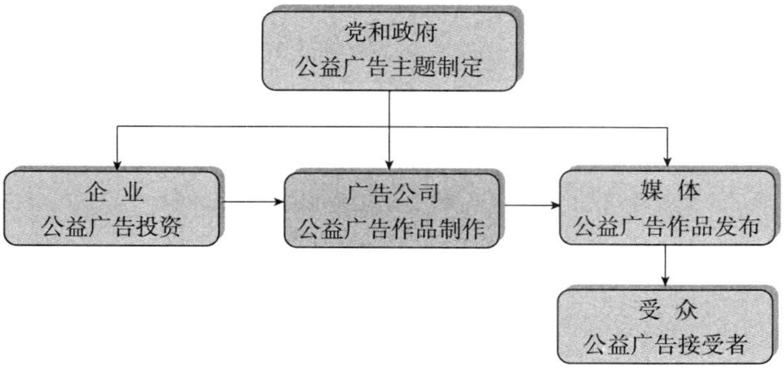

图3—5　公益广告工作流程图

这些主体在参与公益广告的过程中常常既作为发起者和传播者、也作为接受者和受益者。公益广告的参与者及其管理体系和法规系统，共同构成了完整的公益广告运行体系。

一、党和政府

党和政府对公益广告工作高度重视，是我国公益广告的领导者和组织者。中央文明办和下属各级文明办倡导和主办多项公益广告主题活动，并且会同政府机关共同举办公益广告活动。例如，2008 年中央文明办主办“迎奥运，讲文明，树新风”公益广告活动，举办“八荣八耻”公益广告评选活动，会同国家工商总局等部委举办“抗震救灾”公益广告活动。政府是公益广告活动的组织者和管理者，也是公益广告活动主题的倡导者。例如，国家工商管理总局在公益广告方面做了大量的工作。2008 年，国家工商总局和国家发改委联合发布《关于促进广告业发展的指导意见》，指出在今后相当长的一段时间内促进公益广告发展的大政方针和策略。截至 2009 年，国家工商总局共举办了 8 届全国公益广告优秀作品评选活动。国家广电总局、文化部、卫生部、新闻出版署、公安部、国土资源部等部委，都在自身的行政权限内组织了公益广告活动。

中国公益广告运行体制的特点基本可以用“政府主导”来概括。政府在公益广告事业中的主导作用，不仅体现在政策和法律层面对公益广告活动进行规制、管理和激励，也体现在政府本身对公益广告具体活动的投入和参与。政府是公益广告最大的广告主，中国的公益广告从诞生伊始就与政府的传播行为密不可分。

政府部门对公益广告的主要参与方式是为公益广告命题，组织公益广告活动及评选。在公益广告活动的命题和组织中，除各级宣传部、文明办和工商、广电部门这些公益广告主管单位外，其他各部委和地方政府也经常参与其中。1990 年以来中央和地方政府及行业协会组织的部分公益广告活动见表 3—2。

表 3—2　我国部分公益广告活动一览表

年份	部门	活动、主题
1990	国家广播电影电视部、中国电视艺术委员会	第四届全国电视广告“印象奖”在福州举行，评选增设了“公共广告奖”，共 7 件公益广告作品获奖。
1991	中国电视艺术委员会和中国广告协会电视委员会联合主办	第五届全国电视广告“印象奖”颁奖仪式在珠海举行，中央电视台的《如此这般何时能了》《救救孩子》等作品获公益广告奖。
1992	中国电视艺术委员会和中国广告协会电视委员会联合主办	第六届全国电视广告“印象奖”颁奖仪式在丹东举行，《注意交通安全》等 12 件作品获奖。
1992	国务院发展研究中心	“绿满全球”主题公益广告活动。
1993	中国电视艺术委员会	第七届全国电视广告“印象奖”评选在深圳举行，参评公益广告 25 件，获奖作品 12 件。
1994	中国电视艺术委员会	第八届全国电视广告“印象奖”颁奖仪式在重庆举行，参评的公益广告 41 件，获奖作品 20 件。

续表

年份	部门	活动、主题
1995	国家工商行政管理局广告监督管理司、中国妇女报社	“塑造良好妇女形象”有奖评议活动在北京举行，共评选出30个优秀广告作品。
1996	国家工商行政管理局	“中华好风尚”主题公益广告活动。
1997	国家工商行政管理局	“自强创辉煌”主题公益广告活动。
	厦门市委宣传部、工商局	“向不文明行为告别”公益广告活动。
1998	中央文明办、国家工商局	“中华好风尚”主题公益广告评选活动在北京颁奖。
	北京市工商局	“改革开放，走向辉煌”主题公益广告活动。
1999	中央文明办、国家工商局	联合在北京召开公益广告座谈会。
2000	中央文明办、国家工商总局	“树立新风尚，迈向新世纪”公益广告活动。
2001	团中央	“青年志愿者”主题公益广告。
	最高人民检察院	“预防职务犯罪”公益广告。
2002	深圳地税局	税收宣传公益广告大赛。
2003	国家环保总局	“保护环境——人类共同的责任”。
	国防动员委员会综合办公室、国家国防教育办公室、国家工商总局	“国防教育神州行”公益广告。
2004	中共中央纪律检查委员会	反腐倡廉公益广告大赛。
	上海信息化委员会、工商局	“发展中的上海信息化”。
2005	中央纪委、监察部	“廉政中国”公益广告理论研讨会。
	海口市委宣传部、工商局	“文明椰城”公益广告。
	安徽省团委、省环保局	“生态安徽”公益广告。
	南京市纪委、市工商局	反腐倡廉公益广告作品展。
2006	中央文明办、国家工商总局、国家广电总局、新闻出版总署	“倡导社会主义荣辱观”为主题的全国电视公益广告征集比赛。
	国家工商行政管理总局、中央文明办	颁布第七届（2005—2006年度）全国优秀公益广告评选获奖结果。
2007	国家税务总局	全国税收公益广告作品大赛。
	中宣部、文明办、广电总局、工商总局、新闻出版总署、奥组委	“迎奥运，讲文明，树新风”公益广告。
	广州创卫办公室	广州创建国家卫生城市公益广告大赛。
2008	中宣部、中央文明办、国家工商总局、国家广电总局等单位联合组织开展	“我们心连心、同呼吸、共命运，夺取抗震救灾的伟大胜利”主题公益广告制作刊播活动。
	全国普法办	法制宣传公益广告征集活动。
	中央纪委、中央宣传部、国家工商总局、国家广电总局	“扬正气，促和谐”全国廉政公益广告创作展播评选活动。
2009	中宣部、文明办、广电总局、工商总局、新闻出版总署	“迎国庆，讲文明，树新风”公益广告。

续表

年份	部门	活动、主题
2010	中宣部、文明办、广电总局、工商总局、新闻出版总署	“迎世博，讲文明，树新风” 公益广告。
2011	中宣部、文明办、广电总局、工商总局、新闻出版总署	“迎十八大，讲文明，树新风” 公益广告。
2012	中宣部、文明办、广电总局、工商总局、新闻出版总署	“讲文明，树新风” 公益广告。
2013	中宣部、文明办、中新办、广电总局、工商总局、新闻出版总署、工信部	“讲文明，树新风”公益广告。

一般而言，政府公益广告是政府宣传工作的组成部分，其主题与国家方针政策、指导精神、重大活动，以及特定部门一段时期内的工作重点有关。这些政府公益广告也可以归入“行政广告”的范畴。政府广告不仅是一种传播行为，也是一种管理行为。由于政府广告在宣传政策、扩大影响、传播政府形象和加强政府公关方面的重要作用，成为政府机关越来越重视的一种行政手段。我国长期以来所流行的标语、招贴等宣传形式，很多都是政府行政广告。改革开放后，媒体加速发展，广告获得重生，政府的行政宣传愈加倾向于使用广告的手法，不论数量、密度还是创意、制作质量都有了较大的提升。

近年来受到广泛关注的政府公益广告还包括地方形象广告和国家形象广告。我国第一条地方城市形象广告是山东省威海市旅游形象广告。1998 年，威海市政府决定以在中央电视台投放广告的方式宣传威海市的旅游资源，以发展当地的旅游产业。这则广告于 1999 年在中央电视台播出，其中包括邓世昌、海军公所等代表威海历史的元素与城市建筑、休闲海滩和高尔夫球场等现代内容，其广告语为“最适合人类居住”。此后，以展示地方形象，发展旅游业为目的的地方形象广告相继出现。2002 年，各地在央视投放的城市形象广告总额达一亿多元，在中央电视台的早间时段几乎可以看到全国各地的城市形象广告。

城市形象广告可以理解为政府宣传、公益广告和商业广告的结合体。一方面，城市形象广告可以展示一个地区的物质文明和精神文明建设成果；另一方面，推动了地区人文、历史和民俗的发掘工作，有利于提升当地居民的归属感和自豪感。同时，城市形象广告常常按照商业广告的模式运作播出，也会给地方带来可观的经济收入，因此也被称为“城市营销”。地方形象广告所产生的传播效果非常明显。以山东省为例，山东省自 2005 年开始投放“好客山东”系列广告（见图 3－6），其投放金额到 2011 年为止已超过 1.8 亿元，但在此期间山东省旅游收入已经从 1000 亿元增长至 3000 亿元。由于地方形象广告对媒体、地方政府和当地产业带来的“共赢”局面，地方形象广告已经成为公益广告中成长最快的类型之一。

图 3—6 “好客山东”标识和公益广告画面

国家形象广告是向外部世界整体展示国家普遍概念，树立国家正面形象的一种传播方式。概念化的国家形象早已有之，进入 20 世纪以后，许多西方国家更是将统一的国家形象作为凝聚国民力量、传播国家信誉的重要方式。例如美国的“山姆大叔”和英国“约翰牛”的形象早已深入人心。但中国给世界留下的印象长期以来模糊不清，乃至阴暗负面。2009 年，在全球金融危机、中国制造业受到冲击的背景下，商务部主持制作了中国第一部正式的国家形象广告片“中国制造，世界合作”并在 CNN 播出。2011 年，由国务院新闻办公室发起制作的中国国家形象宣传片“人物篇”和“角度篇”在纽约时报广场循环播放 28 天，共播放了 8400 次。图 3—7 的左图为纽约时报广场播放的“人物篇”国家形象宣传片，右图为“中国制造，世界合作”宣传片截图。

图 3—7 国家形象广告

中国国家形象宣传片展示了当代中国普通民众和精英人物的生活图景，力求向世界展示中国的传统文化、平和的价值观和对和谐发展的追求。国家形象广告对于世界了解中国、排除误解、促进合作有着积极的意义。但现阶段国家形象片仍处于发端期，在思维方式、形象树立等方面仍有需要改进之处。

共青团、妇联和工会不属于《社团登记管理条例》管理范畴，属于国家机关的系列。这些团体和组织也大力倡导公益广告活动。例如：2006 年 11 月，为关注艾滋病致孤儿童，全国妇联联合有关部委共同发起了“12・1”关注孤儿万户爱心家庭公益行动，成立机构，下发文件，开通捐赠热线和账户。通过募集资金、结对帮扶、牵线搭桥，为孤儿寻找爱心家庭，重点捐助了1000名艾滋病致孤儿童。

二、媒体

媒体是公益广告信息的传递者，对公益广告的发展起着重要的推动作用。我国的主流媒体包括人民日报、光明日报、经济日报、中央电视台和中央人民广播电台等。例如，中央电视台作为国家级传媒机构，肩负着推动中国经济和社会健康发展的责任，引领健康舆论发展的功能，坚持把社会效益放在首位，坚守中央电视台作为国家大台的品位和风范。这个责任意味着对社会效益和经济效益统一的追求。中央电视台从1987年播出《广而告之》栏目开始，20多年来持续推进和投入到公益广告的创意、制作和播出中来，成效显著。

1998年，中央电视台推出以下岗再就业为主题的公益广告《从头再来》。歌手刘欢演唱的同名主题歌贯穿全片，歌词如下：

昨天所有的荣誉，已变成遥远的回忆。
勤勤苦苦已度过半生，今夜重又走入风雨。
我不能随波浮沉，为了我至爱的亲人。
再苦再难也要坚强，只为那些期待眼神。
心若在梦就在，天地之间还有真爱。
看成败人生豪迈，只不过是从头再来！

该广告的播出，为下岗职工带来重新开始生活、扬起风帆的勇气。

2007年，中央人民广播电台文艺之声公益广告《美德篇》(50秒)情节如下：公交车上，妈妈给老大爷让座。妈妈跟小女孩说老大爷年纪比我大，我应该照顾他。小女孩也把座位让给了妈妈，因为妈妈年纪比自己大。广告语：

美德在生活的细节里，世界在孩子的眼睛里。

2008年，北京人民广播电台《二环路》(60秒)情节如下：老大爷说，二环路外以前是一片荒地。二环路是北京第一条环路，目前破损严重，市政府决定修缮。专家说希望市民能支持修缮。交管局说只在夜间施工，不影响白天交通。广告语：

二环路上五环情，美丽北京是我家。

上述三则广告在媒体播出后，社会反响非常好，如《从头再来》主题歌传唱经久不衰。公益广告作为一种广告形式，必须通过媒体的传播才能获得广告效果。由于电视、广播、报刊等大众媒体具有广泛性、时效性等传播特点，因而在这些媒体上播发的公益广告往往具有极强的影响力。同时，媒体单位也经常是公益广告活动的发起者和制作者，推出了一些引人注目、感人肺腑的公益广告作品。

我国最早的大众传媒公益广告是由贵阳电视台于1986年制作的《节约用水》电视公益广告。这一广告摆脱了当时常见的口号式说教方法，综合运用艺术手段，凸显节约用水的重要性，充分利用了广告的“说服”效应，其表现力和制作水平均不输于当时的商业广告。这一公益广告播出后，当年第四季度贵阳市自来水消耗量比同期减少了47万吨（图见第162页）。公益广告的社会价值首次得到凸显。

公益广告最早受到大众的广泛关注，也起源于媒体的大力推广。1987年，中央电视台在黄金时段推出《广而告之》栏目，这是中国第一档专门的电视公益广告栏目。1987年至1995年间，这一栏目共播出公益广告844条。公益广告在国家级媒体黄金时段的播出，成为90年代引人注目的一种社会现象，在人们惯于用“广而告之”四个字来解释广告意义的同时，公益广告的概念也随之深入人心。

主流媒体制作的公益广告一直占据国内公益广告制作水平和社会影响的制高点，这主要是由于主流媒体的公益广告制作往往能够得到专业广告制作企业的参与，且主流媒体的传播效能有国家政策给予保障。因此，许多企业公益广告和地方宣传片也选择在中央电视台、中央人民广播电台等国家级媒体播放（见表3—3）。

表3—3 中央媒体制作的部分优秀公益广告作品

媒体单位	年份	作品	说明
中央电视台	1987	《别挤了》	《广而告之》栏目播放的第一则作品。
	1998	《从头再来》	刘欢演唱的“下岗再就业”主题作品。
	2001	《爱心传递》	也称《洗脚篇》，得到中央领导批示。
	2003	《直到永远》《生命永不言败》《英雄篇》	“非典”疫情期间的公益广告作品。
	2008	《婴儿篇》《相信篇》等	迎奥运期间的公益广告作品，曾在英国天空电视台播放。
	2012	《爱的表达式》	荣获第26届中国金鹰电视奖暨第九届金鹰电视艺术节“优秀电视形象片奖”。
	2013	《打包篇》	荣获戛纳国际创意广告节影视类铜奖。
中央人民广播电台	1992	《我要上学》	中央人民广播电台第一则公益广告。
	1997	《听太阳》	1997年度国家级公益广告政府奖金奖。
	2002	《邻里关系》	第九届中国国际广告节金奖。
	2008	《奥运有我》	第八届全国优秀公益广告作品评选金奖。
	2009	《关爱肌肤》	中国烟草控制大众传媒活动。
	2011	《维护版权——真经篇》	第18届中国公益广告黄河奖铜奖
	2013	《彩色中国》《垃圾分类好处多》等7件	分获中国广播电视协会第四届优秀广播广告作品创优评选一、二、三等奖。

续表

媒体单位	年份	作品	说明
人民日报	1998	《众志成城缚苍龙》	1998 年抗洪抢险时期的广告作品。
	2008	《任何困难都压不倒伟大的中国人民》	汶川地震期间公益广告作品。
	2010	《常思反哺之意,常怀感恩之心》	配合文明办“关爱空巢老人”活动。
	2011	《中华美德孝为先 为人尽孝记心间》	配合中宣部、文明办公益广告活动。
	2013	全国平面公益广告征集大赛	人民日报全国平面媒体公益广告制作中心筹办。
光明日报	2006	《同一个世界,同一个梦想》系列	“迎奥运,讲文明,树新风”公益广告评比一等奖。
	2008	《危难时刻,我必须到一线去》	以 79 岁高龄的卢世璧院士参与抗震救灾为题材,为此报社收到了解放军总医院发来的感谢信。
	2012	《学雷锋,树新风,见行动》《时代楷模德馨华夏》等	《光明日报》刊登的“讲文明,树新风”公益广告。

媒体的公益广告投放,既有执行上级主管部门要求的因素,也有从其自身的经营和发展出发的动因。自 1997 年四部委发布《关于做好公益广告宣传的通知》以来,对大众媒体上公益广告的总量不得少于广告总投放量 3%的规定始终没有改变,同时媒体单位也需要根据当年的主管部门制定的宣传主题和方向,开展相应的公益广告制作和播出活动。此外,公益广告是彰显媒体社会责任,塑造媒体形象的重要方式,大众媒体上播出具有人文关怀特征和较高制作水平的公益广告作品,对树立媒体重视社会责任、积极回馈社会的正面形象有很大的帮助。由于公益广告在扩大媒体知名度和好感度方面的作用,媒体对公益广告的积极制作和播发实际上提升了媒体本身的价值,对媒体的经营有促进作用。因此,近年来各大媒体均加大了对公益广告的投放力度。例如,中央电视台将 2012 年定为“公益广告年”,并举行公益广告全球征集活动。

除电视、广播和报刊等传统媒体外,以互联网为代表的新媒体也参与到公益广告和公益活动中来。由于互联网信息传播具有速度快、范围广、互动性强的特点,在互联网媒体投放的公益广告能够及时将传播和参与有机结合起来。许多互联网公益内容既是公益广告,也是用来解决实际问题的专门链接。例如,在百度搜索“公益”就会出现一些具体的帮扶信息,可以通过点击了解具体情况并参与帮扶活动;新浪于 2012 年初上线了微公益平台,将公益与微博结合起来,引起网络用户的广泛参与;腾讯利用“公益图标”吸引用户参与公益活动。图 3—8 左为搜索引擎百度的公益广告链接,右为新浪“微公益”标识。

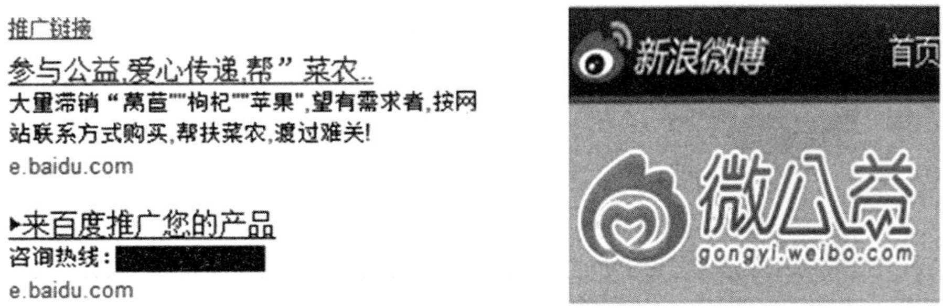

图 3—8　新媒体公益广告

在互联网公益广告的管理方面，中宣部、中央文明办、国家工商总局、广电总局、新闻出版总署2002年联合下发《关于进一步做好公益广告宣传的通知》，其中要求凡发布商业广告的网站必须登载不少于广告总量3%的公益广告。但目前网络广告的定义、范畴、广告总量的计算方式等仍存在一些争议，互联网公益广告的监管需要进一步细化。

三、非政府组织

非政府组织是公益广告的参与者。联合国的官方网站将非政府组织定义为：在地方、国家或国际级别上组织起来的非营利性的、志愿性的公民组织。非政府组织也常被称为NGO（英文Non-governmental organization的简称）。这一称呼是在联合国成立后才出现的，最早用于形容国际红十字会、救助儿童会等在国际事务中发挥中立作用的非官方机构，后来逐渐泛指独立于政府体系之外的具有一定公共职能的社会组织。"非政府组织"这一词汇在中国的推广要追溯到1995年北京举办的世界妇女大会，期间组织的论坛被称为"世界妇女非政府组织论坛"。此后，很多社会团体、民间组织都开始用"非政府组织"来称呼自己。

在我国，现行法律规定的非政府组织合法存在的方式共有三种，即社会团体、基金会和民办非企业单位。社会团体是基于一定的社会关系形成的会员制组织，目前我国的社会团体都具有准官方性质，使用行政编制和事业编制，是行政机构的延伸。著名的社会团体包括共青团、全国总工会、全国妇联（这三个团体具有特殊的政治地位，实际上属于党和政府的范畴）、中国广告协会、中国商务广告协会、中国作协、中国侨联、中国消费者协会、中国红十字总会、全国工商联等。基金会是基于一定财产关系形成的财团性组织，比较著名的包括宋庆龄基金会、青少年发展基金会、中国扶贫基金会、香江社会救助基金会（非公募）等。民办非企业单位指民间出资成立的各种社会服务机构，包括民办教育机构、民办表演艺术团体、民办社区服务中心等。我国法律允许民办非企业单位收取一定的费用，但其盈利应投入到其所从事的公益事业当中。

我国非政府组织管理体系的特点是"双重管理"，即非政府组织之上有登记机关和业务主管单位两种管理主体。非政府组织的登记机构是民政部民间组织管理局，不同领域的非政府组织拥有不同的业务主管部门，见表3－4。

表3－4 部分非政府组织的主管单位一览表

组织名称	类 型	主管单位
紫光阁画院	民办非企业单位	中央国家机关工作委员会
改革传播影视中心	民办非企业单位	国家广电总局
红十字扶贫开发中心	民办非企业单位	中国红十字总会
北师大－香港浸会大学联合国际学院	民办非企业单位	教育部
当代基层民主促进中心	民办非企业单位	民政部
瀛公益基金会	基金会	共青团中央委员会

续表

组织名称	类 型	主管单位
中国传媒大学教育基金会	基金会	教育部
中国文物保护基金会	基金会	国家文物局
中国保护消费者基金会	基金会	国务院国有资产监督管理委员会
韬奋基金会	基金会	国家新闻出版广电总局
比尔和梅琳达·盖茨基金会	涉外组织	卫生部
世界自然基金会	涉外组织	国家林业局
世界经济论坛	涉外组织	国家发展和改革委员会
李嘉诚基金会	涉外组织	民政部
世界排球联合会	涉外组织	国家体育总局

我国非政府组织在促进民主政治建设、促进市场经济发展、促进社会公平的实现以及加速人文精神的形成方面均有自己独到的作用。民间组织的发展对于推进公共管理和服务的社会化、提高行政效率、满足人民群众物质和精神需求方面都具有重要意义。

非政府组织一直都是公益广告活动热心的参与者。其中原因,一是公益广告的公益性质与非政府组织的价值观和工作目标相合,二是公益广告与非政府组织非营利性的经济特点相匹配。作为非营利性的社会组织,传播在非政府组织的生存和运营中起到非常关键的作用。非政府组织通过积极地对外传播信息,可以达到获得社会关注、寻求资金支持、传播组织信念、呼吁群众参与的目的。非政府组织的传播形式多种多样,举办活动、通过媒体发表观点、发布公益广告乃至赞助影视剧等都是其经常使用的传播手段。由于非政府组织的各种传播方式都围绕组织目标进行,且非政府组织的目标大多是为公众提供有益的社会服务,因而从广义上说,非政府组织的多数传播行为可以被归入公益广告的范畴。

非政府组织尤其是国际性非政府组织,很多都具有较强的传播技巧和丰富的传播经验。非政府组织公益广告传播的主要特点包括:

第一,内容选择独到,创意水平高超。非政府组织在选取公益广告主题时不仅考虑自身的特点和目的,也善于把握社会思潮,提出社会公众普遍重视、容易接受的主题。此外,非政府组织公益广告的创意中善用转移和类比的创意手法,以及“恐惧”、“同情”和“感动”的情感元素,加之其经常选择在人流密集的公共场所投放,往往可以反复加深受众的印象。如世界自然基金会的公益广告《家在哪》,呼唤人们对气候变化的重视,见图 3－9。

第二,非政府组织的公益广告传播具有一定的社会动员效果,不仅是对信息的传播,更是对公众参与的直接呼吁。事实上,非政府组织公益广告常用的恐怖诉求与对社会动员效果的追求大有关系,人们对社会负面现象的恐惧使得公益组织的进一步传播获得更加深入的空间,受众在解除恐惧感的内在需求下更容易主动接受社会组织的宣传,也就更容易加入到应对社会负面现象的共同行动中去。图 3－10 是中华环境保护基金会的灯箱公益广告,呼吁人们节约用纸,保护森林。

图 3—9 世界自然基金会的公益广告《家在哪》

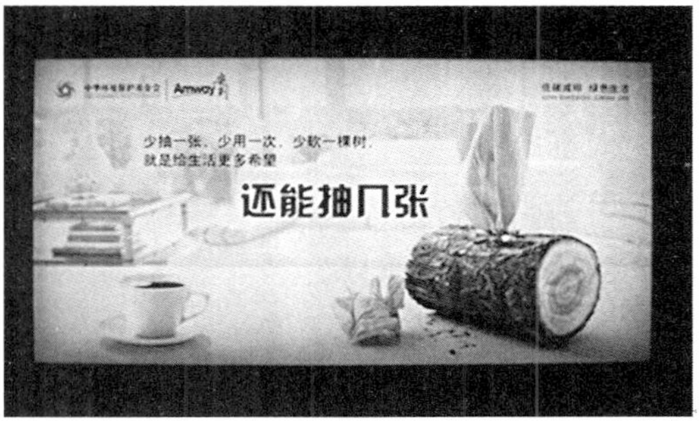

图 3—10 中华环境保护基金会的灯箱公益广告

第三，非政府组织的公益广告传播善于发挥意见领袖的作用。意见领袖具有较高的知名度，在特定的受众范围内具有很大的号召力，是媒体和公众之间的纽带。非政府组织善于使用名人传播，利用名人的社会影响来传达组织的观点。图 3—11 左为香港艺人刘德华为残联拍摄的公益广告，右为"野生救援"组织以篮球运动员姚明为主角的护鲨公益广告。

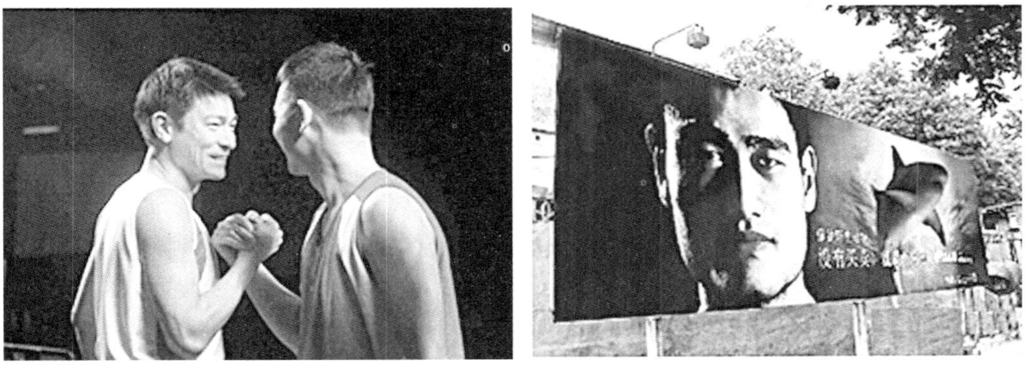

图 3—11 非政府组织的公益广告

四、企业

企业历来是公益广告活动的积极参与者和支持者。商业广告与公益广告融合形成公益营销，公益营销成为企业开拓市场的重要策略。公益广告需要大量的资金投入，鼓励企业参与公益广告事业是我国建立公益广告运行机制的难点和关键。如 20 世纪 90 年代开展的"希望工程"、2008 年的"《众志成城 抗震救灾》大型赈灾义演"，都有企业的支持和参与。1999 年，香港李嘉诚先生联合中央电视台推出"知识改变命运"系列公益广告，就是由长江实业、和记黄埔投资的。

互联网企业集合媒体和企业的双重社会责任，在公益广告事业中发挥了重要作用。2008 年四川汶川大地震，腾讯、新浪等互联网企业策划的抗震救灾专题网站成为全国人民了解地震灾情的重要渠道，开展的各种网络捐助倡议又为地震灾区的灾后重建贡献了力量。2009 年，互联网公益日活动对青海互助土族自治县明德小学、甘肃汉王中学及甘肃东江中心小学进行捐助。2010 年，互联网又积极、及时地参与到抗击玉树大地震中，发挥了巨大的作用。

企业公益广告即公益营销，是公益广告中特殊的门类，所受争议最多。首先，从各种定义上来说，公益广告都以追求公共价值、提供社会服务为目的，且都将“非营利性”作为公益广告的特点。而以商业广告为代表的企业广告活动，是以企业营利和发展为目的，是付费的商业行为。一般而言，企业公益广告是由企业赞助的，通过各种媒体传播的，以公共价值和社会服务为主题的广告内容。其目的是通过受众对社会公益内容的关注，达到展示企业责任感、提升企业社会形象的目的。因此，企业公益广告从本质上来说仍然是商业广告，但由于其与公益目标结合紧密，在客观上也对公益事业产生了积极作用。

在国际上，企业是公益广告实施的主体之一，各国的公益广告机构常常在活动中寻求企业的帮助。我国的相关政策对企业制作公益广告早有规定。1997 年《关于做好公益广告宣传的通知》中禁止企业以公益广告为名发布商业广告，企业赞助的公益广告中可以标注企业名称，但不可以标注商标，也不可以对具体的商品和服务作出说明。2002 年的《关于进一步做好公益广告宣传的通知》中允许企业在公益广告中展示商标，但对具体商品和服务展示仍然在被禁止之列。可见，我国对于企业公益广告较为严格的限制，是基于企业公益广告可能对公益广告整体动机和效果产生干扰的考虑。

企业发布公益广告的动机主要有两类。

第一，借助公益宣传提升自身的公众形象，展示企业对于社会责任的理解。近年来，企业的社会责任成为公众关心的对象，由于市场经济初期的无序发展，社会对企业一度有着“唯利是图”的认识。企业为了扭转这种不良形象，通过积极参与社会公共服务，展示自身的公益追求来获得公众的理解，从而在消费者心目中获得更为正面的形象。如万科董事长王石拍摄的公益广告，以关注气候变化为主题的系列之《2049 尊重的可能篇》，见图 3－12。广告中王石独白：

图 3－12　万科董事长王石拍摄的公益广告

2049年，南极最后一座冰山消融，2022年最后一篇原始森林面临被砍伐，2017年最后一只东北虎被猎杀。信号，我们已经意识到并开始行动。美好的未来成为可能。

字幕：人在自然，心在城市——万科公益基金会

第二，在我国的现行广告管理制度之下，有一些行业的企业是不允许发布商业广告的，因而这些行业的企业转而以发布公益广告来进行宣传。最典型的是烟草行业。我国法律禁止烟草企业发布商业广告，因此烟草企业常常利用公益广告来进行宣传。烟草品牌在社会上的知名度很高，一些烟草企业在公益广告中常常使用暗示、双关的创意手法，极易使公众产生误解，事实上这种误解也是广告制作者所希望看到的。在要求控烟、禁烟的社会趋势之下，烟草企业制作和赞助的公益广告在社会上的争议也是最大的。一则"爱我中华"户外广告看似爱国公益广告，但其配色、图案和下方的烟草公司名称已经暗示了其与中华牌香烟的关系。见图3—13。

图3—13 烟草公司"爱我中华"户外广告

企业公益广告的盛行引发了公益广告"纯粹性"方面的争议。主张"纯粹公益广告"的一方认为，公益广告应当杜绝一切商业行为，从资金筹集、主题选定到刊登发布，都应当是纯粹公益性的。这种观点至今仍是我国公益广告界的主流认识。主张"公益广告商业化"的一方认为，公益广告的传播也应由市场机制来调节，由商业力量参与的公益广告由于更加充足的资金来源，从而制作水平更高，传播效果更好。企业公益广告有其自身的优势和弱点，其优势在于借鉴了商业广告的制作和传播模式，有较高的效果保证；其弱点在于以营利为最终目的的特点有可能对公众的公益观念产生误导。因此，企业公益广告的存在和发展，需要管理部门制定更加详细和全面的法规予以规范。

五、个人

个人在公益广告活动中扮演着双重角色。一方面,公益广告的目标受众是由个体组成的,每个人对公益广告的态度构成了公益广告的总体接受程度,个人对公益广告的态度也对单一作品的创作和公益广告整体价值观和手法的运用能产生不可忽视的影响。另一方面,个人也是公益广告活动的参与者,近年来出现了许多个人出资投放的公益广告。在各大机关、媒体组织的公益广告征集评选当中,涌现出了不少由个人创作的优秀作品。

我国个人参与公益广告发布最早见于2000年。2000年8月,在北京永定门北口出现了一块长21米、宽3.5米,题为《发展才是硬道理》的公益广告牌,这是我国第一块由个人出资设立的公益广告牌。2005年6月5日,《人民日报》刊登署名为"农民陈法庆"的环保公益主题。陈法庆是浙江省人,曾出资数十万元在全国一些省会城市做环保灯箱广告。2012年9月日本非法"购岛"事件发生后,有热心人士出资在智联招聘网站上发布"钓鱼岛是中国的"公益广告。近年来,有不少普通人参与媒体组织的公益广告创作活动而获得广泛关注的事例。如,2012年,一则名为《爱的表达式》的Flash动画公益广告在央视播出。这则广告是由刚刚大学毕业的动画专业学生制作的,向"2011年央视公益广告征集活动"投稿并获奖。

个人参与公益广告的制作发布有着多种多样的动机和原因,有的是出于对社会现象和生活细节的有感而发,有的是希望通过对社会的呼吁实现自身的理想,也有的是响应各级单位和媒体的征集号召。个人公益广告在主题选取和表现风格大多质朴直白,表现了普通民众的社会责任感和价值观。个人公益广告的一大特点是在主题上往往具有相当的高度,经常以国家大政方针乃至国际事件为主题,充分表现了群众中的社会活跃分子对官方价值的高度认同。总的来说,个人参与制作发布公益广告体现了公民对于社会管理和服务的积极参与,是公民觉悟提高的有力体现。

六、参与者体系

公益广告的体制不仅代表着公益广告的管理机制,更是公益广告在整个社会范围内的生存方式和影响模式。公益广告体制由管理体系、法规体系和参与者体系构成。管理体系提供方向引导,法规体系负责规范,参与者体系具体推动。在公益广告的运行当中,管理体系中的各个机关部门制定相关法规并实施,具体的法规文本对管理部门的行为方式提出要求;法规对参与者的行为作出规范,参与者的实际运行为法规的完善提供依据;参与者接受管理体系的引导,同时也对管理体系作出意见反馈,使得管理体系能够觉察。这三大体系之间的相互影响使得公益广告的发展符合时代的价值取向和审美观念。三大体系共同作用,促进公益广告事业不断向更深和更广处发展。三大体系的关系如图3-14所示。

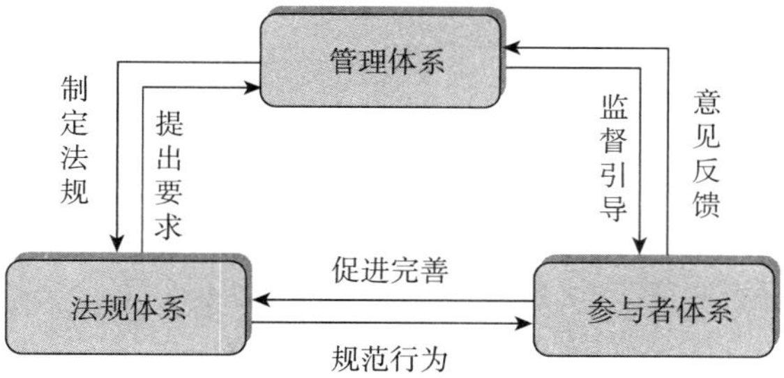

图 3－14　公益广告体制三大体系关系图

我国公益广告运行体制是我国公益广告整体价值取向、创作方式和社会影响的根本决定因素之一，在现阶段所具有的各种特点是与我国以政府为主导的公益广告体制密不可分的。中国各级政府对公益广告的倡导和重视为公益广告提供了宣传阵地和发展空间，使其有机会参与到多种多样的社会管理和公共服务活动当中。同时，由于公益广告管理部门繁多，体系庞杂，缺乏明确和细致的法律、法规、政策，也使我国的公益广告在自觉性、创意水平和运作效率上仍然有一定的提升空间。

本章小结

本章论述我国的公益广告管理体制是以党为主，党政结合的管理体制；明确党的意识形态管理机构，政府相关广告行业监督管理的机构；熟悉与公益广告有关的法规，党中央和中央政府管理机构有关公益广告的规定，了解地方性公益广告法规。我国的公益广告运行体制决定了我国公益广告整体价值取向、创作方式和社会影响。我国公益广告在现阶段所具有的各种特点是与我国以政府为主导的公益广告体制密不可分的。

思考题

1. 简述我国的公益广告管理体制。
2. 分析以党为主、党政结合的管理体制的成因。
3. 简述政府相关广告行业监督管理的机构设置。
4. 简述我国有关公益广告的法规规定。
5. 简述公益广告活动的参与者及其作用。

第四章　公益广告与传媒

本章要点：

1. 媒体分类。
2. 媒体在公益广告传播中的作用。
3. 公益广告媒体策略。
4. 公益广告受众特点。
5. 公益广告主题选择。

公益广告作品要通过媒体才能展现给公众。媒体是指能够将公益观念向社会公众传播的信息载体。公益广告媒体主要解决公益观念在何时说，在哪里说，通过什么渠道说，说几次等问题。公益广告所使用的媒体与商业广告基本相同，都是能够面对广大受众的传媒，但公益广告要面向更广的社会公众，较商业广告选择的媒体要有更强的大众性。

第一节　媒体的分类与特点

一、媒体的分类

媒体一词可以泛指所有传播信息的媒介，而与广告有关的媒体概念，一般是指大众传媒。大众传媒是大众传播媒介（mass media）的简称，主要是指在信息传播路径上从事收集、复制以及传播等活动的组织机构。在现代社会，大众传媒包括报纸、杂志、广播、电视、电影，以及网络媒体和基于新技术条件下的各种用于传播信息的媒介。大众传媒已经渗透到人类社会的各个角落。根据“第十次全国国民阅读调查”成果显示，2012 年中国 18—70 周岁国民各媒介综合阅读率为 76.3%，比 2011 年下降 1.6 个百分点。其中，图书阅读率为 54.9%，比 2011 年增加 1.0 个百分点。数字阅读方式的接触率比 2011 年上升

1.7个百分点。[1] 而个人日平均上网时长更是达到2.6个小时，全国网民2013年底已经达到6.18亿[2]，随着移动媒体的普及，这一比率将进一步扩大。媒介在发展过程中并非是新旧更替的，而是以叠加的方式不断融合、扩大。旧媒介不因新媒介的出现而消亡，在与新媒介的竞争中吸收新的元素，继续满足人们对信息和娱乐的某种需求。现在，这些媒介形态共同构成一个巨大的媒介生态环境，在社会发展中发挥越来越重要的作用。

按照媒介的技术手段可以分为：一是传统大众传播媒介，即报纸、期刊、广播、电视四大传统媒介；二是新兴大众传播媒介，即网络媒体和其他新型媒介。

按照大众媒介发展的顺序，可分为印刷媒介、电波媒介和数字媒介。下面分别论述。

(一)印刷媒介

印刷形式的大众媒介有报纸、期刊和图书。图书被认为是最早的大众传媒，我国宋代起就有商业化运作的图书印刷行业。真正意义上的大众媒介肇端于19世纪在西方出现的报纸。它以低廉的价格迅速崛起，满足了图书所无法提供的信息需求。随后，期刊也步入大众化行列，弥补了报纸难以大篇幅、深入地报道社会事件的不足。在广播出现之前，印刷媒介一直是大众传媒的主流。直至今日，印刷媒体在内容的专业性、读者群体的精准性和内容的深度方面依然有一定的优势。

(二)电波媒介

电波媒介包括广播、电视和电影，它的产生、发展与电的发明，电信技术、声音和图像控制技术的进展密切相关。电子媒介除了收音机和电视机等接收装置，还包括录编设备(录音机、摄像机、编辑机、合成机)和传送设备(发射机、接收机、天线、放映机等)。

有线电报早在美国南北战争时期即投入军事领域，无线电技术则于19世纪末被开发出来。世界上最早的广播电台是1920年在美国匹兹堡开播的KDKA电台。最早的电视设备发明于1925年。但是，因为电视发射和接收需要昂贵的设备，所以直到“第二次世界大战”以后才得到发展。电视的普及有力地促进了战后经济发展和社会文化的构建，成为大众媒介新的霸主。而电影则从一开始就走上了满足娱乐需求和营利的道路，具有引导和推动社会文化潮流的作用。20世纪后半叶对于娱乐、传媒与思想和人性的争论，大多数源自电视媒体的广泛传播这一现象，电视荧幕也记录了20世纪后半期整个世界的巨变。电影起源于19世纪末，至20世纪20年代便成为体量庞大的娱乐工业。今天的电影工业仍然保持着大投入、广覆盖、大产出的特点，一部成功的电影往往能够招揽数十亿观众，并赢得数以十亿计的美元。目前的电影已经基本不被用于时效性强的内容的传播，却仍然是最受受众欢迎的艺术形式和有效的广告传播方式之一。

---

① http://cul.sohu.com/20120420/n341097532.shtml

② 数据来源于中国互联网络信息中心(CNNIC)2010年1月19日发布的《第27次中国互联网络发展状况统计报告》。

（三）数字媒介

数字媒介是以数字技术为基础的新兴媒介形态。不仅包括计算机、多媒体、手机、网络广播等新兴媒体，还涵盖传统大众媒介的数字化，比如电子版报刊和图书、数字广播、数字电视、数字录像等。

计算机起源于第二次世界大战末期，计算机互联网则直到1969年才初具雏形。20世纪90年代的互联网大爆发成就了雅虎、谷歌等一大批知名的互联网公司，它们的影响一直持续到今天。

随着新媒体技术的迅速发展与普及，互联网后来居上，成为新型的大众媒体。新媒体只用了十年时间，就赢得了传统媒体用数十年甚至上百年才能拥有的受众群，迅速从边缘化、非主流的媒介成为传统媒体的强劲竞争对手，大大分割了传统媒体的市场份额和广告资源，传统媒体也开始了自己的数字化、网络化征程。

二、大众媒介的传播特点

（一）纸质媒体

目前的纸质媒体主要包括报纸和杂志。

报纸是通过印刷在纸张上的文字、图片等符号传递信息的一种媒介。它以新闻和评论为主，一般以散页的形式公开、连续发行，是最早实现大众化的媒介。报纸的特点主要有：

第一，受众面广，数量庞大。由于报纸特别是综合性报纸满足的是大多数人的基本信息需求，所以报纸的受众面广。但受数字化的影响，报纸的发行量呈逐年下降态势。

第二，信息量大。报纸的信息量在一定程度上由篇幅决定，报纸的发展趋势之一就是不断地变厚，通过扩版加页，增加信息的容量。

第三，时效性较差。由于报纸对事件的反应速度较慢，在相对固定的时间出版，时效性很难与电子媒介相比。

第四，感染力弱。报纸也有图片，但是却缺少声音、图像的生动和直观，所以感染力较弱。

杂志又叫期刊，是一种汇集性的连续出版物。杂志的传播特点如下：

第一，内容分类清晰，专门性强。杂志拥有特定的受众群体，对某一方面的信息传播集中、深入，适合专门性研究和特定信息的获得。由于有明确的传播方向，也利于广告迅速地、最大范围地、有效地传递到目标市场。

第二，生命周期长。由于杂志具有信息量大的特点，吸引读者反复阅读或不同读者轮流阅读，使杂志媒介的生命周期延长。

第三，印刷精美。杂志图文并茂，能够全面展现纸质媒介的特点，具有状物逼真、精良高级的特色。对于表现高质量的广告信息，杂志是广告效果极佳的平面媒体。

第四，时效性差。杂志发行周期长，灵活性较差，即使是周刊，对一些具有时效性的事件也无法及时报道。

第五，读者范围小，影响力受局限。覆盖面小是杂志媒体传播中最主要的问题，作为某一类型杂志总体覆盖上有一定规模，而单独一份杂志在特定人群的覆盖上是有限的。

（二）广播

广播是指通过无线电波或导线向广大地区传送声音信号的传播媒介。广播传播信息所能运用的唯一符号就是声音，它包括语言、音响、音乐三要素。广播语言以口头语言为基础，介于书面语言和口头语言之间，要求具体化、通俗化、口语化，却要比日常口语简洁、准确、严密。利用音响进行新闻报道是广播的特色之一，并在激烈的媒介竞争中越来越突显。音乐也是广播传播的重要手段。广播媒体的特点如下：

第一，报道迅速及时。录音设备便于携带，易于使用，广播节目制作简便，能够迅速抵达现场提供报道。

第二，受众覆盖面广。只需少量发射设备就能覆盖一个或几个城市，而且受众只要有收音机或具备收音功能的手机就能收听广播。不过，单一的广播发射源仍然无法覆盖全国。

第三，可以伴随收听。由于广播只利用声音传播信息，因而收听者可以在做其他事的同时收听广播。由于广播是人们驾车时唯一能够使用的媒体，因而仍然具有相当强的生命力。

第四，表现力和存储性差。人最敏感的感觉元素是图像，因而单纯靠声音的广播不具备最强的表现力。而且广播难以储存和重复收听，当今的网络广播已经在一定程度上解决了这个问题。

（三）电视

电视是运用声音、图像、文字等符号，通过电波或有线网络进行信息传播的一种媒介，是一个完整的传播统一体。电视是人类第一次将声音和图像结合在一起传播，实现了传播的革命。电视媒体的特点如下：

第一，传播迅速广泛。大多数主流电视台能够做到第一时间报道新闻并进行直播。目前，绝大多数家庭都拥有电视机，有无线电视系统还能够进行电视节目的点播和回看。

第二，现场感强。电视节目内容及其表现手段具有极强的包容性和综合性，能够产生强烈的现场感，把信息形象直观地传递给受众。电视制造出面对面交流的场景，使人身临其境。家庭作为电视的接收终端，全家人可以共同分享节目，增添了家人的和睦、家庭的温馨。

第三，简化人的思维方式。电视内容大多表现的是情绪、视觉感受，而不是有逻辑、有活力的思维。一个人只有通过学习才能阅读，学习阅读要花力气、花时间，要有投入；看电视则不然，不需要花力气，两者之间的差别是巨大的。随着电视语汇的缩小，看电视的人的语汇也跟着缩小，从文字向视觉加口头语言媒介的转移，将会改变人们的思维和决策方式。

（四）电影

与其他媒介相比，电影更富艺术性和意识形态色彩，能够反映产生它们的社会价值观，提供潜在的政治信息，并将其隐含在娱乐性中，因此，电影对人们的思想和行为具有不可忽视的影响力，尤其是色情暴力对青少年的影响从一开始就引人警惕。电影是栖居在科技之树上的艺术之花，同时也是传播影像与声音的媒介。

电影传播的优势可概括如下：

第一，丰富的内容和表现形式。电影剧本的编制和摄影的安排都要充分考虑艺术元素的使用和观众的接受能力，因此电影常常具有引人入胜的剧情和精美的画面，使得观众具有极高的代入感。

第二，传播环境较少干扰。观众在看电影时很少做其他事情。

第三，上映周期较长。电影的总体数量不大，资料文献性强，被长时间有目的地储存的概率大于其他媒体内容。人们很容易看到50年前的电影，而很难查阅到50年前的其他媒体内容。

第四，局限性强。电影内容长度有限，观看电影若要达到预期的效果，需要亲临电影院，而且电影院的数量总体很少。

（五）互联网

相对于传统的大众传播而言，网络是一个充满崭新元素、极具魅力的传播平台，是一个相对完善的综合传播通道。互联网传播具有以下特征：

第一，系统的开放性和全球性。互联网上无国界，网络传播系统是一个高开放性的、全球化的系统，这是网络传播不同于传统传播的一大特点。所谓开放性，是指互联网作为一个信息交流平台，是一个开放系统而不是一个封闭系统。从技术层面而言，在这样一种开放的网络信息交流系统中，不同厂家、不同型号、不同系统的计算机能够共存于一个网络之中。不同网络可以通过网络协议相互传输信息和交流信息，而且这个系统可以通过局部更新换代，不断升级。

第二，信息的广容性、集成性和共享性。超级信息存储是网络的一大优势。就传统媒体而言，报纸因为版面有限，广播、电视受时段限制，因而不得不对信息进行把关处理和内容删减。而互联网采用了比传统信息处理方式远为先进的数字化的记录、传输和处理方式，将所有声音、文字、图像等都转化为数字化的形式，信息容量大。网络集成了各大传统媒介的功能，用户可以方便地在网上进行信息传播。网络传播一改传统媒体一维式的线性叙事方式，采用超文本、超链接的方式，读一个文本时可以链接许多相关信息，使用搜索引擎输入关键词查询，也可即刻看到相关条目的详细内容。在互联网上，用户可以借助一些先进的网络搜索引擎找到自己感兴趣的网站及所需要的文章或数据，实现信息共享。

第三，信息表现形式的多媒体综合性。数字化使得信息不仅便于复制和发送，更重要的是通过电脑可以方便地将不同形式的信息相互转换，比如可将文字转换为声音，将网页的扫描图像辨识为文字等。互联网这种互动媒介既有印刷媒介的可保存性和可查阅性，又具电子媒介的新鲜性、及时性和图文阅读性、音像视听性，解决了传统媒体深广度难以兼顾、动静难以两全的难题，而且还把人际传播中点对点的对话式双向传播和大众传播点对面的独白式单向传播融于一身。

第四，传授身份的双重性。网络中的传播者和受传者不仅地位完全平等，而且可以任意互换，传受双方也可以具有双重身份。

三、媒体在公益广告传播中的作用

（一）媒体是连接传者与受众的纽带

媒体将公益广告信息传达到受众，是连接传者与受者的纽带。国内外许多大的媒体经常发布公益广告，在受众中有着极大的影响力。近年来，国家级媒体都加大了公益广告的投放。例如：作为全国最有影响的国家电视台，中央电视台在 2012 年举办了公益广告全球征集活动，从全世界范围内收集灵感与作品，拓宽公益广告创作的思路。2013 年，中央人民广播电台在每个时段都会插播“讲文明，树新风”公益广告展播栏目。这些主流媒体的努力使得公益信息能够在全国范围内顺畅地传播。

图 4—1　2012 年中央电视台的公益广告全球征集活动在北京 798 厂启动

（二）塑造媒体乐于担负社会责任的良好形象

媒体自身就是公益广告主，它们经常与政府、社会团体或广告公司联合起来投入到公益广告事业中，有时也独自承担所有的工作，完成公益广告的制作和发布。这两种情况在中国都是常见的。媒体掌握着话语的主动权，媒体从业人员也往往是社会名人，他们的言行具有相当大的示范作用。从个人和整体的角度来说，媒体都是公益广告的最大支持者和执行者。

媒体有义务投身到公益广告事业中去。在我国对于媒体刊播公益广告的时间与次数在不同时期也都出台了不同的规定，明确媒体的责任。

图 4-2　2008 年央视主持人集体出演的“迎奥运，讲文明，树新风”公益广告片

2003 年国家广播电影电视总局颁布的《广播电视广告播放管理暂行办法》第十六条规定：广播电台、电视台每套节目中每天播放公益广告的数量不得少于广告总播出量的 3%。

2009 年 8 月 27 日经国家广播电影电视总局审议通过的《广播电视广告播出管理办法》第三章第十六条规定：播出机构每套节目每日公益广告播出时长不得少于商业广告时长的 3%。其中，广播电台在 11 点至 13 点之间，电视台在 19 点至 21 点之间，公益广告播出数量不得少于 4 条(次)。

2011 年由北京市工商局会同市委宣传部、市发改委、市国税局、市地税局共同出台《关于促进北京市广告业发展的意见》，明确制定了公益广告发展鼓励措施，为公益广告刊播时长和面积设定下限。《意见》提出建立北京市公益广告创新研究基地，设立公益广告专项基金，并制定相应的管理办法，对积极参与公益广告活动的企业与个人给予奖励。保证公益广告刊播比例，广播电视机构每套节目每日公益广告播出时长不得少于商业广告时长的 3%。平面媒体每日不得少于 3%，户外广告设置的总量不得少于 1/5 面积用于公益广告宣传。

媒体与公益广告，既为公益广告提供传播渠道，又塑造媒体负责任、守信誉的良好形象，二者相得益彰。在媒体的整个广告经营投放行为中，公益广告的投放是最有利于媒体良好社会形象塑造的。

第二节　公益广告媒介策略

公益广告是服务于全体社会公众的广告，要使分布广泛而又数量众多的受众群体都能有效地接触到公益广告的信息，合理的媒介策略异常关键。公益广告不仅要充分利用覆盖范围广、公信力强、受众容易接触到的大众传播媒介，还要灵活运用各种新兴媒介和近身媒介，构建以大众传播媒介为核心，其他媒介手段为辅助和补充的多渠道、全方位的传播媒介格局，使公益广告传播深入地渗透到人们的生活中去。

一、公益广告的媒介选择

(一)公益广告与四大传统媒介

人们在日常生活中接触到的公益广告信息大多来自传统的四种大众传播媒介，即报纸、杂志、广播和电视，其中，电视公益广告居多。这四种媒介是传播媒介世界中的主导，也是人们获取外界信息的主要途径。公益广告也以这些大众媒介为主要传播手段。

报纸以文字和图片为传播手段，是主要刊载新闻信息的媒体。报纸公益广告是借用报纸媒介来发布公益广告信息的传播形式。报纸公益广告的局限性主要是：注目率低，有效时间短，印刷效果差。报纸适合于刊登与时事结合紧密，具有政策性和导向性的公益广告作品。

图 4—3 汶川地震后的《人民日报》公益广告

进入 21 世纪以来，每一次重大事件发生之时，报纸上都刊登大幅公益广告。在汶川地震、奥运会期间，各大报纸都利用整版乃至头版刊登有关的信息。不过，在平时报纸上的公益广告数量仍然较少。这是由于当今报纸的收入面日趋狭窄，大幅公益广告版面冲减了报纸的收入；报纸的小型广告位难以达到公益广告引人注目的要求。所以，在相当长的时间内，配合重大事件发布公益广告仍会是报纸公益广告的主要特点。

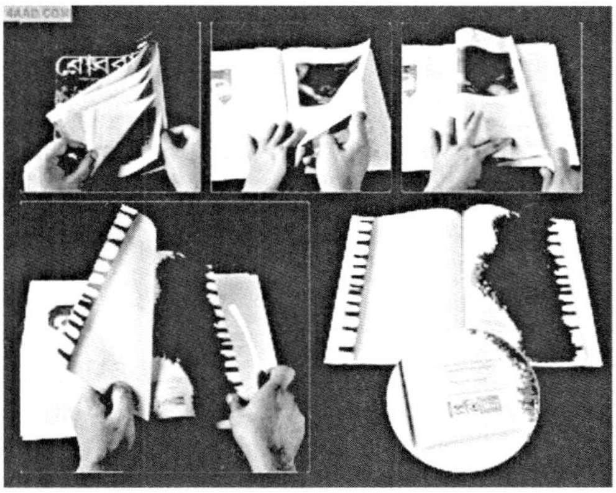

图 4—4 一则有互动性的杂志公益广告

杂志公益广告是借用杂志媒介来发布公益广告信息的传播形式。杂志媒介与报纸等其他印刷类公益广告媒介相比，不仅融合了报纸媒介的某些优势，还具备其独特之处。杂志适合刊登与其内容相关、定位相符，有一定专业性和针对性的公益广告作品。例如，在地理、旅游类杂志上适合刊登与环保相关的公益广告，在汽车类杂志上则适合刊登交通安全类公益广告，在家庭类杂志上适合刊登家庭美德类公益广告。杂志的表现形式多样，仅利用翻页这一特色就能产生许多创意。这种生动的互动特色是杂志公益广告的优势。

广播媒介是通过无线电波或导线，用电信号向听众传播音讯的媒介形式。[①] 广播公益广告是借用广播媒介来发布公益广告信息的传播形式。广播媒体的即时性和互动性使得其适于播出具有时效性和地方性的公益广告。例如，广播中的寻人寻物启事、重大活动提示，路况信息等也属于公益广告范畴。广播中的地方特色能够使得当地的听众更容易接受。

电视是一种视听兼备、声画统一的电子传播媒介，是现代媒体中最具冲击力的媒体，涵盖卫星电视及有线电视等形式。电视公益广告是借用电视媒介来发布公益广告信息的传播形式。电视公益广告的优势主要有：一是深入家庭，影响力强；二是生动直观，表

---

① 高萍：《广告媒介——寻求传递广告讯息的最佳通道》，中南大学出版社 2005 年版，第 152 页。

图 4—5　公益广告的拍摄现场

现力强；三是注目率高，渗透力强。电视公益广告的局限性主要有：一是受线性播放结构的限制；二是信息稍纵即逝，无法保存；三是制作复杂，费用昂贵。电视公益广告是最为引人注目的一种形式，任何主题和内容的公益广告都适合在电视媒体播出，但电视公益广告的制作必须符合人类视觉的要求。

除四大媒体之外，公益广告也通过其他形式多样的非大众媒介进行传播，其中包括新兴的网络媒体，千姿百态的户外媒介等媒介。

网络广告是利用电子计算机联结而形成的信息通讯网络作为广告媒体，采用相关的电子多媒体技术设计制作，并通过电脑网络传播的广告形式。[①]《中华人民共和国广告法》给网络广告下的定义是：凡是符合广告的法定特征，即符合有偿性、依附性、目的性特点的网上信息都可界定为网络广告。[②] 新媒体技术丰富了公益广告的内容和方式，解决了一些公益广告网络传播中的实际问题。目前使用互联网的人数日益增多，再加上互联网具有全球性、广泛性、实时交互性、针对性等特点，因此网络公益广告能够在社会上造成更大的影响。我国最初在网上发布公益广告的是 www. chinabyte. com 网站（比特网，IT 技术专业网站），公益广告主题为《珍爱生命，注意交通安全》，并在其后增添了许多倡议书的链接，在社会上产生了很大影响。互联网行业、企业主和广告行业可以从这个成功的公益广告的例子看到网络公益广告的发展潜力。新媒体交互性强、贴近大众生活、设计周期短、制作费用低的特点，解决了公益广告在传统媒体中发展的瓶颈问题。

图 4—6　电梯里的三则公益广告

图 4—7　广州街头的一则公交候车亭公益广告

① 陈培爱：《广告学原理》，复旦大学出版社 2003 年版，第 154 页。
② 张明新：《公益广告的奥秘》，广东经济出版社 2004 年版，第 302 页。

户外媒体也是重要的公益广告传播渠道。户外媒体具有持续时间长、注目度高、价格较低等特点,但也具有受传播噪音干扰较严重等问题。户外公益广告适合刊登城市建设、文明美德、交通安全等领域的公益广告作品。目前的户外媒体还应该包括在公共空间的广告展示平台,例如商场、楼宇、电梯等当中的画框和广告屏等。户外公益广告兼具公益传播和市容美化的功能,目前的很多城市围挡、空闲中的商业广告位等空间都引入了公益广告。

(二)公益广告媒体策略

广告需要一定的媒体传播策略来保障传播效果的达成。商业广告的媒体策略是把商品广告的投放费用控制在一定范围内,利用媒体组合有效传达到目标受众。公益广告的媒体策略是把公益广告的作品利用媒体组合有效传达给最广泛的社会公众。媒体策略要在媒体目标的指导下,通过制订媒体计划,实施并测评媒体传播效果而最终达成。在媒体计划中要注意媒体目标、媒体组合及媒体传播效果测评等内容。

1.媒体策略中的五个基本目标要素

媒体目标遵循于广告目标,对于不同的广告目标,应采取不同的媒体目标。媒体目标必须是明确的,是广告目标的延伸,要能为媒体计划定位并与整体营销计划相关联。

在商业广告中,广告是将有关商品的信息传播给商品销售的目标市场,将广告目标转换成具体的传媒目标,通过相应的媒体将商业广告信息直接传送给目标受众。在公益广告中,广告是将某一公益观念直接传播给最广大的社会公众。将广告目标转换成具体的传媒目标,通过传播面最广和针对性极强的媒体将公益广告信息直接传送给社会公众。媒体目标的制订必须围绕五个基本的目标要素展开:

(1)广告受众

要在了解媒体与受众对应关系的基础上,进一步明确广告媒体目标受众。广告媒体的传播对象要与广告目标对象相一致。在公益广告中,要根据公益广告题材的类型,对社会公众的相关性作一定的分析。公益广告的受众包括决策者、帮助者、受助者、旁观者四类。以决策者为主要目标受众的公益广告数量较少,一些环保组织对政府和企业发起的倡议属于此类。第二类受众是帮助者,他们需要得到正确的帮助方法和渠道,提示献血地点、捐款账号的公益广告是针对他们的。受助者也是公益广告的受众,有些公益广告也会鼓励弱势群体自力更生而不是单纯寻求帮助。最后,旁观者其实是公益广告最重要的受众群体,公益广告的目的就是要将旁观者转化为公益事业的参与者。

(2)广告发布地点

要针对广告媒体目标对象所在地,确定传播的地理空间。公益广告的内容面向全体社会公众,地域区分意义不大。但是要注意普及性与针对性的关系,在利用大众媒体进行普及化传播的同时,还要注意特定题材要针对特殊群体的目标受众,在媒体选择中,要有较强的针对性,如有关交通法规,除了在户外广告媒体等一些公众性较强的渠道上传播外，有的还要通过像北京交通台这样的特定频道进行传播。

（3）广告发布时间

要选择发布广告的最佳时间。在商业广告中，广告信息传播时间要依据人们购买不同商品的习惯来确定；要根据广告主市场投放产品的时间来确定；有时也要根据产品在市场销售中生命周期的不同阶段来确定。

公益广告在这个问题上则相对简单。公益广告传播的观念应经常性强化，无论是倡导，还是提醒、规劝，都应该反复渗透，使之逐渐深入人心，潜移默化。而对于已经发生有一定恶劣影响的事件，也应该及时揭露与批评，立场鲜明，观点明确，以警示更多的人，在这种情况下，公益广告要强调时效性、针对性，及时讴歌良好的社会风尚，及时揭露不良的社会现象。

（4）广告表现方式

广告一般有两种表现形式：理性诉求和情感诉求。理性诉求经常选用报纸等平面媒体，情感诉求经常选用电视媒体。

公益广告根据作品的创意及诉求表现选择媒体，但是选择媒体中最受制约的因素还是广告费的投入。因为电视媒体与一些平面媒体在刊播费上差别很大，一般情况下人们往往根据广告费的投入，首先确定是在电视还是在平面媒体上做广告，再看创意诉求。通常情况，媒体单位应该无偿提供公益广告的刊播时空，即使有的媒体对公益广告收一定的刊播费，其额度也会低于商业广告。因此，公益广告应根据主题表现与作品表现的实际需要以及社会对该内容的需求情况来选择媒体。

（5）广告发布数量

发布多少广告指的是媒体的传播面和信息传播次数。

商业广告发布多少是由该产品广告目标与可供投放的广告费决定的。公益广告则不然，发布多少次首先由公益活动的组织强度——在多大范围内，有多大权威性及政策号召力来决定，其次再考虑有哪些类型的媒体，通过哪几种载体，能够无偿提供或低价提供媒体时空，最后要根据该公益广告主题的社会需求状况来决定。

广告媒体策略中的五个基本目标要素所形成的综合效应以及媒体传播效果，可以通过一系列传播指标进行综合测评。

2. 媒体组合

如前所述，媒体组合是指在媒体计划中使用两种或两种以上不同媒体的策略。由于每一种传媒都有其长处和短处，将两种或两种以上的传媒组合起来，可以取长补短，使广告到达率不断提高，达到最佳传播效果，这就是媒体组合的指导思想。公益广告与商业广告一样，也存在媒体组合问题。

商业广告通常需要使用两种或多种不同媒体，使之相互配合，协调运作，如果孤立运用某一传媒常常不能收到良好的广告效果。公益广告也不能忽视这一点。公益广告面向最广大的社会公众传递一种公益观点，媒体的覆盖面越广，人们的接触率即收视（听）

率越高，公益信息的影响面则越广，影响度也越深。因此，公益广告的媒体组合策略对公益目标的达成意义重大。

在媒体组合过程中，公益广告与商业广告一样，都可采纳以下几种方法。

点面效应互补法 以媒体涵盖面大小为互补条件的组合方法。公益广告的传播应首先选择中央级媒体、新闻性媒体，以保证公益观念传播的覆盖面、影响度和权威性。同时也要选择一种或多种其他媒体，如户外路牌、广告传单等，有针对性地对有关广告受众进行强化，提高对特定对象如不良行为者的重复暴露次数，强化其作用。

时效差异结合法 以媒体时效、长短互相结合的一种组合方法。从广告媒体的时效看，有时间上的长短之分，如电视和广播，一般一次在15—60秒之间，可谓短时效；而一些户外媒体如路牌、霓虹灯，一般在半年至一年时间，可谓长时效；报纸广告一般为1—3天；杂志在一个月以上。公益广告对受众的思想意识要有冲击力，就要充分运用电视广告的艺术感染力；要保持公益广告的持久性，就要运用户外媒体的长期效用，加强公益传播的效力。同时，还要注意利用时间上的交替形式进行媒体组合，形成重复性，做到时时生，处处有，在一个媒体计划周期内形成一种较大的传播气候，使公益观念的传播持久、深入人心。

媒体个性互补组合法 以传媒之间各自的表现优势互补的一种组合方法。以某一种媒体形式的传播为主媒体，以与主媒体有互补作用的其他媒体作为补充，可以促广告信息的传达更全面，更完整。在公益广告的传播中，多以电视广告作为情感诉求的主媒体，以印刷媒体——报纸、公益海报等运用较长文案进行理性诉求，还可以在广播广告中充分运用音乐和音响的听觉刺激，将某一公益广告的主题淋漓尽致、全方位地表现出来，以获得最好的传播效果。

(三)公益广告的整合传播

公益广告可以在统一的核心主题之下，综合运用各种媒体手段和各类信息表达方式来进行公益广告的主题诉求，实现公益广告的传播效果最大化，此为公益广告的“整合传播”。整合传播的重点在于媒体的整合运用，报纸、杂志、广播、电视、户外、互联网、数字新媒体等，都可以根据策略需求组合使用。传统媒体的运用要发挥其覆盖面广的特点，提高公益广告的覆盖率；新媒体运用针对性强、互动性好、贴近大众生活的特点，使公益广告向纵深方向传播。媒体组合具有以下三方面的优势：

媒体组合的影响力 媒体组合可以增强媒体效果，补充单一媒体的缺陷；更可以通过媒体的交叉作用，达到最佳的影响效果；同时扩大影响范围，使更多潜在受众群得到认知，提高公益广告诉求目标的普及率，保证在相对较快的时间里更直接地影响社会。

媒体组合的冲击力 媒体组合可以更全面地发挥媒体功效，使其使用的媒体成为一个相对完整、立体的信息网络，强化单一媒体所不能达到的效果，从而形成较强的广告力度，并通过交互式作用，多方面冲击受众的感官，加强受众对公益诉求的印象，提高公益广告的感染力。

媒体组合的持久力　媒体组合可以使媒体短期功效转换为长期功效，这种转移作用是利用媒体的不断积累，作用于相对长期的媒体上，使公益广告的影响力和冲击力得到保持（不至于呈现信息的短缺，造成遗忘以及信息曲线下降），从而使信息保持延续，并在一定的时期内维持其社会效益。

此外，在主题的传达上，也可运用整合的思维。如通过系列主题、系列创意的运用，达到系统、有力的传达效果。公益广告的整合传播可以达到传统教育所不能达到的教化效果，因为应用大众传播手段，以及正在涌现的各式分众传播手段来传达公益广告主题，具有渗透性、持续性、广泛性、娱乐性的效果，而且好的主题及创意还可因其话题性进一步扩散其影响，这对于灌输科学理念、倡导文明行为，从而推动社会和谐发展具有积极的意义。

目前，公益广告整合传播的方式，常见于企业的公益营销和非政府组织的项目传播活动。例如，世界自然基金会（WWF）是在国内发布公益广告最多的组织之一，该基金会每年都有数个专题活动，其主题与动物保护、动物栖息地治理等内容有关。WWF 的传播注重实效性，广告作品一般都呼吁受众直接采取某种行为模式，例如拒绝食用鱼翅或拒绝使用象牙制品。这种传播目的要求其广告作品必须有一定的曝光量。因此，WWF 的公益广告一般使用三种传播渠道，即电视、公共场所（户外）和网络。在这些渠道投放的广告具有同样的题目和内容，其中的人物、构图和配色等也基本相同。WWF 善于在广告中使用名人，姚明、郭晶晶等都曾在其公益广告中出演角色。

图 4—8　姚明为主角的户外版护鲨广告

WWF 的传播有大量各领域合作媒体和相关公司的支持作为后盾，这些机构包括杂志、报纸、视频网站、广告代理公司、户外广告公司、地铁与铁路广告公司等。除直接销售媒体的机构外，广告公司也帮助 WWF 制作广告作品、获取主流媒体平台的时段。此外，在 WWF 的官方网站上，也有相关的公益广告作品，任何人都可以免费下载使用。

WWF 的公益广告为其活动的开展提供了有力的保障，WWF 一直是在公众当中知名度最高的国际非政府组织之一，其在保护珍稀动植物、维持生态平衡、树立健康消费观念等方面已经做出了突出的贡献。

整合传播的意义和效力早已被广告界和营销界所认可，但这种传播策略在国内公益广告领域的应用还很少。整合传播策略能够有效扩展受众群体、提高传播效率，为公益目标的实现提供保障。公益广告的整合传播是今后公益广告界应当研究的重点课题。

第三节 公益广告与受众

广告受众研究始终是广告研究领域的重要课题。广告受众研究包括受众心理和受众行为等方面的研究。随着时代的进步，广告受众的视野越来越开阔，对于不同形式的广告和不同的传播媒介也越来越挑剔。所有受众对公益广告的期待心理与公益广告的实际效应的适度吻合决定了受众对于公益广告的态度和效果。

一、公益广告受众的特点和视角

（一）公益广告受众特点

公益广告为全体社会公众服务，传播对公众有益的观念。公益广告的这一性质和内容决定了公益广告的受众具备以下两个特点：

广泛性　公益广告是为社会公众服务的广告，公益广告传播的信息是对社会中所有人都有益的伦理价值及行为规范等，一般情况下，不具有很强的针对性，是不分男女老少、贫富贵贱的，所以它的受众覆盖范围非常广泛。

复杂性　公益广告受众数量庞大，分布范围广，所以，受众构成复杂多样，个体差异较大。不同阶层的受众，其社会背景不同，社会属性不同，价值观念不同，对公益广告的反应也各不相同。

（二）公益广告受众视角

受众在看到公益广告时，在心理上有一个既在的结构图式。而且由于不同的文化教育水平、生活经验、艺术素养、阅读欣赏习惯等所构成的不同的思维定势，受众结合公益广告收视的实际，会形成不同的视角。

行为习惯不同　在成年之后，人通过后天的学习以及受到他人的影响，会逐渐形成自己的特有的世界观。并且这些想法会在今后的日常行为以及生活态度中体现出来。他们的特有的价值观也会从他们的言行中显露出来。他们会按照自己的标准去评判善恶好坏，真假美丑。总之，每个人都会有一套属于自己的对待一切事物的评价体系。儿童尽管还未形成系统、完整的观念，但仍可在他们的行为中看出端倪，他们的一举一动把自己的想法显露无遗。同样，他们在收看公益广告的时候也必会按照自己的标准来评判。

文化视野不同　这里的文化视野包含的内容是多方面的，包括受众自身的文化素质，智力发育程度，还有在实际生活中积累起来的经验等。宗教、种族、地域、民族习惯等也属于文化视野的范畴。在公益广告中，这些影响文化视野的因素同样也会影响到人们对不同的公益广告的认同度和看法。通常认为观看公益广告的人都是那些拥有较宽文化视野或者比较成熟的思想和较为丰富的生活经验的人。

艺术文化素养不同 公益广告本身就是一门艺术，所以，不同受众对各种艺术的了解、爱好、兴趣以及必要的修养，都对公益广告的传播效果产生影响。这种艺术文化素养，对公益广告的内容和形式都起着积极的作用。

在传播的过程中与受众之间互动 受众在欣赏公益广告的同时，也在促使公益广告朝着自己期待的方向不断改变和发展，同时在公益广告发展的过程中，受众的欣赏水平也在改变和提高。

（三）公益广告受众需求

公益广告受众的构成广泛而复杂，却对公益广告信息有共同的需求。不同于商业广告的受众需求，公益广告的受众需求不是停留在物质层面，而是对精神境界的向往和追求。受众接收公益广告信息主要是基于以下两种需求：

对自身的提高 人的需求是多种多样的，在基本的物质需求满足之后，更高层次的精神需求就会突显出来。因此，人们除了需要获取衣、食、住、行等生活必需的基本信息之外，还需要了解道德、伦理、价值、思想等精神领域的信息，以使自己成为一个高尚的、文明的社会人。公益广告传播的正是被社会成员普遍认可和广泛接受的正确的、健康的、积极向上的伦理价值、道德标准、行为规范等思想观念，即正确的人生观、道德观、价值观。这些思想观念有益于人们提高自身素质，实现更高的精神追求。

对社会的关怀 归属性是人的一个重要社会属性，每个人都不是孤立存在的，而是依托一定的群体生存的。社会是每个人归属的一个大群体，作为社会的一分子，每个人都对这个群体有强烈的关注欲和责任感，并希望自己能为群体做些事情，以实现个体的社会价值和群体的发展进步。获取公益广告信息是人们关注社会的一个途径，公益广告中有关环境保护、疾病预防、灾害防治等内容，是需要每个社会成员关注的问题。社会责任感是人们关注公益广告的又一动力，公益广告中有一部分内容是与社会焦点、热点问题密切相关的，尤其是在某些社会突发事件中，公益广告是公民社会责任一个重要的信息传播方式和行为引导手段。

（四）需要、兴趣、注意和理解

创作设计公益广告时往往会把吸引受众注意力作为最基本的原则，希望自己的作品能够有效地被受众接受，并且给受众留下印象。

对于受众来说，观看公益广告主要是出于本身的需要、兴趣。受众在接受信息的时候是理性的，会选择自己需要的信息，而把不需要的信息过滤掉。有时候广告设计师会把公益广告制作得很精美，但还是不被受众接受，其中最主要的原因就是没有抓住受众心理。人的需要是大脑中的一种感觉、一种意识，反映了人在特定时刻的一种心理状态。受众只有对某件事有了需求和需要，才会对这件事产生兴趣。兴趣是需求之后的一种情绪，是人们在需要的所有事物中的某一类的一种特定的倾向和偏好。受众往往拥有较稳定的意识偏好和心理定势，并在较长的时间内不会改变。受众对公益广告是否感兴趣，主要取决于这个广告所传播的信息是否符合自己的选择标准。

受众对观看广告存在着“注意”和“理解”两种心理活动。注意本身具有很强的指向性，受众会把自己的意识集中到一些特定的事物上。在观看广告时，受众分别从视觉、听觉上接受广告信息，然后从意识上加以区分，把自己认为重要的和不重要的区分开来。受众只会选择自己感兴趣的广告来投入注意力。理解是指受众因为不同的心理而对同一则信息产生的不同认知。受众一般更容易对自己感兴趣的素材，与自己的切身利益息息相关的事情投入更多的注意力。

通常情况下，广告受众在接受公益广告信息时分为两个心理阶段，先是通过个人的审美经验和评判标准及心理期待进行对比，在对比的过程中，对广告有一个初步的认知。这体现了受众的需要和兴趣。然后受众会调动自己的感官意识，在欣赏公益广告的同时进行思考。这体现了受众的注意和理解。

（五）公益广告与受众的契合点

公益广告的创作要找到与受众的契合点，应做到以下几点：

一是播出时间上要与受众契合。特定内容的电视公益广告，往往有着特定的受众群体。电视台的节目设计出发点往往是针对特定群体的，例如有很多针对青少年、农民、都市白领等固定群体的节目。

二是在公益广告的创作过程中，设计师必须明确这则广告的受众特质，做到对受众的年龄、性别、文化程度、收入状况等有一个较为详细的了解。

三是公益广告在自身的表现形式上要与受众契合。公益广告的创意设计必须符合国人的审美标准，因为公益广告作品的主要受众是中国人。中国的政治、经济与文化在发展中出现的特质，使得国人在艺术方面的兴趣和爱好差别很大。

公益广告以“规劝、提醒和引导”的形式对大众进行劝导，也就是给大众灌输一种自我暗示的心理。公益广告大多是一种撒播式的传播，综合告知为主要形式，没有明确的对象范围和针对性。只要公益广告劝导的内容来源于生活，同时在其内容上添加一定的艺术效果，使其在保有真实性的前提下内容生动活泼，就容易与大众心理产生共鸣，进而对一部分群体产生或多或少、或深或浅的影响，就能产生可观的社会效益。公益广告若要影响受众心理，关键在于内容的真实性、融合性，和提高劝导的针对性。制作公益广告要对社会成员科学分类，社会成员的不同、年龄特征的不同、群体的不同，造就了不同的心理特征、心理倾向和心理定势，公益广告的制作和播出需针对各个层面。

在大众传播理论中，传播对象是信息的接收者和反应者。在广告传播活动中，受众是指所有广告信息的接收者。虽然广告受众在传播过程中处于客体地位，却对整个传播活动的完成起着关键作用。传播效果的好坏跟受众对信息的接收、理解和反应密切相关，所以，广告传播中应该重视对受众的研究，主要包括受众的特点、需求、心理、区分和媒介接触习惯。

公益广告传递的是对社会和人类生存与发展有益的信息，目的是使人们的生存环境更好，生活质量更高，社会更加文明进步。公益广告中蕴含的规范、观念、行为、价值都是人们广泛认可并推崇的，是用以满足人们的精神需求的信息。所以受众在接触公益广告信息时，心理是开放的，不会产生反感、厌恶和抵触的情绪。那些主动接触公益广告的人，他们的心理更是积极的，非常乐意接受的。这样公益广告也就容易引起人们的注意和兴趣，也有利于效果的发挥。当今的商业广告比比皆是，公益广告就像一股抚慰心灵的和风，给人们带来清新的心理体验。

二、公益广告受众分类

对受众进行分类的依据主要有大众传播学的区分、心理学的区分、人口统计学意义上的区分和地域区分等。

人口统计学意义上的区分，即按年龄、性别、种族、收入、教育程度、职业、婚姻状况、家庭人口、宗教等因素，对广告受众进行分类。下面将公益广告受众以人口统计学意义上的几个重点指标作为划分依据。

（一）按年龄分类

心理学研究表明，年龄是决定人们心理和行为差异的一个极为重要的因素，不同年龄阶段的受众，在心理和行为方面不同，而同一年龄阶段的受众则存在类似的需求和行为方式。[①] 按年龄主要分为四大类：儿童、青少年、中年和老年。这四类公益广告受众有着各自不同的媒介接触习惯。

1. 儿童公益广告受众主要接触电视媒体

儿童处于成长的初始阶段，对事物充满新鲜感和好奇心，生活经验不足，容易被电视媒体形象生动的画面和声音吸引，特别喜欢动画人物及卡通形象。模仿能力极强，容易接受公益广告中的信息，并引起行为上的改变。儿童一般不具备较强的阅读能力，不能深入理解以文字为主的印刷媒体传播的信息，所以，电视就成为他们生活中重要的信息获取渠道。由于儿童在生活中缺乏自主性和独立性，其媒介接触行为很大程度上受家长的引导和控制。

2. 青少年公益广告受众主要接触新兴媒体

青少年思维活跃，精力充沛、求知欲强、容易接受新事物，喜欢追求时尚、个性、新奇，主要通过网络等新媒体获取信息。网络公益广告比较容易到达青少年受众。同时，青少年受众也通过报纸、杂志、电视、广播等其他媒体多渠道、全方位地获取信息，是媒体接触最广泛、最频繁的一个群体，也是最积极主动地获取信息的群体。

3. 中年公益广告受众主要接触电视、广播、报纸和杂志等媒体

中年人成熟理智，已经形成了比较固定的媒介接触行为，对新事物接受比较缓慢，喜

---

① 陈培爱：《现代广告学概论》，首都经济贸易大学出版社 2004 年版，第 246 页。

欢通过自己熟悉的渠道获取信息，所以，传统的报纸、杂志、广播和电视媒体是他们的首选，他们接触的公益广告信息也大多来自这些媒体。

4. 老年公益广告受众主要通过电视和广播媒体获取信息

老年人思想传统，行为保守，接受新事物较慢，对世界的关注度降低，媒体接触时间普遍缩短，而且有些老年人行动不便，视力下降，对印刷媒体的接触明显减少。所以，他们一般只接触电视和广播媒体，其他媒体中的公益广告信息很难到达老年受众。

(二)按性别分类

按性别可分为男性、女性。男性的思维方式趋于理性，接受内容趋于事实。女性思维方式趋于感性，对传播内容中的情感、态度等感性内容更加敏感。因而，男性受众倾向于使用报纸、专业杂志、新闻类电视频道等媒体，而女性倾向于生活和时尚类杂志、娱乐类电视频道等媒体。在互联网的使用上，男性的人数也略多于女性。

(三)按收入分类

按收入情况可分为高、中、低三档。高收入者一般有稳定而紧张的工作，相当一部分受过良好的教育，倾向于独立思考判断。因而，这部分人群倾向于能够在碎片时间中接触的媒体，如报纸、杂志、互联网等，对媒体内容的视角和深度有一定要求。中等收入者多数拥有较稳定的工作和良好的教育背景，对社会有自身的见解，但也追求时尚和潮流。当今的中等收入者多数具有较高的信息素养，能够有效收集和掌握信息，善于使用各种媒体，但对于电波和数字媒体的使用往往超过平面媒体。低收入者的教育水平相对较低、闲暇时间相对较多，对支出非常敏感。他们在认知上倾向于跟随权威和潮流，对传播内容的娱乐性和多样性方面的要求超过其在深度和独立意见方面的要求。因此，低收入人群倾向于使用电视、广播等媒体，对互联网的使用人数也在增加。

相较于年龄、性别和收入水平，其他因素对受众行为的影响更为复杂和深层，例如婚姻和宗教等因素影响就非常大。但无论如何，公益广告的传播必须与受众的特点相结合，才能达到预期的传播效果。

三、公益广告受众行为

电视、报纸、广播、杂志四大媒体是传统媒体环境下广告信息传播的主要媒体形式。传统媒体环境下的广告受众遵循的一般反应模式是：知晓—了解—信任—欲望—行动。无论是商业广告还是公益广告，通常需要重复很多次，以便让受众对品牌、产品和理念有所认知，创造一定的知名度，然后进一步沟通，使受众对详细的品牌、产品信息和理念等有所了解，再让他们相信该品牌和理念，产生行动。在这一过程中，面对传媒的“一言堂”，受众多为被动地接受，还会受到各种因素影响，像亲戚朋友的意见、对社会理念的认同等。

1. 受众接触媒体的行为——“知晓”和“了解”

公益广告要影响和改变受众行为，首先必须使受众了解媒体播放的广告内容，因而受众的媒体接触行为能够影响甚至改变受众。来自《广告对品牌的影响——广告受众调查研究报告》显示，75%以上的受访者每天看电视超过一小时，听广播、看报纸和杂志低于一小时；调查结果还显示，受众对不同传媒的接触程度与文化水平、职业、地域等因素有着十分密切的关系。主要表现为报纸和杂志接触程度受文化程度限制，文化程度高者接触相对较高。以报纸为例，文化程度在小学及以下的受访者中有 56.6%从不接触，初中者比重为 29.8%，高中者比重为 6.9%，大专及以上者从不接触报纸的比重为 1.4%，可见文化程度是影响受众对传媒接触的重要因素，文化程度越高的人对传媒的接触程度越高。[①]

不同职业受众由于其所处的社会地位和经济地位的不同，因而媒体的接触程度存在较大差异。按照不同职业受众的生活规律可大致分为机关和事业单位干部、医生和教师、企业中高层管理者、企业一般职工、个体户这五类群体。干部接触各类媒体的比例较高，其中对报纸的倾向性更为突出，他们是各职业群体中读报时间最长的。医生和教师广泛接触各类媒体，他们中接触报纸、杂志和电视的比例最高，但是平均每周接触各类媒体的时间均不高。企业中高层管理者中每天收听广播的比例均高于普通职业群体。企业职工的媒体使用特征体现在杂志上，他们是各职业群体中平均每周阅读杂志时间最长的。尤其是互联网，个体户中每天上网者所占比例仅为 27.9%[②]，不到企业公司中高层管理者的一半，个体户对电视的使用很突出，每天收看电视者所占比例仅次于医生，教师，平均每周收看时间居各职业群体之首。个体户中每天收听广播者所占比例很低，但是他们平均每周的收听时间是最长的。

2. 受众接受广告的行为——“信任”和“欲望”

在传统媒体环境下，由于媒体的有限性和权威性，受众只能被动地接受广告信息。

由于传统媒体广告投放的成本很高，因而对于广告主而言必须选择高关注度和高信任度的媒体进行投放，以减少“千人成本”费用。由于受众接触媒体的时间和空间的限制，对于高权威的媒体又报以非常高的信任，因此在高权威度的媒体的公益广告投放可以引起受众对广告内容的认同。

新媒体环境下的广告受众将改变传统媒体环境下的按部就班的反应模式，受众会在无聊的环境下主动观看楼宇视频广告，甚至会通过点击网络或者手机上广告主发布的信息，主动与广告主沟通，高度注意帮助他们更好地记忆和理解公益广告信息。新媒体受众的行为特点是：接受主动化，媒体接触多样化，利用自媒体主动发布公益广告。

---

① 《广告对品牌的影响——广告受众调查研究报告》，出自 MBA 智库文档，http://dd. mbalib. wm/View/7471824d23915788815d2ddb10ee28d5. html

② 朱川燕：《职业群体媒介接触研究》，《首席市场官》2006 年第 12 期。

第四节 公益广告主题选择与效果调查

一、公益广告主题选择

公益广告的选题要符合受众和媒体两方面的要求。我国公益广告主题主要有以下几方面的内容。

(一)环保和道德

环境资源问题是关乎人类生存命运的社会问题，一直是各国公益广告的关注重点。这恰恰说明了公益广告实际上是人类共通的语言，无论国籍、肤色，公益广告都能挖掘出人性中至善至美的共通点。二战结束之后，世界进入相对和平的发展时期，经济的快速发展，人对自然界的掠夺性开发也随之增加，全球生态环境急剧恶化，给人类的生存与发展带来了严重的威胁。

我国公益广告产生之初，正是我国经济高速发展的时期，这一时期，随着工业的发展产生了一系列的环境资源问题，所以我国公益广告选题对环境资源方面给予了足够的重视，我国第一篇现代意义上的公益广告主题就是号召人们节约用水。环境资源问题一直是我国公益广告主要关注的主题。在面临环境恶化的问题时，我国公益广告都投入了大量的精力，以改善人类生存和发展的环境，为人类社会创造更美好的生存空间为出发点，号召民众节约资源、保护环境。

我国公益广告肩负着精神文明建设的重任，而公共道德水平，民众道德素质的提高是公共道德建设的主要指标，也是精神文明建设的重要方面。所以，公共道德是我国公益广告选题的重心。

(二)社会热点问题

我国公益广告的主题制定始终密切结合时代背景和社会热点，制定公益广告的主题，然后进行创作。如1997年的“自强创辉煌”，1998年的“抗洪救灾”和“下岗职工再就业”，2003年的“众志成城，抗击非典”，2007年的“迎奥运，讲文明，树新风”，2013年中央文明办推出“讲文明，树新风”公益广告通稿——《中国梦，我的梦》，等等，都直接或间接地反映了社会热点问题。

以社会福祉类的“就业问题”为例。20世纪90年代，随着改革的深化、买方市场的逐渐形成，“大而全”、“小而全”、重复建设、企业富余人员过多、企业缺乏竞争力和经济效益低下等老问题急需解决。由于市场经济体制的确立，国家已经难以像过去那样继续给亏损企业财政补贴以维持其生存，大批亏损的国有、集体企业不得不破产、兼并或调整结构，从而导致大量富余职工下岗。工人下岗一时间成为全社会的热门话题，敏感话题。“下岗职工再就业”这组广告及时聚焦下岗工人，引起了全国人民的关注，在帮助下岗工人再就业的同时积极推动了国有企业的改革。

在国际上，公益广告选题焦点通常放在和人类生存环境密切相关的环境资源和公共道德上。随着社会的发展，如就业问题、教育问题、地方经济振兴等新的问题不断出现，所以公益广告的选题范围呈现出不断扩大和主题相互关联的趋势。

在公益广告的选题上，自然、社会、民众三点最为重要。其中，社会互动、生命价值、人道主义、家庭沟通、环境保护形成相互关联的次生主题。如图 4—8 所示。

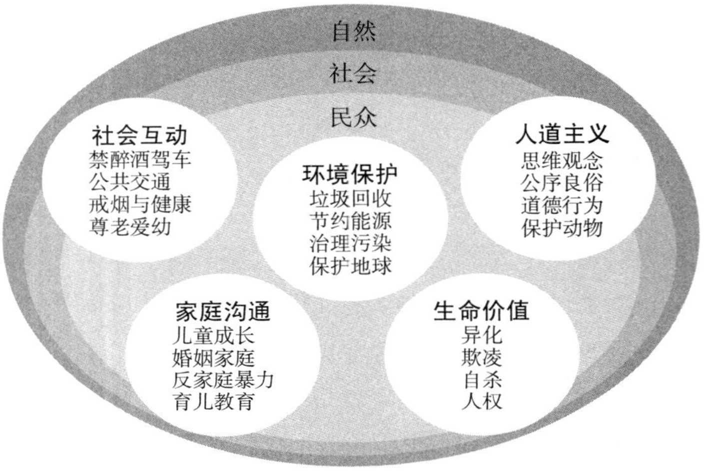

图 4—8　公益广告主题内容选择图

二、公益广告效果调查

人们日常接触到的公益广告为数不少，但是与商业广告相比，公益广告仍显不足。商业广告由于能够创造巨大的经济效益，受到人们广泛的关注。相比之下，不以营利为目的的公益广告则发展较慢。公益广告具有商业广告和其他宣传、教育形式难以替代的社会功效和独特地位，有必要对公益广告的社会效果进行调查，了解公众对于公益广告的态度与意见，借此提高公益广告的选题和创意水平。

公益广告效果调查就是运用科学的方法，将公益广告的原始资料按调查目的进行分类、汇总和初步加工，使之系统化和条理化。同时以集中、简明的方式反映调查对象的总体情况。调查分为四个步骤。以下以 2011 年中国公益广告创新研究基地组织的问卷调查《公益广告与商业广告态度调查》（以下简称《调查》）为例，详解公益广告调查的执行过程。

一是准备调查，确定公益广告调查项目的宗旨。要确认所选题目是否有意义、是否有创新性、客观条件是否许可、能否与主观能力相适应，要明确所选课题的任务、对象、目的、要求和意义，要设计调查方案并确定调查方法（如问卷法、访问法、观察法、测验法等）。将调查内容具体化，即制定提纲、问卷、表格等。成立课题小组，分配组员任务，分工合作。要整理原始资料，对公益广告调查资料进行全面检查。分析资料的来源，明晰保存资料的客观要求。对原始资料的最根本要求是真实性，描述事实和提供数据要准确。

二是调查阶段，按所选方法实施调查。各种方法可以兼用，注意调查数量越大，可信度与有效性就越高。该次调查选择的地点是北京市朝阳区，对象是高校学生、教师、干部、农民工和居民各占 1/5。问卷调查采用拦截访问和在线调查的方法，考虑到样本需要具有一定的代表性和多样性，该调查将多种职业、多种教育程度及多种年龄层次的受众涵盖进去，并且保证一定的性别比例，调查一共获得 150 份有效问卷。

三是研究阶段，整理调查资料。对资料数据进行检查、核对、统计，画出分析图表；使资料系统化，条理化；分析资料，得出结论或验证假设。调查得出的数据如下：

在受访的 150 名成员中，82.0％的人表示喜欢公益广告，11.3％的人表示没感觉，只有 6.6％表示不喜欢。由此可以验证，大多数人是喜欢公益广告的，公益广告的存在得到了公众的认可，具有广阔的生存空间。而当再进一步询问公益广告是否影响自己的看法时，67.3％的被访者觉得当前的公益广告影响到了自己对相关问题的看法，由此可见，公益广告的功效也是被大家所普遍认同的。在这 150 名受访者中，更有多达 130 位（86.7％的比例）表示希望增加公益广告在媒体中出现的频率。

表 4—1　受访者表示喜欢的公益广告类别

	受访者回应		所有受访者中选择此选项人数占总人数的比例
	选择次数	选择次数占总选择次数的比例	
政治政策类	27	7.7％	18.0％
节日类	41	11.7％	27.3％
社会文明类	102	29.1％	68.0％
健康类	89	25.4％	59.3％
社会焦点类	75	21.4％	50.0％
其他	17	4.8％	11.3％
总计	351	100.0％	234.0％

表 4—2　受访者认为公益广告应达到的社会功能

	受访者回应		所有受访者中选择此选项人数占总人数的比例
	选择次数	选择次数占总选择次数的比例	
传播功能	98	25.1%	65.3%
价值导向和教化功能	129	33.1%	86.0%
对商业广告的制约功能	34	8.7%	22.7%
审美功能	71	18.2%	47.3%
视听调节功能	38	9.7%	25.3%
其他	20	5.1%	13.3%
总计	390	100.0%	260.0%

表 4—3　受访者认为公益广告应改进的方面

	受访者回应		所有受访者中选择此选项人数占总人数的比例
	选择次数	选择次数占总选择次数的比例	
题材	71	19.6%	47.3%
创意	121	33.3%	80.7%
表现形式	109	30.0%	72.7%
播放载体	52	14.3%	34.7%
其他	10	2.8%	6.7%
总计	363	100.0%	242.0%

四是总结阶段。撰写调查报告，包括标题、导言、主体部分、结尾等。在调查中，根据受访者的意见，得出了如下结论：150 名受访者的绝大部分都是喜欢并看好公益广告的，希望公益广告多多益善，希望公益广告能够不断改善，起到引导价值取向、传播信息、提供审美等社会功能。

公益广告的发展空间很大，但是当前的表现并不尽如人意。参与问卷调查的公众对国内公益广告在数量和质量上都有更高的要求。目前，我国的公益广告发展水平低。首先是国内制作整体水平低；其次是广告创意人员注重概念，而不注重形式。公益广告缺少创意，手法简单生硬，标题加口号较为普遍。说教色彩浓，不注重技巧，过于简单粗糙，只产生瞬间冲击力。致使有些公益广告来也匆匆，去也匆匆，如过眼烟云。如何壮大公益广告事业，如何让公益广告和商业广告平衡发展，这对构建和谐社会是非常重要的。

公益广告的调查和研究在国内尚处于起步阶段，公益广告的调研既可以借用商业广告调研中使用的成熟方法，也应当引入心理学和社会学中关于记忆和心理影响的研究方式，为公益广告达成效果提供保障。

本章小结

本章研究媒体的分类与特点，媒体在传播公益广告过程中的作用；阐明公益广告媒介策略；通过对公益广告受众的特点和视角的研究，寻找公益广告与受众认识的契合点，影响受众的行为；论述公益广告主题选择与效果调查的方法。

思考题

1. 简述媒体的分类与特点。
2. 简述媒体在公益广告传播过程中的作用。
3. 论述公益广告的整合传播策略。
4. 论述公益广告主题选择。
5. 如何建立公益广告效果调查的指标体系？

第五章 企业公益营销

本章要点：

1. 公益营销的概念。
2. 企业社会责任。
3. 公益营销的特点。
4. 公益营销的类型。
5. 公益广告基金会。

随着经济的发展，越来越多的企业摒弃单纯的商业化操作思路，采用社会化的发展战略，参与社会公益活动成为企业发展的重要策略。企业通过积极参与社会公益活动、支持社会公益事业，传达企业作为“社会好公民”的理念，以塑造自身良好的品牌形象，拉近与消费者等利益相关者的关系，打造独具特色的竞争优势。

第一节 公益营销概述

一、企业公益营销与企业社会责任

（一）公益营销的概念

公益营销的定义也有好多种，但都离不了公益与营销的关键内容。公益营销其实就是与公益组织合作，充分利用其权威性、公益性资源，搭建一个能让消费者认同的营销平台，促进市场销售的营销模式。这里所说的非营利组织的公益性资源，往往都是能让公众广泛认同、信任的，由于这些组织的权威性可以被最广泛的消费者所接受，而他们的公益性又可以得到国家各级主管部门的支持。

而现在比较流行的定义为：公益营销（Cause－Related Marketing）是指企业以关心人的生存发展环境、社会文明进步为出发点，借助公益活动平台与利益相关者进行沟通，影响利益相关者的选择或偏好，在产生公益效果的同时，使消费者对企业的产品或服务产生偏好,并由此提高品牌知名度和美誉度的营销行为。该定义突出了公益营销的本质是"营销行为",从而与单纯的慈善活动划清了界限。

由该定义可以得出以下结论:

第一,公益营销并非简单的公益赞助或公益活动,而应该与企业利益和长远战略结合起来看,虽然企业进行公益活动不纯粹是为了商业目标,但从企业发展来看,企业总是希望公益赞助可以达到一个"双赢"甚至"多赢"的局面。可口可乐、蒙牛等这些公益营销做得十分成功的企业告诉我们,公益营销是企业投身公益事业,公益组织履行了自己的使命,特定群体得到了帮助,企业获得了经济上的回报,是"三赢"的局面。因为在公益组织、企业和受益群体三者之间,逻辑上原本就不存在利益冲突的关系,这就是公益营销的客观前提。

第二,公益营销的基础就是公益活动。企业从事公益活动,进行捐赠性质的慈善事业早已不是新鲜事,但是很多企业并没有把公益活动与企业的营销相结合,通过公益活动增加企业的知名度,使消费者对其产品和服务产生偏好。因此公益营销中的公益活动并不只是单纯的慈善事业,慈善活动必须被设计,消费者能够在慈善活动中感受到企业的品牌,触摸到产品。同时,公益营销并不是一个个单纯的公益活动的叠加,而是一个整体的系统工程,贯穿整个营销环节。公益营销必须紧密地以公益活动为中心来设计。但公益活动不等于公益营销,只是公益营销的一个环节或是一个载体。

第三,公益营销的对象是消费者,在让消费者对该品牌产生品牌忠诚度,从而降低营销成本,吸引新的消费者方面,公益营销具有巨大的能量。品牌忠诚度同时也意味着消费者信任该品牌,如果消费者信任该品牌,就会忠实地购买该品牌。因此公益营销的核心是信任营销,公益营销的目的实质上是与消费者建立信任关系。

第四,公益营销的合作伙伴是具有一定权威性的非营利公益组织。主要是利用公益资源及其权威性。例如:"可口可乐"在中国不发达地区援建希望小学,进行公益营销,是和中国青少年发展基金会合作的。

（二）公益营销的理论研究

公益营销的起源可追溯自 20 世纪 80 年代,国际及国内营销界大多把美国金融业的运通公司(American Express)资助"自由女神像"修复的活动看成是公益营销的开端。美国运通公司也创造了 Cause－Related Marketing 这一专用术语。当时美国运通公司为帮助旧金山某艺术团体筹募基金,采取一项新措施,即当每一次信用卡消费或申请新信用卡时,美国运通公司便捐出一定比例的所得给该艺术团体。由于在此区域性的市场测试结果非常成功,因此美国运通公司将此种营销手法以"Cause－Related Marketing"(公益营销)的名称申请专利。到了 1983 年,自由女神像需要修缮,运通公司又与艾丽斯岛自由女神像基金会合作,共同为修缮自由女神像募集资金,他们没有采取开张支票对其进行资助的方式,而是尝试了一种新的方法。他们承诺,在信用卡持有人每次使用自己的运通卡时,或者是有新客户申请该卡时,公司就会向艾丽斯岛自由女神像基金会捐出一笔钱。在短短三个月内,共为自由女神像基金筹集了170万美元。而在活动期间,运通信用卡的使用率提高了27%,新申请持卡人增长了10%。自此,公益营销的合作方式就广为各种营利与非营利组织所采用。

自公益营销诞生以来,曾有许多学者对它进行过概念界定。这一名词由英文Cause—Related Marketing 翻译而来,Cause—Related Marketing 已经成为国际营销界的公认指称。国内学者对Cause—Related Marketing 的译称还包括:"事业关联营销"、"善因营销"、"相关目标营销"、"公益事业营销"、"与慈善事业相关的营销"、"任务营销",等等。

1988年,瓦拉德拉扬(Varadarajan)和梅农(Menon)两位学者率先给出了公益营销的定义,他们认为:"公益营销是规划及执行营销活动的过程,当顾客参与提供企业收益的交易时,企业承诺捐出特定比例的金额给特定的公益活动,以满足组织与个人的目标"①。这个定义强调了企业公益活动与消费者购买行为的利益捆绑,是对公益营销最初形式的归纳。

1992年,罗斯·斯图兹(Ross Stutts)和帕特森(Patterson)认为公益营销仅仅是一种发生在企业、公益机构、消费者三者身上,出于功利目的的经济交换,这种经济交换分别为利益相关者带来不同的好处。② 而奥登伯格(Oldenburg)则提出,公益营销是利用公众服务广告及公共关系,将企业与公益活动紧密联系在一起,因此是一种"新的混合媒介"③。罗斯·斯图兹和帕特森的定义强调公益营销的多赢作用,而奥登伯格则把公益营销看作一种全新的混合媒介宣传形式。

1996年,虽然瓦拉德拉扬和梅农的概念化定义赢得了大多数学者的认同,但安德里亚森(Andreasan)认为其所定义的公益营销只是狭义的概念,广义的公益营销并不强调营销活动一定要与产品或服务的销售水平存在严格的数量关系,只要企业和非营利组织进行的营销活动对企业的营销目标能产生直接或间接的影响,都可称为公益营销。安德里亚森还提出公益营销是一般以基于交易的推销、联合议题推销及特许授权三种方式来达到利益各方的营销目标。④

1999年,麦格那(Maigna)提出公益营销是公司基于各种利益相关者的需求,为利益相关者所承担的经济、法律、道德和社会责任。这个概念的范围已经相当宽泛,将公益营销拓展到单纯的捐赠活动之外。

2005年,乔·马可尼(Joe Marconi)在《公益营销》一书中指出:公益营销是一种使公司、非营利机构或者其他类似组织实现推销互惠互利的形象、产品、服务或者信息目的的

---

① Varadarajan, P. R. & Menon, A. Cause—Related Marketing: A Coalignment of Marketing Strategy and Corporate Philanthropy [J]. Journal of Marketing, 1988(7): 58—74.

② Ross, John k. Mary A. Stutts & Larry T. Patterson. Consumer Perceptions of Organizations, that Use Cause Related Marketing [J]. Journal of the Academy of Marketing Science, 1992, 20(1): 93—97

③ Oldenburg, D. Big Companies Plug Big Causes for Big Gains [J]. Business and Society Review, 1992, 83(3): 22—23.

④ Andreasen, Alan R. Profits for nonprofits: find a corporate partner[J]. Harvard Business Review, 1996, (Nov./Dec.): 47—59.

行动。在具体的公益营销关系中，合作双方约定，企业会与合作机构共享一部分利益，或者企业会按照一定的销售比例向相关公益机构捐献资金。①

2006年，苏·阿德金斯(Sue Adkins)在其《公益营销：推动企业和公益事业共赢》一书中将公益营销的含义作进一步延伸。她认为，一切与慈善和公益事业相关的广告、促销、公关关系、直销和赞助活动，都可以称为公益营销。这就使得以前一些具体的营销也被纳入公益营销的范围，如责任式营销、慈善营销、社会营销等。这些公益营销方式的共同点在于，营销活动都是建立在一个企业与非营利机构或公益事业之间的商业合作，并且通过这种营销活动，合作双方必然都能从中获利。②

2009年，施卢蒂·古普塔(Shruti GuPta)和朱莉·皮尔士(Julie Pirsch)对瓦拉德拉扬和梅农所提出的公益营销定义作了进一步修正，就是把所有的利益相关者如员工、顾客、供应商及股东都囊括在公益营销的定义范围内。修正以后的定义比之前的定义更加强调项目参与者、企业的目标对公益营销项目成败有关，并且更加关注以往用来衡量公益营销目标的消费者购买意愿这个指标以外的其他因素。

我国学者对公益营销的研究开展得比较晚，并处于对国外传统理论论证与发展的阶段。

2002年，李伍荣、卢泰宏教授最早引入公益营销的概念，认为公益营销是将企业与非营利机构，特别是慈善组织相结合，将产品销售与社会问题或公益事业相结合，在为相关事业进行捐赠，资助其发展的同时，达到提高产品销售额，实现企业利润，改善企业的社会形象的目的。③

2004年，高定基、范海峰通过西安杨森1998年为"幸福工程"义卖捐赠的营销方式分析，认为这种营销方式"把企业道德与品牌推广放到了一起"，体现了一种公益营销观念，即为在企业承担一定的社会责任(如为慈善机构捐款、保护环境、建立希望小学、扶贫、设立公益基金)的同时，借助新闻舆论影响和广告宣传，来改善企业的名声，提高企业的形象，提升品牌的知名度，增加顾客的忠诚度，最终增加销售额。

2005年，严莉从横向(竞争者、政府部门、消费者)、纵向(供应商、经销商、客户)，以及市场内部三个角度阐明公益营销是企业在保护消费者利益和提高社会福利的前提下，将公益事业、市场销售目标以及目标市场的需求挂钩，从而树立良好的美誉度，以获得顾客对其价值观的广泛认同和强烈共鸣，巧妙地突破用户的心理防线，最终增加销售额的营销形式。④

2007年，叶茂中提出，公益营销是企业为了向消费者表明它不仅仅是追求经营利益，同时也勇于承担社会责任的决心而设计的广告。他强调公益营销的整体性，将公益营销

---

① 〔美〕乔·马尔科尼：《公益营销》，机械工业出版社2005年版，第2页。

② Sue Adkins：《善因营销——推动企业和公益事业双赢》，中国财政经济出版社2006年版。

③ 李伍荣、卢泰宏：《营销新策略：事业关联营销》，《经济管理》2002年第9期。

④ 严莉：《基于整体市场视角的公益事业营销分析》，《市场论坛》2005年第5期，第38—39页。

与企业一般的促销、公关策划活动区分开来，并以提高企业知名度和顾客忠诚度为诉求点。[①]

公益营销业已成为市场学研究的重点课题。学者时傲兵提出，公益营销包含两大主题，一是企业社会责任，是从社会立场而言，这里描述为公益；二是营销，是从企业角度而言。公益营销的争议主要存在于营销实践中两大主题关系的处理问题。他提出公益营销核心矩阵，将企业行为划分为公益导向行为和营销导向行为，并给出等级分值来衡量导向程度的高低。等级越高，相关导向程度越高。理论上矩阵图中对应15种组合，但常见的企业行为组合是非公益非营销（1.1）、公益非营销（1.5）、营销非公益（3.1）、中庸之道（3.3）和公益营销（3.5）这五种（如图5—1）。[②]

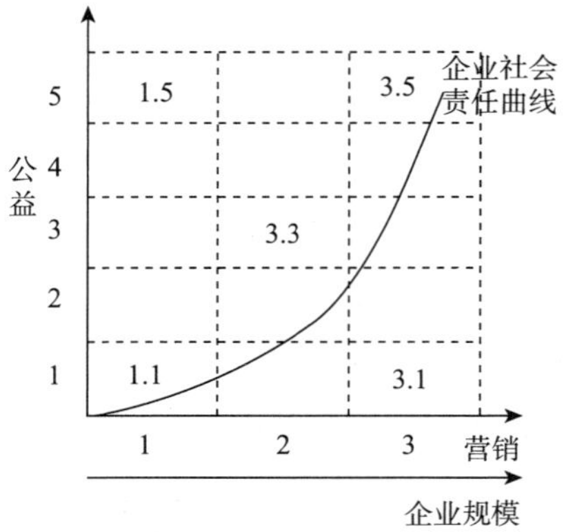

图5—1　公益营销核心矩阵

由上图可见，在公益营销的实施中，公众因为企业履行社会责任而受益，并对企业产生好感和偏好；企业通过有效营销手段，既履行了企业公民的社会责任，又为企业赢得了声誉，产生营销效果，这正是公益营销的核心，也是公益营销的努力方向。

（三）公益营销在我国的发展

国内早期运用公益营销的企业有农夫山泉、蒙牛等。从2001年开始，农夫山泉连续数年推出不同主题的“一分钱”公益行动。2006年，以“一瓶水，一分钱。每喝一瓶农夫山泉，你就为水源地的贫困孩子捐出了一分钱。饮水思源，农夫山泉”为主题，农夫山泉“喝一瓶水捐一分钱”的公益创意引起了社会的广泛认同，并获选十大营销案例。同年，蒙牛提出“每天一斤奶，强壮中国人”的口号，在全国范围内进行了有史以来最大的一次捐奶助学工程，给全国500所贫困学校的贫困学生免费提供一年的牛奶，折合人民币上亿元。数年来，蒙牛致力于营造“蒙牛一直在为中华民族的强壮事业努力着”的形象，使得它在面临一些危机时能化险为夷。

许多跨国公司都在以积极参加公益事业的方式，作为它们融入社会、实现本土化的策略。例如蝉联Interband品牌价值榜首13年的可口可乐公司，投入了中国规模最大的公益事业——希望工程，并且二十年如一日地坚持。1993年至今，可口可乐援建希望学校总数超过100所，为希望工程捐款超过1.5亿元人民币，超过8万名农村贫困地区儿童受益。因为中国是长期的战略性市场，可口可乐选择农村教育作为突破口。早在2001年，可口可乐就成立了公益事务部，负责整个可口可乐公司中国部的全部公益事业的起

① 叶茂中：《公益营销的思考》，《才智》2007年第7期，第65—68页。
② 时傲兵：《公益营销：企业视角下的社会责任观》，《企业活力》2008年第4期，第74—75页。

草、创意和统筹，并直接向可口可乐中国区总裁汇报。在社会保障制度尚未健全、贫富差距日益扩大的中国，被经济学家誉为“社会第三次分配”的公益事业肩负了越来越多的社会责任，同时也受到来自政府、媒体、民众的关注。正因如此，公益营销成为许多跨国企业宣扬品牌理念、提升品牌美誉度、进行政府公关的最重要的策略。

互联网企业集企业和传媒两方面的社会责任于一身，开展公益营销日益频繁。2005年5月5日，中国互联网协会启动了中国第一个互联网公益日，使网络公益成为互联网行业的一项重要活动。2007年末，阿里巴巴集团在中国互联网业率先发布第一份社会责任报告，阿里巴巴 CEO 马云认为，社会责任一定要融入企业的核心价值体系和商业模式中，才能行之久远，阿里巴巴集团还专设社会责任部门，建立并完善相应的规划、实施、管理与评估体系。腾讯、百度、淘宝网、携程网、微软中国、英特尔中国等互联网巨头也紧跟其后对外发布企业社会责任报告。随着互联网企业社会责任实践活动的增多，它们也在思考公益模式的进一步发展。与实业型企业不同，互联网企业所能捐赠的除了资金，还有网络平台。利用网络平台，进行公益活动的宣传和推广，已经被不少互联网公司追捧。譬如国内各大商业网站纷纷开辟公益站点，已有“腾讯公益网”、“百度公益频道”、“搜狐公益”和“新浪公益”等。互联网作为一个低门槛、透明化、方便快捷且高效互动的网络公益平台，使原来由少数企业、慈善组织或社会名流参与的慈善活动，变成了人人参与的全民公益运动。2008年，腾讯、新浪等互联网企业策划的抗震救灾专题网站成为全国人民了解地震灾情的重要渠道，开展的各种网络捐助倡议又为地震灾区的灾后重建贡献了力量。

互联网企业的公益营销实践，从最初比较单一的捐款捐物，向环保、教育、科普、就业等领域拓展。各种各样的网络公益形式涌现并快速发展。网络购物参与慈善，“善客”一族悄然出现；公益走在微博上，“草根”和名人借助微博参与公益；慈善组织借助网络发力，开辟网络平台进行宣传和募集资金，等等。互联网企业越来越重视通过公益营销展现自身的责任感、塑造品牌形象，同时也利用互联网独有的技术优势将公益的营销方式变得丰富多样。当前，互联网企业实行公益营销已成为一种不可逆转的趋势。

一些学者也纷纷加入研究公益营销的行列，他们大多聚焦于公益营销对消费者态度的影响研究、公益营销对企业绩效的影响研究，或是公益营销当前的误区及对策研究，少部分学者也开始关注实体企业的公益营销管理模式，如酒店的公益营销、饮料企业公益营销、化妆品企业公益营销、出版集团公益营销，等等。

（四）企业社会责任文化体系

企业社会责任（Corporate Social Responsibility，CSR）正成为全球的一个热门话题和一种方兴未艾的社会运动，越来越多的政府机构、国际组织、民间机构、跨国公司等开始关注企业的社会责任，而这一观念最终带来了20世纪80年代营销方式的革新，即公益营销。

对于企业社会责任，人们往往容易简单理解为“慈善事业”或“只有成功企业才有能力去做”，而却忽略了这样两个方面：一是商业利益和企业社会责任有很多的契合点；二是企业社会责任不只是成功企业的事情，而是伴随着每一个企业的成长过程。只有真正履行企业社会责任，企业才能在投资、营销以及成功塑造商业形象甚至融资等各个环节获得持久的成功。科特勒认为，企业的管理哲学将从“行销导向”(即单纯注重销售)向社会责任导向的趋势转化，企业的行为要在企业利润与社会责任间进行调和。公益营销改变了将企业的营利与企业的社会责任对立起来的传统，企业在承担社会责任的同时理应期望获得企业品牌、美誉度，甚至利润的最大化。

总体而言，企业社会责任既是公益营销的前提条件，亦是公益营销的重要组成部分。公益营销是在企业社会责任基础之上建立起来的，同时在其运用过程中企业也不能够摆脱社会责任。公益行为向经济效益的转化是需要企业社会责任来传导的。也就是说，企业只有在很好地履行了基本社会责任的前提下进行的公益营销，才能够为其带来长期、稳定的利益。以社会责任为核心的企业社会责任文化价值体系如图5—2所示。

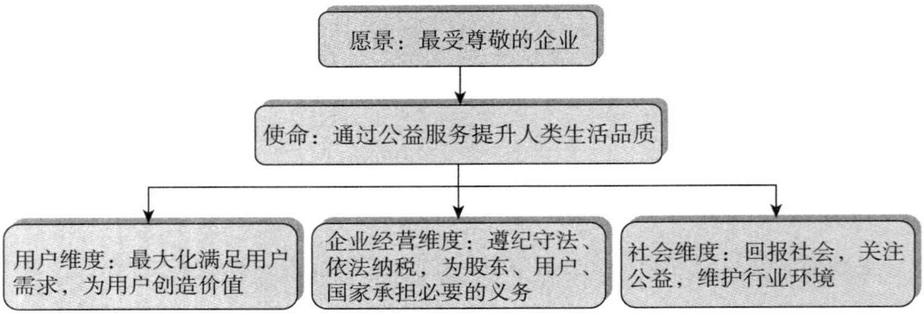

图 5—2　企业社会责任文化价值体系图

(五)企业社会责任理论溯源

早在 18 世纪，以亚当·斯密为首的传统经济学派认为，企业如果尽可能高效率地使用资源以生产社会需要的产品和服务，并以消费者愿意支付的价格售给他们，企业就尽到了自己的社会责任，即在法律规定的范围内追求利润最大化就是企业主要的社会责任，这是早期的社会责任观念。一些富有的企业家如杰拉德、洛克菲勒和卡耐基等人都设立了基金会，由于受到传统观念的影响，当时大多数这样的行为都是个人行为而非企业行为。

19 世纪中后期，随着股份公司的兴起，慈善活动的主体逐步从个人转向公司。这一时期，西方主要资本主义国家已经完成工业化，处于由自由资本主义向垄断资本主义过渡的时期，公司的运作体制趋于成熟。但整个社会面临着工业事故频繁、劳工缺少社会保障、公司滥用自己的优势地位等一系列社会问题，要求公司遵守一定的经营伦理，承担一定的社会责任，逐步成为这一时期社会的普遍共识。

自 20 世纪开始，德国和美国的学者分别从社会公共利益和公司治理结构的角度提出了较为系统的企业社会责任理论。1920 年，德国的一些公司法学者开始提出应赋予公司公共性特点，将企业从社会成员中分离出来，抛开作为社会成员的利害关系，从国民经济的立场上保护并维护公司，并赋予与此相适应的责任。1931—1932年美国的伯利教授和多德教授以“董事对谁承担义务”为主题展开讨论，成了社会责任理论的起点。在这次讨论中，伯利教授采取了董事的权限永远只能为全体股东的利益行使的传统立场，而多德教授则强调“终究是舆论形成法律，而公司不仅具有追求利润的功能，同时也是具有社会捐助功能的经济型机构”。

20世纪中后期工业经济发展迅速，企业合并浪潮造就了许多工业巨头，同时也带来了很多社会问题。主要表现在：大型跨国公司的出现造成垄断和限制竞争；失业日益严重，工人生活难以改善；贫富悬殊加大，社会不公矛盾加剧；资源存量锐减，生态环境急剧恶化；消费者维护合法权益的难度增加等。上述问题的产生使得这一时期的企业社会责任实践由最初的企业自发性行为演变成受多种因素和动机影响的复杂性社会行为，无论在影响的广泛性上还是在关注的多样性上，都是以往所无法比拟的。

从企业社会责任理论发展的历史来看，无论是德国从社会公共利益的角度来展开该理论，还是20世纪30年代美国从公司治理结构角度引出该问题，都是发生在那些已经完成向垄断资本主义过渡、工业化水平较高的国家。此后，社会责任被世界上很多国家的公司所推崇，作为提高公司形象和社会地位的重要标志。①

2005年，国际知名营销学家菲利普·科特勒(Philip Kotler)与人合著出版了《企业的社会责任：通过公益事业拓展更多的商业机会》(*Corporate Social Responsibility: Doing the Most Good for Your Company and Your Cause*)。书中，科特勒将“企业的社会责任”定义为：“企业通过自由决定的商业实践以及企业资源的捐献来改善社区福利的一种承诺。”将“企业的社会活动”(Corporate Social Initiative)定义为“一家企业为支持社会公益事业、实现其对企业社会责任的承诺而进行的活动。”

二、公益营销的特点及类型

(一)公益营销的特点

从上述定义可以看出公益营销的主要特点：

第一，公益营销的前提是企业社会责任。公益营销是在企业社会责任基础之上建立起来的，公益行为向经济效益的转化需要靠企业社会责任来传导。在很好地履行基本社会责任的前提下，公益营销才能为企业带来长期、稳定的利益。

第二，公益营销的基础是公益活动。在一个成功的公益营销策划中，企业在参与公益活动的同时，树立了企业形象，不知不觉中使人们对其产品或品牌产生偏好。公益营销中的公益活动并不只是单纯的慈善事业，而是通过营销人员精心设计，人们能够在公益活动中感受到企业的产品或品牌的存在。

第三，公益营销的对象是以消费者为主体的利益相关者。利益相关者是企业赖以生

① 卢岚、刘开明：《中国企业社会责任标准实施指南》，化学工业出版社2007年版，第2页。

存的相关群体，比如消费者、股东、员工、客户、供应商、政府、媒体等，公益营销正是把利益相关者的潜在需求融入到营销活动当中，通过支持慈善事业、捐助公益活动等一系列的行动来达到增加社会福祉、提升企业形象等多重效果。

第四，公益营销的核心就是信任营销。企业希望通过公益营销在它和利益相关者之间建立一种有效的沟通机制，让其更好地了解企业。在公益营销过程中，企业与利益相关者既有合作又有互动，从而逐渐建立起各利益方对企业的信任。[①]

（二）公益营销的类型

依据不同的标准，可以将公益营销区分为不同的类型，这从许多学者对公益营销的分类可见一斑。于某个时间点上总结出公益营销的分类或许是可能的，但是市场营销的方式一直在变化，必然导致没有永恒不变的公益营销分类。本书在总结已有分类的基础上，将公益营销分为持续性公益营销与一次性公益营销；在此分类的基础上，又将公益营销分为企业与其他机构、组织合作开展的公益营销与企业支持公益活动开展的公益营销两类。

1.持续性公益营销与一次性公益营销

该种分类主要依据公益营销持续的时间、企业投入资金的数量、管理层涉入营销的程度等进行分类。其中，贝姆斯(Bames)和菲茨吉本斯(Fitzgibbons)(1991)的论述较为充分。一次性完成的公益营销活动可以是一天完成的，也可以是季节性的、阶段性的，典型的例子如美国运通与爱丽斯基金会合作为修缮自由女神像开展的捐助活动，农夫山泉开展的阳光工程项目。持续性进行的公益活动则是指长时间围绕某一公益活动或者与其他组织、机构长期合作而实施的公益营销，类似的一次性营销活动可以开展数次。如农夫山泉持续开展的“一分钱”系列的公益活动。

持续性公益营销的核心在于培养与塑造企业的品牌，对企业的长远发展大有裨益。持续性公益营销一般适用于资金雄厚的企业。在我国，跨国公司多采取持续性营销方式，通常的表现形式是冠名捐赠。例如，1993—2010年，可口可乐公司在中国已捐建52所希望小学，100多个希望书库，30所希望网络学习中心，而这些学校、书库、中心则冠以可口可乐的名称；安利公司种植“安利林”，也是这种营销方式的表现形式。跨国公司实施公益营销的回报也是丰厚的，这些回报不仅表现在企业获取较高的利润上，更突出表现在企业品牌的塑造上。一个为学者津津乐道的例子是，一位游客在内蒙古旅游的途中遇上一群当地小孩，其中一个突然一指其腰间的中文传呼机：“摩托罗拉”！这一举动让游客惊诧不已，因为当时中文传呼机哪怕在大城市也是一个尚未普及的商务类电子产品，何以在这样一个地方被一个小孩一下子叫出具体品牌来？原来在当地有一所摩托罗拉希望小学。[②] 通过实施公益营销策略，企业可以将品牌渗透到传统的广告、公关活动根

---

① 曹巍、何纬宁：《企业公益营销中的认识误区》，《现代经济信息》2012年第3期，第140—160页。

② 张潜：《公益营销：既为慈善也为市场》，《沪港经济》2007年第4期，第52页。

本想都不敢想的地方去。

一次性完成的项目最大的优势在于活动本身的可控性，但是弊端在于由于曝光时间较短，所带来的利益较少，且短期的公益行为易于使消费者怀疑企业的动机。但对一些资金不是很雄厚的企业来说，实施公益营销策略或许只能选择此种公益营销方式而已。依据公益营销的长期性原则，我国企业可以坚持实施一次性公益营销策略。可供选择的公益营销类型有：(1)销量决定型公益营销。即在某一较长的时期内，企业捐赠数额的多少与产品的销量挂钩。产品销量越多，企业的捐赠也越多。(2)抽奖捐赠型公益营销。通过设立抽奖的方式来支持公益事业。前提是必须购买公司的产品或者服务，才能获得抽奖的机会，以此来促进企业的销售。(3)奖项捐赠型公益营销。即以企业的名义在各种学校、研究院设立冠名奖学金等。依据前面章节的分析，只要企业坚持关联性原则，实施一连串、相互之间有联系的一次性公益营销活动，企业也可以培养品牌，改善企业形象。蒙牛乳业、农夫山泉的公益营销之路就是典型的例证。

2. 企业与其他机构、组织合作开展的公益营销

根据前面章节的论述，其他组织、机构包括政府及其部门、非政府组织（NGO）、国际机构等。企业与其他机构或组织合作开展公益营销的目标包括提高企业知名度、展现企业及其品牌的价值、提高消费者参与程度、使企业显得与众不同等。该种营销方式可以细分为捐助型公益营销、直销型公益营销、特许授权型公益营销。

(1)捐赠型公益营销

捐赠行为是指企业对其他机构、组织的资金、物资、服务的无偿给予。企业对其他机构、组织的捐助可以是金钱，也可以是企业提供的产品或者服务。如“非典”时期，联想向北京市政府捐赠1000万元，中国惠普公司联合上海岱嘉医学信息系统有限公司向中国疾病预防控制中心捐赠价值约265万的计算机设备、专业医学影像传输、诊断软件以及相关服务；2008年汶川地震期间，各企业向政府有关部门、慈善组织、红十字会捐款、捐物，等等。捐赠行为只是为企业提供了实施公益营销的时机，并不是所有的捐赠行为都是公益营销行为。如上述联想集团的行为就是单纯的企业捐赠行为，而可口可乐、摩托罗拉等公司捐赠建立希望小学的行为，则是公益营销行为。区别这两种行为的关键点之一便是企业有没有在行为之后进一步做有关捐赠事实的宣传。

(2)直销型公益营销

我国目前尚无关于直销型公益营销的案例，这种类型多存在于慈善事业发达的国家。由于慈善组织管理着有数百万条记录的数据库，而这些数据则是一些金融机构求之不得的，慈善组织多会利用其手中掌握的资料，与商业机构合作，以实现其筹集资金的目的。从企业的角度来讲，直销型公益营销也是可以采取的一种公益营销方式。典型的例子是流行于发达国家的附属信用卡的发行，人们在申请特定信用卡的同时，就会有一笔钱划拨给慈善机构等；而在持卡人进一步使用卡时，则依据消费的数量继续向慈善团体等公益事业组织捐款。

(3)特许授权型公益营销

企业向相关慈善团体或其他公益组织、机构支付特许使用费,从而获得其产品或服务:使用慈善团体或其他公益组织、机构标志或身份的权利。特许授权型公益营销与直销型公益营销一样,都出现于慈善公益事业相对发达的国家或地区。在我国,特许授权型公益营销是一个相对较新的公益营销类型,目前尚无相关的案例。

3.企业为支持公益活动开展的公益营销

该种类型的公益营销与上述企业与其他机构、组织合作开展的公益营销有重合之处,本部分讨论的类型则限制在上述类型之外。在我国,这种类型的公益营销比较常见。例如,很多企业开展的“每购买……将有…… 捐献给……”活动的行为;面对假冒伪劣产品泛滥成灾,一些名牌产品生产厂家及商场所采取的悬赏等系列营销活动的行为;某净水器企业针对水资源日渐减少、水质污染而进行的节水征文研讨、街头宣传等活动的行为。蒙牛乳业实施的公益营销策略也有该种类型的影子。如“非典”期间,蒙牛陆续向全国30个城市的医务工作者和消费者捐款、捐奶;“非典”后期,蒙牛又发出了“向人民教师送健康”的倡议,向全国17个城市的125万名教师,每人赠送牛奶一箱;2006年蒙牛开展捐奶助学工程——向全国500所小学免费送奶;2009年开展蒙牛“终极篮徒”活动,等等。企业支持公益活动开展公益营销的主要特征是,企业利用公益活动吸引民众的眼球,在活动中宣传企业理念,提升企业品牌价值。

通过上述可知,企业首先应该从自身实际情况出发,选择合适的公益营销类型,如是选择持续性公益营销还是选择一次性公益营销;其次,企业应该进一步选择合适的公益营销类型,是选择与其他机构、组织合作还是选择支持公益活动开展公益营销。企业在选择公益营销类型时,应坚持关联性、长期性与适时性原则,这样才有助于选择适宜的公益营销类型。

第二节　公益营销运用实例

一、教育科研类实例

实例 腾讯的教育科研公益活动

腾讯的教育科研公益活动主要集中在基础教育和高等教育两块。

基础教育是腾讯公益营销的关注重点。2007—2008年间,腾讯公益慈善基金会和中国青少年发展基金会、中国儿童少年基金会、湖南省青少年发展基金会等公益组织合作,通过为贫困山区学校捐建教学楼、宿舍楼、操场、体育器材等硬件设施的方式,展开对贫困地区教学环境改善的公益项目,并且发动员工探访、写信等互动交流,用人生经验激励孩子们健康成长。项目累计投入近千万元,在全国12个省共建设31所腾讯希望(春蕾)

小学、24个阳光操场、25个快乐体育园地和4间网络教室。

2009年6月，在总结腾讯希望（春蕾）小学的实践经验后，腾讯启动了一项全新的公益项目——“腾讯新乡村行动”。该项目计划用时5年，在云南迪庆州、贵州黔东南自治州黎平县和雷山县，这两县一州地区，通过腾讯的网络资源、平台优势及影响力，推动西部贫困地区教育和发展、经济增长与文化及环境和谐共生。腾讯集团的执行副总裁李海翔和腾讯无线研发部总监王莉萍在迪庆州香格里拉挂职一年，具体参与到该公益项目中。在迪庆州，腾讯援建了“腾讯尼西完小”。在贵州雷山县，腾讯援建了雷山县职校，并且与“南方周末”合作培训黎平县代课教师，与中华健康快车基金会合作治疗黔东南地区白内障患者。

2009年7月起，腾讯与上海真爱梦想基金会、贵州薪火基金会合作，将“腾讯梦想空间”项目引入“腾讯新乡村”项目地，即通过建设多媒体网络图书教室并加入素质教育课程，用网络缩小城乡教育差距。到2010年底，在云贵落成25个“腾讯梦想空间”，发动腾讯员工及网友实地进行互动交流。此后，腾讯基金会还在重庆、四川及深圳大力推广“腾讯梦想空间”素质教育试验。截至2010年10月，“腾讯梦想空间”全国落成50间，超过1000名贵渝乡村教师接受乡村教师培训。

2010年上海世博会期间，腾讯面向援建了“腾讯梦想空间”的40所学校组织“放飞梦想献礼世博”手工作品大赛，评选出436名获奖学生及52名指导老师在我型我秀明星高娅媛、残奥大使金晶、上海电视台主持人贝贝、名模于娜等明星及腾讯员工志愿者们的带领下游览世博会，腾讯还为活动中11所获优秀组织奖学校奖励“腾讯快乐运动场”等户外运动设施。

此后腾讯的新乡村行动重心逐渐转向少数民族文化保护。2010年腾讯展开赞助康巴艺术节、举办“腾讯公益杯”民族文化大赛、拍摄《苗族影像志》一系列活动。2011年11月，腾讯在网络平台上募集贵州黎平县铜关十八腊汉歌会①的游客及经费，这个活动成为黎平县历史上第一个“挣钱”的民间活动。2012年7月，腾讯援助的铜关侗族大歌生态博物馆奠基，该博物馆承担民族文化保育、民族手工艺产品对外销售和文化旅游开放的综合职能，腾讯计划未来投入更多资源，作为腾讯新乡村运动的探索核心平台。同月，腾讯发布“筑梦新乡村”三年中期报告，邀请两岸三地数十名专家学者及资深媒体人聚集贵州黎平，探讨民族文化保护之道，并开辟腾讯专题页面，进行大量报道。

高等教育是腾讯公益营销关注的另一个重点。2007年11月17日，腾讯公益慈善基金会捐赠100万元在深圳中学设立腾讯奖学金。2008年起，腾讯陆续在全国知名高校设立“腾讯创新奖学金”，对在计算机、美术设计、新闻传播等相关领域综合表现优秀的大学生和研究生给予奖励。截止到2011年，腾讯已支持北京大学、清华大学、北京航空航天大学、中国科学院、哈尔滨工业大学、复旦大学、上海交通大学、中国科技大学、华中科技

① 腊汉为当地少数民族对男子的称呼。

大学、华南理工大学、中山大学等 11 所高校，共提供 177.5 万元奖学金。

与此同时，腾讯已在 15 所高校设立腾讯创新俱乐部，包括北京大学、清华大学、复旦大学、北京邮电大学、哈尔滨工业大学等。腾讯创新俱乐部是腾讯支持的高校精英学生协会，协会成员多系专业综合团队，切磋技术、交流经验，并以项目的形式开展互联网产品和技术创新方面的课题研究和实践。腾讯还开展定期的高校巡回技术和文化交流活动，腾讯公司总裁刘炽平、首席技术官张志东、熊明华和多位创始人及高层管理者参与演讲，仅 2006 年和 2007 年，累计在北大、清华等 30 多所高校举办演讲和技术讲座近 50 场。腾讯还举办腾讯高校夏令营，活动邀请全国高校优秀学生代表到腾讯公司总部参观，了解腾讯各产品情况，与腾讯的技术专家和高层管理者互动、交流。

从 2006 年开始，腾讯面向全国高校学子及技术精英举办腾讯创新大赛，腾讯创新俱乐部协助比赛开展，获奖选手可以参加腾讯夏令营，并且有机会进入腾讯实习和工作。此外腾讯每年还实施高校实习生计划，邀请 100 名左右优秀在校学生来公司实习。

对于上述腾讯在教育科研方面的主要公益营销活动如表 5—1 所示。

表 5—1　腾讯教育科研公益营销活动

	基础教育		高等教育		
公益营销项目	腾讯希望(春蕾)小学	腾讯新乡村行动	腾讯创新奖学金	腾讯创新大赛	腾讯创新俱乐部
活动时间	2007—2008	2009—2014	2008—2011	2006—2012	2006—2012
活动范围	湖南、广东、贵州、四川等地	云南迪庆州、贵州黎平县和雷山县	全国 11 所高校	全国高校	全国 15 所高校
资源类型	资金、志愿者服务	资金、志愿者服务、技术支持、产品支持等	资金	资金、技术支持等	资金、技术支持
资金数量	近千万元	计划不少于 5000 万元	177.5 万元	不详	不详
合作机构	与公益组织合作	部分单独运作、部分与公益组织合作	单独运作	单独运作	单独运作
公益营销类型	公益事业冠名	慈善捐赠、公益事业冠名、主题活动、设立奖项	设立奖项	公益事业冠名	公益事业冠名

评析

基础教育方面，从 2007—2008 年的腾讯希望(春蕾)小学项目，到 2009 年启动腾讯新乡村行动，腾讯有一个全方位的进步。从活动时间看，新乡村行动具有比较清晰的五年规划，从活动范围看，相对于腾讯希望(春蕾)小学的全国各地撒花，新乡村定点于云贵地区两县一州，有利于资源的集中利用，而援助资源的类型，也从单一的校舍资金援建，拓展到腾讯网络平台的宣传运用、腾讯员工在当地挂职、明星参与，等等。腾讯希望小学项目，主要是通过向中国青少年发展基金会、中国儿童少年基金会、湖南省青少年发展基金会等公益组织捐赠资金进行，而新乡村行动，腾讯将自己放在了主体地位，员工深入到当地帮助项目执行，同时也调动其他公益组织参与合作。比如与上海真爱梦想基金会、贵州薪火基金会合作“腾讯梦想空间”。在公益营销手段上，腾讯希望（春蕾）小学只是单一冠名，腾讯新乡村行动更加多元化，既有传统的慈善捐赠，又有“腾讯尼西完小”、“腾讯梦想空间”等冠名；既在世博会期间开展主题活动以吸引眼球，又设立“腾讯公益杯”民族文化大赛奖拉动人气等。2012 年在援建的侗族大歌生态博物馆奠基之际，腾讯发布“筑梦新乡村”三年中期报告，更是邀请两岸三地数十名专家学者及资深媒体人聚集贵州黎平共商话题，人民网、南方日报、中国青年报、中国财富等主流媒体都进行了报道，赚足眼球。值得注意的一点是，新乡村运动从助学开始，试图提高当地的基础教育水平，三年过去，关注重点已逐渐转向乡村文化保育。

高等教育方面，腾讯的公益营销目标非常明确，即人才吸引。它长期持续地在全国重点科技院校设立腾讯创新奖学金（对高校优秀互联网人才的资金激励和精神鼓励），赞助腾讯创新俱乐部（类公司运作，促进高校互联网人才技术交流，科研创新），举办腾讯创新大赛（以竞争机制和丰厚奖励刺激高校互联网人才参与，产业推动），投入了大量资金和人力资源，形成以创新文化为基础的人才吸引氛围。腾讯的这些举动并非孤立，而是形成一盘棋，腾讯创新俱乐部就如同定点在每个高校的棋子，而腾讯创新大赛和腾讯创新奖学金如同每年一次的棋局大战，以腾讯夏令营、腾讯实习生计划、腾讯校招绿色通道等形式，以腾讯平日的高校讲座交流为铺垫，鼓动高校互联网精英们为腾讯而战，建立硕大的高校人才和技术储备库，同时获得培养人才、推动行业发展的社会赞誉。2012 年，腾讯创新大赛以开放平台为主题，开放平台正是腾讯近两年的战略方向。值得注意的一点是，腾讯创新奖学金的合作院校中将增加中央美术学院（美术设计专业）和北京大学（新闻传播专业），腾讯将更多注重互联网产品的体验和传播效果。

二、扶贫救灾类

实例 *腾讯的扶贫救灾公益活动*

腾讯的扶贫救灾公益活动主要集中在病患救助和灾害救助两块。

病患救助方面，腾讯最早是放在艾滋病儿童身上。2007 年 8 月，腾讯公益慈善基金会向中国关心下一代工作委员会主办、联合国儿童基金会协办的“第三届全国艾滋病致孤儿童夏令营”捐赠资金 24 万元，用于资助 80 名艾滋病致孤儿童三年的学习生活费用，月均每人约 83 元。2007 年国际艾滋病日（12 月 1 日），腾讯公益慈善基金会与中国关心下一代工作委员会、联合国儿童基金会高级官员发起“新疆关爱之旅”，走访了乌鲁木齐市及伊宁地区受艾滋病影响的儿童家庭，赠送文具及面、油等生活物资。此外，2007 年 11 月，腾讯向广东儿童基金会捐赠 158.1 万元用于陆丰地区 500 余名孤儿三年的生活费用，月均每人约 88 元。

同年，腾讯赞助了江西革命老区爱心基金会，是其病患救助方向的一个转折点。腾讯公益慈善基金会作为主要发起人，参与发起江西革命老区爱心基金会，向该基金会捐赠100万元，启动“腾讯革命老区爱心基金”，用于老区青少年心脏病等疾病的救治。2009年，腾讯公益基金会再次捐赠100万元用于江西革命老区先心儿救治，孤贫先天性心脏病儿童成为腾讯病患救助公益项目的突破点。

2010年，腾讯与中国儿童基金会合作，捐赠1000万元设立腾讯网友爱心基金（全称为“中国儿童少年基金会腾讯网友爱心基金”）。该基金的首个公益项目为“网救童心”，由腾讯利用其公益网络平台，号召和发动网友参与贫困先天性心脏病儿童的救助捐款，再由爱佑华夏慈善基金会具体负责善款的使用。根据腾讯公益网资料显示，截至2013年2月，“网救童心”已经吸引209166人参与，网友捐款累计达8631664元，累计帮助1045位孤贫先心儿顺利完成手术治疗。

灾害救助方面。早在2003年“非典”期间，腾讯公司就向小汤山医院赠送了电脑设备及软件，为医护人员提供专用的QQ号码。2005年印度洋海啸发生后，腾讯CEO马化腾拍卖QQ号88888，获得26万元捐赠红十字会。2008年，中国先后遭遇雪灾、地震等灾害，掀起了腾讯公益营销的最高潮。

2008年1月底，中国南方大部分地区遭遇冰雪灾害袭击，又恰逢春运，灾情严重。腾讯公益基金会首次启动紧急救助程序：腾讯公益基金会向广东省青年志愿者协会、广东省红十字会等机构捐赠50万元；腾讯网联合全国媒体发起了救助倡议并传递灾情信息，发起网友祝福等活动，共约有30万网民留下祝福跟帖；腾讯财付通和腾讯公益基金会联合开展网络捐赠，一周内募集到资金10余万元；腾讯组织员工志愿者前往火车站，进行现场志愿救助；腾讯还发动网友志愿者参与救助活动，如腾讯QQ空间城市达人广州站的志愿者到火车站现场，为数万滞留旅客提供免费热水服务。

2008年5月12日，汶川大地震发生。腾讯公益基金会再次启动紧急救援机制，最终捐赠总额2100万元用于灾区救援和灾后重建。地震当晚，腾讯网停掉网站首页、新闻频道首页、新闻正文页等重要位置的商业广告，全部用于地震报道和赈灾捐款的倡议，随后，QQ系统消息、登录框、对话框滚动信息、QQ空间、QQ会员、手机QQ、财付通、拍拍网纷纷开展各种在线捐赠推广活动。截至5月底，数十万网友赈灾捐助突破2300万元。

地震后5个小时，腾讯公益基金会与壹基金合作开通财付通捐赠平台，这是互联网上最先启动的捐赠活动。腾讯旗下电子商务网站拍拍网也推出明星慈善拍卖活动，众多娱乐界和体育界明星纷纷捐出自己的心爱之物或精彩作品参与赈灾义拍活动。国家羽毛球队总教练李永波拍卖了汤姆斯杯金牌，加上腾讯捐款共计170万帮助四川广元元坝小学完成灾后重建，并投建“腾讯羽毛球基地”。

余震期间，腾讯网成立地震网络报道专项团队，并且整合新闻门户、即时通讯工具消息提示、社区、手机腾讯网等渠道24小时不间断报道抗震救灾。从5月12日15点到21日上午11点，腾讯网累计报道新闻4万余条，各频道相关专题30余个，功能页面100多个，腾讯网博客频道与地震相关的名人博客发布量达到万篇以上，网友撰写的相关博客超过百万篇。

5 月 22 日，腾讯与成都市政府签订了一份投资 5.5 亿元的合作意向协议，这是四川灾后签署的第一份投资协议。根据协议，腾讯成都研发中心、信息处理与客户服务中心的投资总额达 5.5 亿元，选址位于成都高新区内天府软件园二期。

2009 年震后一周年，腾讯公益基金会展开"汶川一周岁拥抱心生"、"心手相印"等公益活动。2010 年 4 月，腾讯又联合思科、EMC 启动"重建都江堰心灵家园"公益项目。腾讯援建灾区的大熊猫别墅、腾讯春蕾小学、腾讯羽毛球合作基地也相继投入使用。

经过 2008 年两场自然灾害的公益营销磨合，腾讯在面对大灾发生的资源调动上渐渐游刃有余。从台湾莫拉克风灾，到海地地震，从西南旱灾、玉树地震和甘肃泥石流救灾，到"5·12"震后的持续援助，腾讯逐步建立起企业、公益合作伙伴、网民三位一体的立体救灾模式。

对于上述腾讯在扶贫救灾方面的主要公益营销活动，见表 5—2。

表 5—2 腾讯扶贫救灾公益营销活动

	病患救助		灾害救助	
公益营销项目	关注艾滋病儿童	腾讯网友爱心基金"网救童心"	南方雪灾救助	汶川地震救助
活动年份	2007	2010—2012	2008	2008—2009
活动范围	全国、新疆	网络社区	广东为主的南方灾区	四川
资源类型	现金、生活物资	现金	现金、志愿者服务、产品支持	现金、投资、产品支持、技术支持等
资金数量	约 24 万元	计划 1000 万元	50 万元	2100 万元
合作机构	与公益组织合作	与公益组织合作	与公益组织合作	部分单独运作、部分与公益组织合作
公益营销类型	慈善捐赠	设立基金	慈善捐赠、主题活动	关联营销、慈善捐赠、公益事业冠名、主题活动

评析

病患救助方面。在 2010 年腾讯网友爱心基金成立前，腾讯并没有找到一个好的模式，早期腾讯对于艾滋病儿童的关注是一时性的，以传统的慈善捐赠为主，捐赠对象有限（80 名艾滋病致孤儿童），捐赠资金有限（月均每人约 83 元），社会影响有限。2007 年和 2009 年两次对江西革命老区爱心基金会先心儿救治的赞助让腾讯找到了灵感。2010 年，腾讯与中国儿童基金会合作设立了腾讯网友爱心基金，将先心儿救治作为一个长期执行的项目，通过合作伙伴爱佑基金会分担项目执行（先心儿的联系、救治及信息反馈等），通过网友捐赠分担资金投入（单个手术费用约 1.5 万—2 万元。截至 2013 年 2 月，网友捐款累计 8631664 元，1045 位先心儿人均获得 8260，其余由腾讯填补，网友捐款几乎分担了一半的治疗费用）。同时腾讯却获得更广泛的社会影响（截至 2013 年 2 月，209166 名网友参与）。值得注意的是，腾讯的病患救助对象几乎只涉及儿童，中老年是被忽视的群体，因为儿童救助话题往往更能吸引人的眼球。

灾害救助方面。2008南方雪灾是腾讯公益营销的小试牛刀，汶川地震则是腾讯公益营销的大练兵，腾讯提供了多项资源(现金、投资、产品支持、技术支持等)，将多种公益营销手法联合运用(拍拍网关联营销、腾讯公益基金会慈善捐赠、腾讯羽毛球基地公益事业冠名、"汶川一周岁拥抱心生"主题活动等)，规模空前。从它们开始，腾讯公益基金会逐渐建立重大突发灾难的紧急响应公益营销模式。这个模式的第一要点是迅速反应。如"5·12"地震发生5分钟后，腾讯网就通过QQ弹出窗口发出第一条地震消息，15分钟内推出第一个地震专题。当天晚上腾讯紧急撤销网站首页商业广告，推迟所有新游戏公测，迅速推出QQ祈福版。腾讯的一系列举动第一时间表明自己对于灾害的态度，在公众面前树立良好形象。第二要点则是资源调配，将网友套牢在腾讯页面。地震期间，财付通提供网友捐赠平台，拍拍网提供明星义卖平台，搜索引擎提供寻人频道，腾讯网24小时不间断报道，QQ系统消息、登录框、对话框滚动信息实时提供灾区消息，QQ会员、手机QQ、QQ空间提供祈福互动平台，腾讯让网络成为了一个祈福、寻人、募款、资讯、互动的大平台。腾讯得到的回报也是丰厚的，5月期间腾讯网地震专题的日均页面浏览量超过5亿人次，平均每天有超过5000万网友浏览该专题，最高单日超过6000万人次浏览，而财付通募集2300万元，创造了中外互联网公益史上网友的最高日捐赠纪录。第三要点是危机中寻找商机。腾讯在震后十天即与成都市政府签署投资协议，如今腾讯成都研发基地、信息处理与客户服务中心所在的成都天府新区已聚集腾讯、华为、阿里巴巴、IBM、菲利普、西门子、戴尔等数百家国内外知名企业及大批科技型中小企业。截至2012年，腾讯成都公司已有2300名员工，涉及业务包括大型网络游戏研发及运营、手机游戏及应用产品研发、数据信息处理中心、搜索运营、云平台、区域城市生活门户等。腾讯成都公司收入在过去几年高速增长，取得了良好的投资回报。值得注意的一点是，2010年1月15日海地地震发生后，腾讯基金会通过红新月会国际联合会向海地捐款20万美元，这第一笔海外援助是腾讯走向国际互联网企业必要的尝试。

三、环境保护类

实例 建设"腾讯绿色林"

腾讯最早的环境保护实践是建设"腾讯绿色林"。从2004年开始，每年植树节前后，深圳、北京等地的腾讯员工志愿者就组织开展植树造林活动。

2005年8月，腾讯主办"大河之旅——环保中国·2005黄河万里行"环保公益宣传活动。共有25名来自腾讯网和其他媒体的记者参与，4名学者全程随队考察黄河沿途的生态环境与现状。30天的行程中，报道组前后方累计发稿近千篇，发布图片2000多张，报道了黄河、黄河文明以及黄河流域的民生状态。腾讯网还通过卫星完成了11场网络直播，其中8场关注黄河流域环保及文化问题的论坛"黄河论剑"邀请了作家陈忠实、张贤亮，《读者》杂志社社长彭长城，学者周国平、朱青生、孔庆东、尤联元、王守春、李栓科、穆兴民、方舟子、唐师曾等助阵。

2006 年 2 月，腾讯发起为期一月的“QQ 幻想全国百城绿色行动”，组织 QQ 幻想网友在全国 21 个省共 84 个城市完成植树等环保活动。

2007 年 8 月，QQ 音乐举办“与王力宏一同倡导环保，百万签名活动”，鼓励用户上网留言，声援偶像，支持环保。同时组织全国十多个城市，数十万歌迷，签名支持环保。活动期间共征集几千条留言。

2008 年 2 月，腾讯公益慈善基金与国家测绘局国土测绘司合作启动南极科普和环保项目，首期向南极科考项目捐助 200 万元。腾讯公益基金会向南极测绘科学考察、科考站建设、改造相关软件、硬件支持等工作提供资金支持，腾讯科技频道开辟专题页面报道第 24 次南极科考，发动网友向科考队写信、留言，并向公众介绍南极科考知识、实时资讯，倡导环保理念。

2009 年起，腾讯公益基金会联合“帕客联盟”连续发起两届“腾讯公益杯环保手帕大赛”，倡导使用可循环手帕以保护生态，影星李冰冰担任活动代言人。第一届比赛收到“手帕图案设计作品”1970 件，“手帕扮靓时尚创意作品”159 件，第二届环保手帕比赛项目入选深圳公益十佳。

2010 年 3 月，同为上海世博会高级赞助商的腾讯和万科合作开展“零公里行动”，倡导解决城市垃圾问题。“零公里行动”由三部分构成：珠峰垃圾清理行动、社区垃圾分类、网络社区互动。腾讯为活动开设了官网，对“零公里行动”进行持续跟踪报道，推出“环保争先赛”、“QQ 西游之垃圾环游”两款网络版垃圾分类游戏，让网友在虚拟空间通过互动进行垃圾分类实践。

2011 年 3 月 26 日，腾讯公益基金会再次和万科公益基金会联手，发起“地球一小时”熄灯活动，活动页面的“熄灭漂流灯”环保游戏当天吸引了 243 万网友参与互动，并可下载地球一小时 QQ 头像、皮肤和屏保。

对于上述腾讯在环境保护方面的主要公益营销活动，见表 5—3。

表 5—3　腾讯环境保护公益营销活动

	保护水资源	保护大气资源	保护森林资源	保护环境
公益营销项目	大河之旅	南极科普和环保	腾讯公益杯环保手帕大赛	零公里行动
活动年份	2005	2008	2009—2010	2010
活动范围	黄河沿岸、网络社区	南极、网络社区	网络社区	珠峰、网络社区
资源类型	技术支持、产品支持、媒体支持	现金、产品支持	现金、产品支持	志愿者服务、产品支持
资金数量	不详	200 万元	不详	不详
合作机构	与其他媒体合作	与国土测绘司合作	与公益组织合作	与公益组织合作
公益营销类型	主题活动	主题活动	设立奖项	主题活动

评析

环保是一个大话题。腾讯在环境保护方面的公益营销活动涉及面也很广，包括各种生态资源的保护（水资源、大气资源、森林资源、野生动物资源）、能源资源的保护（地球一小时熄灯）以及生活环境保护（零公里行动）。腾讯没有长期执行的环保项目，多是以一个个分散的主题活动形式来开展（生态资源保护为主体），投入资金规模相对较少。从活动时间看，每个项目如同散落的点，但一定时期内串联起来又在网络社区营造了腾讯一直热衷环保的公益形象。从活动范围看，大河之旅的黄河沿岸之行、南极科考的报道以及零公里行动的珠峰垃圾清理等，选择的地点都是人们生活中耳熟能详却又无法轻易接近之地，容易吸引眼球。投机性是腾讯环保类公益营销的一个特点，譬如2008年腾讯赞助南极科普和环保，报道中国第24次南极科学考察，188名队员组成的考察队是自1984年中国首次南极考察以来人员最多的一次，这次考察是第四次“国际极地年”（IPY）中国行动计划的首航，具有重要意义。又譬如2010年腾讯选在世博会期间开展“零公里行动”，倡导解决城市垃圾问题。互动性是腾讯环保类公益营销的又一个特点，大多数环保活动都在线上开展，腾讯充分发挥网络技术和新媒体传播优势，通过网络作品征选、网络互动小游戏等寓教于乐地倡导环保，仅“零公里行动”期间推出的两款互动游戏就吸引了1200万人次网友点击，超过35万网友成功实现游戏通关，相关页面有3万网友留言支持。腾讯环保类公益营销还通过明星加入吸引人气。2005年的大河之旅，腾讯邀请来作家陈忠实、张贤亮，《读者》杂志社社长彭长城，学者周国平等，得到包括凤凰卫视、中央电视台、中新社、南方周末在内的全国近150家媒体的报道与关注，同时收到清华大学、香港理工大学在内的全国18所高校“保护母亲河”的签名横幅，参与“保护母亲河”大签名的网友人数也超过30万。值得注意的是，2010年腾讯网新闻中心开设独立的一级频道“腾讯绿色频道”，是腾讯网着力打造的又一个网络平台。目前该网站提供各类绿色产业资讯，致力于变成绿色产业的交流合作平台，腾讯的环保公益营销重点将从提倡生态资源保护转向推动中国绿色产业和绿色经济的成长。

四、社会服务类

实例 *腾讯的社会服务公益活动*

腾讯的社会服务公益活动主要包括举办公益论坛讲座、扶持公益组织发展、表彰社会公益行为。

举办公益论坛讲座方面。2009年和2010年，腾讯公益基金会先后在中山大学、华中科技大学、北京大学、复旦大学四所高校举办四场腾讯公益高校论坛，活动邀请了诗人汪国真、作家安意如、女高音歌唱家严翊桦、全国道德模范吴天祥、“中国慈善第一人”陈光标等各界名人和大学生对话公益。

2008年5月，腾讯公益基金会、腾讯网评论频道与中国政法大学合办开放公益论坛“燕山大讲堂”，每周邀请著名学者、企业家、政府官员或其他领域公众人物，到论坛现场就当下中国热点话题发表演讲并与听众互动，培育国民理性精神，推进中国公民社会建设。项目采用线上线下结合的形式，腾讯致力于将其打造为互联网思想论坛的品牌阵地。截至2012年底，“燕山大讲堂”已举办203期，其中19期以探讨社会公益为主题。

2010年至2011年，腾讯公益慈善基金会、中国宋庆龄基金会、思尔豪国际教育基金会共同举办“感恩的心·回馈社会”——尼克·胡哲公益讲座。尼克·胡哲天生没有四肢，但勇于面对身体残障，创造了生命的奇迹。从2010年12月8日起，讲座在北京、上海、深圳三地共举办四场，包括青海玉树地震灾区孤儿在内的超过2万名观众前来听讲，尼克演讲视频也通过腾讯网、腾讯公益网向公众转播。

扶持公益组织发展方面。2009年和2010年，腾讯与壹基金合作设立“腾讯壹基金潜力典范”，腾讯每年捐赠100万元，为获奖草根NPO(非营利组织)提供信息化建设、能力建设、运营费用、小额项目等方面的支持。

2011年10月，腾讯公益基金会推出“筑力计划”，首期计划出资1000万元，以关注民间公益组织的发展需求为主题。通过整合腾讯公益的资金、网络平台和产品，推动草根公益组织发展和公益透明度的提升。截止到2012年6月7日，筑力计划累计捐助214.38万元，帮扶57家民间公益组织，所扶持项目类型包括教育、扶贫、医疗健康、灾害救助、社区服务、环境及动物保护、志愿服务等。

表彰社会公益行为方面。2009年9月，腾讯基金会与21世纪教育研究院、南都公益基金会、北京市西部阳光农村发展基金会、新公民之友等机构，联合举办“腾讯公益新公民创新奖”，宣传和推广为农民工子女教育环境的改善做出重要贡献的地方政府、企业、公益机构、媒体、学校及个人，腾讯基金会捐赠奖金9.3万元，同时利用腾讯教育频道进行推广支持。

从2007年到2012年，腾讯公益慈善基金会加入中央电视台经济频道、企业公民委员会阵列，联合主办第三至八届“中国优秀企业公民”评选和表彰活动，吸引国有企业、民营企业和五百强跨国公司优秀代表参与，评选活动逐渐成为优秀企业公民和企业领袖的年度盛会。

从2009年到2012年，腾讯公益慈善基金会与中国社会工作协会、公益时报社主办第一至四届中国公益新闻年会。公益新闻年会由国家民政部、中央综治办、全国总工会、全国妇女联合会、中国记协指导，在每届年会上发布中国上年度十大公益新闻事件、上年度十大公益新闻人物，颁发上年度传媒公益推动力大奖，同时举办中国公益事业发展与媒体责任论坛，第一届年会上还成立了中国公益记者俱乐部。

2011年10月27日，腾讯公益慈善基金会宣布投入500万元设立“筑德基金”，用于对在自愿实施公益行为过程中受到意外伤害或损失的人提供援助，鼓励个体公益行为。截至2012年6月，筑德基金已赠予6位见义勇为者，共捐款45万元。

对于上述腾讯在社会服务方面的主要公益营销活动，见表5—4。

表 5—4　腾讯社会服务公益营销活动

	举办公益论坛讲座			扶持公益组织发展	
公益营销项目	腾讯公益高校论坛	燕山大讲堂	尼克・胡哲公益讲座	腾讯壹基金潜力典范	腾讯“筑力计划”
活动时间	2009—2010	2008—2012	2010—2011	2009—2010	2011—
活动范围	4 所高校	网络社区	北京、上海、深圳	全国	全国
资源类型	产品、人力支持	产品、人力支持	产品、人力支持	资金	资金、产品支持
资金数量	不详	不详	不详	计划两百万	计划一千万
合作机构	单独运作	与中国政法大学合作	与公益组织合作	与公益组织合作	单独运作
公益营销类型	公益事业冠名	主题活动	主题活动	设立奖项	公益事业冠名

表彰社会公益行为

公益营销项目	腾讯公益新公民创新奖	“中国优秀企业公民”评选和表彰	中国公益新闻年会	腾讯“筑德基金”
活动时间	2009 年	2007—2012	2009—2012	2011—
活动范围	全国	全国	全国	全国
资源类型	现金、产品支持	产品、人力支持	产品、人力支持	现金、产品支持
资金数量	9.3 万	不详	不详	计划 500 万
合作机构	与公益组织合作	与其他媒体和公益组织合作	与其他媒体和公益协会合作	单独运作
公益营销类型	设立奖项	设立奖项	设立奖项、主题活动	设立基金

评析

在举办公益论坛讲座方面，燕山大讲堂是腾讯的大本营，通过长期不断地发起包括公益在内的各种社会焦点文化论题，邀请各界专家学者参与互动讨论，获取相对稳定的关注量。早期的腾讯公益高校论坛是一次有益的尝试，但腾讯未能坚持下去将其形成品牌活动(仅在四所高校进行)，社会影响有限。尼克・胡哲公益讲座是一次有益的尝试，取得了很好的效果。2010 年正值他的故事传到中国，腾讯抓住契机与中国宋庆龄基金会、思尔豪国际教育基金会合作，邀请尼克・胡哲来华巡讲，腾讯由此开辟专题页面，访问量超过 500 万人次、视频访问量超过 80 万人次，尼克・胡哲的腾讯微博粉丝也在一周内突破 30 万人。

在扶持公益组织发展方面，腾讯经历了从与其他公益组织合作(腾讯壹基金潜力典范)到自己独立发动(腾讯“筑力计划”)的过程。腾讯壹基金潜力典范的设立给腾讯带来回报有限，由于潜力典范早先由壹基金倡导，腾讯提供的是资金支持，很多媒体的文章报道以“壹基金—腾讯潜力典范”称呼，甚至直接冠以“壹基金潜力典范”。腾讯启动“筑力计划”后，大力发动公益组织和高校社团申请腾讯微空间、QQ 群、QQ 社区认证等，截至 2012 年底，腾讯公益网上已有 1000 家公益组织注册，发起线上公益活动 570 项，线下公益活动 1653 项，取得了推广使用腾讯产品、推动公益组织发展及获得社会赞誉的多重效益。

在表彰社会公益行为方面。2009年"腾讯公益新公民创新奖"的9.3万元奖金额度有限，激励的对象也有限，当时腾讯仅在教育频道宣传。而协办"中国优秀企业公民"评选和表彰、中国公益新闻年会两项却给腾讯带来了诸多好处，成为它多年来一直坚持的公益项目。利用主办方的优势，腾讯在第四届"中国优秀企业公民"中获得抗震救灾特别贡献奖，第五届被评为首批"五星级中国优秀企业公民"，CEO马化腾获得2009年中国最具社会责任企业家。而在中国公益新闻年会中，腾讯更是年年有斩获，腾讯网、腾讯公益网多次获得年度中国传媒公益推动力奖，腾讯CEO马化腾、CFO陈一丹先后当选年度十大公益新闻人物，腾讯新乡村行动、腾讯舟曲救援行动先后入选年度十大公益新闻，腾讯月捐计划成为2011年度媒体关注公益品牌项目。中国公益新闻年会是由国家民政部、中央综治办、全国总工会、全国妇女联合会、中国记协等指导的，这些国家机构、官方组织、主流媒体给予的认可给腾讯带来不可估量的价值。2011年"小悦悦"事件发生后，腾讯相继推出"筑德基金"和"筑力计划"，是近两年努力打造的又一个项目。

不管是举办公益论坛讲座、扶持公益组织发展，还是表彰社会公益行为，腾讯在社会服务类公益营销活动上都有一个核心，即"倡导社会公益氛围，传递正能量"，联络公益组织、媒体、政府、网友等利益相关人，树立腾讯热衷公益事业的正面形象。

五、网络互动类

实例 网络公益平台的搭建和网络公益产品的开发

作为互联网企业，腾讯开展网络互动具有天然优势，在这方面的实践主要包括网络公益平台的搭建和网络公益产品的开发。腾讯在各种公益营销活动中主要利用的网络公益平台如表5—5。

表5—5 腾讯公益营销活动网络平台

网络公益平台	主要功能	典型案例
腾讯公益网	提供公益求助资讯、网友捐赠平台、网友互动社区、公益活动和公益知识传播、腾讯自身公益项目宣传等	2008年至2010年间，腾讯公益网为大型基金会展开28项募捐活动，从80多万网友手中募集到3060.52万元
腾讯网	提供资讯报道、专题报道、网友互动平台等	2005年8月，腾讯"大河之旅"环保公益宣传活动期间，腾讯网开辟专题页面，通过卫星完成11场网络直播
QQ	提供信息交流平台、状态表达平台等	2009年至2010年，腾讯网友建立和运营的公益QQ群达到8万多个，平均成员数达到86人，共有7342166名网友通过这些QQ群交流信息。
QQ秀	提供状态表达平台	2006年圣诞节期间，腾讯向网友推出"买一件QQ秀，捐一件爱心寒衣"活动，向西南贫困山区的学生捐赠3000件棉衣。

续表

网络公益平台	主要功能	典型案例
拍拍网	提供拍卖捐赠平台	2006 年 8 月推出“大河之旅爱心延续”义拍活动，拍卖一辆新款的奇瑞东方之子旗舰版豪华轿车，拍卖所得用于建立拍拍爱心小学。
财付通	提供在线捐赠支付平台	2007 年 2 月 4 日，央视经济频道举办公益晚会《春暖 2007》，腾讯提供财付通在线捐赠渠道。
另有腾讯微博、QQ 空间、朋友网等，提供状态表达、互动交流、信息传递平台		

网络公益产品的开发方面。2009 年 6 月，腾讯公益基金会推出小额捐赠项目“公益月捐计划”，网友通过腾讯旗下的支付产品——财付通，可每月向指定的公益项目捐赠 10 元钱。2012 年，腾讯公益与十余家公募基金合作推出 13 项月捐可选项目。2012 年 5 月，腾讯改版上线“公益乐捐计划”，有公募资格的公募组织都可以通过该计划为自己的公益项目进行筹款，网友再自主选择公益慈善项目，自主选择金额进行捐赠。

围绕“月捐”计划和“乐捐”计划，腾讯开发了一系列网络公益产品。首先是推出 QQ 爱心图标和 QQ 公益成长体系，网友参与捐赠后会在其 QQ 客户端资料卡首位点亮一个特殊的爱心图标，同时获得一定的爱心积分，捐赠金额越多、持续时间越长，爱心图标的等级就越高，爱心积分成长也越快。在这之后，腾讯进一步联合 QQ 秀和腾讯微博，推出“爱心徽章”，参与腾讯“月捐计划”的网友可兑换银质或金质徽章，并展示在自己的 QQ 秀头像和腾讯微博上。

在互动娱乐上，腾讯结合 QQ 农场推出包括“爱心果”种子、“爱心装扮”等系列网络公益产品。“月捐”的网友每月能得到专属“爱心果”大礼包，在 QQ 农场里种出独特的爱心果，爱心果在 QQ 农场商城中没有售卖，月捐用户可以选择将爱心果种子赠送给好友。

在电子商务上，腾讯会赠送参与“月捐计划”的网友一定量的 QQ 彩贝积分。“彩贝积分”是腾讯最新推出的一项通用积分服务，是在腾讯站点或者支持彩贝积分的商户消费所获得的积分，可以用来支付和兑换各类商品及腾讯业务，赚取积分和使用积分必须开通财付通。

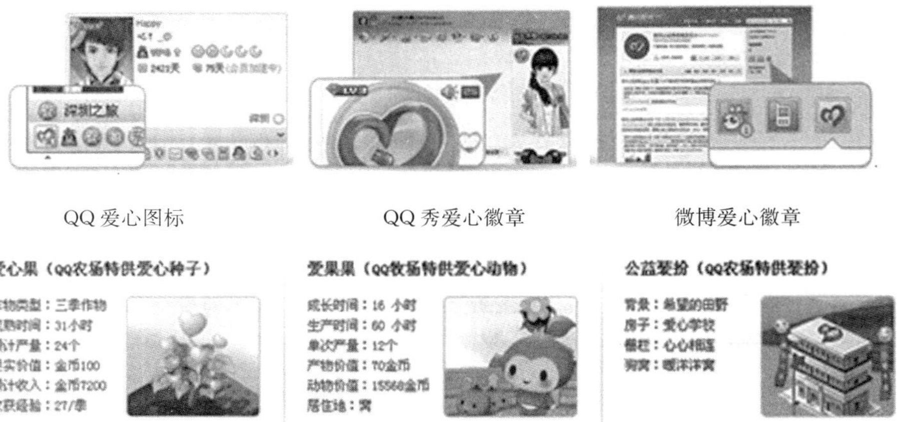

图 5—3　腾讯开发的网络公益产品——QQ 农场系列网络公益产品

评析

在网络公益平台的搭建方面，腾讯公益网是腾讯专门为进行各项公益活动开辟的根据地，同时腾讯非常善于利用旗下多元的产品平台组合出击，尤其是在遇到突发社会事件及开展专题活动时。以 2008 年汶川地震为例，腾讯公益网发起大型募捐，腾讯网 24 小时不间断报道灾区消息，QQ 快速推出祈福版，QQ 空间发起漂流瓶传递祝福、拍拍网发动明星义卖、财付通提供善款捐赠通道、搜搜推出寻人频道，等等，数百万网友只要点击腾讯的页面，使用腾讯的产品，就可以从精神到行动上声援灾区，腾讯的公益营销取得了空前的效果。网络募捐的效用也不可小觑，截至 2012 年 6 月 7 日，腾讯"月捐计划"参与人数达到 1160582 人，收到捐款总额 40933670 元；腾讯"乐捐计划"参与捐赠人数达 757398 人，捐赠总额达 4210 万元。腾讯称，上述善款是直接捐给网友选择的捐赠项目的公益组织，腾讯仅为公益募捐项目搭建网络捐赠平台，不收取任何费用。但这近亿元的捐款流经第三方支付平台财付通，对于腾讯本身有着平衡现金流的作用，腾讯可以通过财付通庞大的资金流获取利息，这将是一笔不小的收入。

在网络公益产品的开发方面，腾讯将公益变成了一种时尚和趣味，吸引到更多的网友参与自己的公益项目。QQ 爱心图标、QQ 秀爱心徽章和腾讯微博爱心徽章系列产品是一种标榜，网友的 QQ 好友、微博好友可以看到爱心图标、爱心徽章和爱心等级，点击进入其个人公益档案中心，了解其参加的各项公益活动，满足网友"爱心也要秀出来"的心理，同时在网友间传播，成为一种时尚。而随着捐赠金额和捐赠时间的增加，网友可以像游戏升级一样提高公益等级，也在一定程度上鼓励网友参与到腾讯的公益项目中来。QQ 农场网络公益产品系列则通过用户参与"月捐"、领取种植的"爱心果"、互相"摘菜"的互动过程，在 QQ 农场这个活跃的 SNS 社区向网友们传播和推广腾讯"月捐计划"，许多网友由此了解到该计划，并成为忠实的"月捐"一族。而"月捐"后 QQ 彩贝积分的赠送，则是腾讯巧妙地将商业推广融入公益活动中，实际上鼓励了"月捐"网友去了解和使用腾讯的彩贝业务，刺激网友通过财付通消费。

六、综合类

自 2007 年成立腾讯公益慈善基金会后，腾讯倚重自身的公益基金会运作，以企业主体身份展开多项公益营销活动。作为一家拥有丰富媒体资源的互联网企业，腾讯也尝试以媒体身份为其他企业主体提供公益营销活动平台，拓展公益营销渠道。

案例 1　可口可乐奥运火炬在线传递

2008 年 3 月 24 日，奥运火炬开始从雅典传递，可口可乐找到腾讯合作，在 QQ 展开虚拟的奥运火炬传递。腾讯采用的方法是，利用 8888 名火炬在线传递大使传递第一棒，然后发动 QQ 用户把在线火炬传递下去，简单而激动人心，非常切合当时举国欢庆奥运会来临的气氛，也充分调动了网民的积极性。腾讯还为可口可乐开设 Icoke 站点，作为一个互动的网站，展示火炬传递大使们的个人风采。同时网友可以对奥运会赠言，参与此次活动的讨论，以及和可口可乐公司交换意见，等等。

在线火炬传递活动紧扣奥运热门话题，激发了人们的爱国热情，取得了非常好的营销效果：活动一共动员 6209 万网民参与，网络报道量多达 197 万篇，每天关注可口可乐官方网站人数达 3000 万人次，腾讯网上火炬在线传递论坛人数达 2 1 8 万，访问量高达 7256 万次，讨论热帖达 251 万个。可口可乐和腾讯在短时间内赢得了声誉，收获了极高的关注度。

案例 2　第 18 届中国国际广告节获奖

2011 年 9 月，第 18 届中国国际广告节上，腾讯参与的三项网络公益活动获奖，其中欧莱雅环保无界限公益植树活动获得 2011 中国媒介创新营销奖和 2011 中国互动网络广告创意奖这双料银奖；九阳希望厨房、无限极 2011 年世界行走日行走养生活动获得 2011 中国互动网络广告创意奖优秀奖。

在欧莱雅环保无界限公益植树活动中，广告总曝光超过 9 亿次，总点量超过 61 万，种树总数 185 万棵；九阳希望厨房活动中，参加活动人数达到 4056773 人，腾讯用户捐赠 206603084 分。通过此活动，青少年发展基金会收到捐款数达到 6034014 元；无限极 2011 年世界行走日行走养生活动实现 77.5 亿次活动曝光，108 万用户参与 QQ 秀大换装，110 万用户参与“全民给力行”活动。

综上所述，无论是可口可乐奥运火炬在线传递、欧莱雅保护母亲河、九阳希望厨房，还是无限极 2011 年世界行走日行走养生活动，腾讯都很好地发动了网友参与体验，并取得很好的推广实效。通过简单有趣的互动设置，腾讯让网友可以轻松参与到公益活动中，同时进行大量的广告投放，再依托 QQ 空间、腾讯网、腾讯微博、腾讯电商等多个平台的联动，让网友进行互动分享，网友的动态又带来更多好友的加入。腾讯以媒体身份进行的公益营销活动，凭借良好的公益创意和良好的公益互动，为其他企业和自身取得良好的公益投资回报。

第三节　公益广告基金会和公益广告网建设

一、公益广告基金会建设

（一）建立公益广告基金会的必要性

基金会分为面向公众募捐的基金会，简称公募基金会；不得面向公众募捐的基金会，简称非公募基金会。公募基金会按照募捐的地域范围，分为全国性公募基金会和地方性公募基金会。基金会依照章程从事公益活动，应当遵循公开、透明的原则。国家民政部和各省、自治区、直辖市人民政府民政部门是基金会的登记管理机关。国家民政部负责基金会、基金会代表机构的登记管理工作。

公益广告基金的主要职责是集社会力量做好公益广告的制作、发布、传播等工作，以弘扬社会主义道德观和价值观，同时通过合理的资产管理使其形成良性运行机制。建立公益广告基金会的必要性主要有两点：

第一，国内公益广告目前多是由政府指令、媒体制作播发的，正因为如此，我国公益广告的策划和制作在很大程度上依靠政府部门的支持和行政手段的规定，而媒体在公益广告的制作、播发中表现随意、分散，整体来看，具有一定的被动性和非自发性。由于资金来源掣肘，公益广告的推行缺乏长效机制。

第二，企业普遍缺乏对社会的热切关注和社会责任感，而且多数企业习惯地认为发展公益事业是政府的责任，极少涉足公益广告，对于公益广告的认识也远远落后于对商业广告的认识，社会力量参与公益广告事业的积极性尚未充分调动与发挥。最为关键的是，公益广告的制作需要经费支持，一些重大的、优秀的广告制作更需要大的经费投入，而我国公益广告的发展还未建立起政府、市场和社会领域三者间的协调关系，还没有一个专门的非营利机构负责组织、策划、创意公益广告，同时也缺乏借鉴、运用商业广告的传播技巧来推动公益广告发展的方法。虽然学界、业界和党政有关部门多方提出建立公益广告基金的构想已经有十几年，但是始终没有实现。而通过设立公益广告基金会担任公益广告资金投入方，可以协调各方关系，促进公益广告事业的稳健、可持续发展。当然，公益广告基金会的发展离不开持续的资金支持，这一方面得益于新增的捐赠方的不断投入，而如何做好现有资金的合理运用及资产管理工作，对于基金会形成可持续发展的良性循环显得至关重要。

（二）公益广告基金会的运营

政府主管、企业管理、媒介参与、社会支持是公益广告基金的模式。如图 5－4 所示。

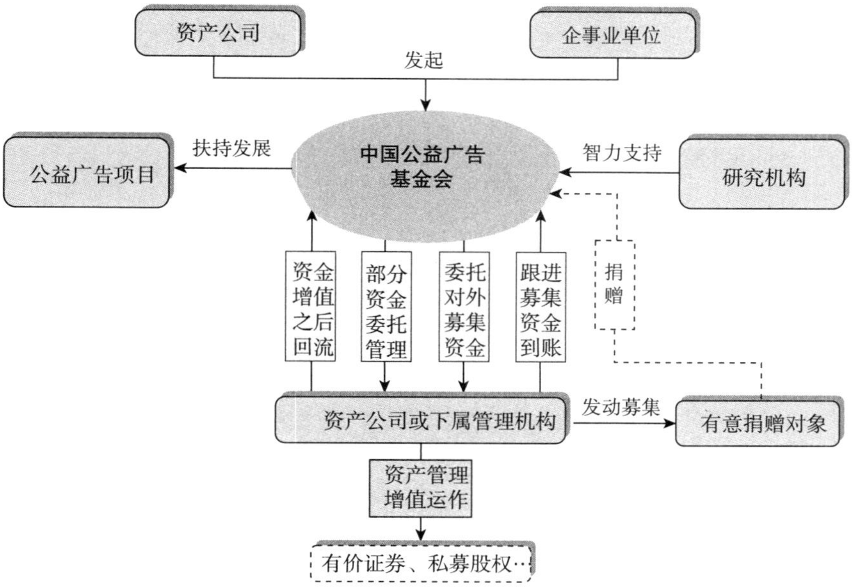

图 5－4　公益广告基金会的设立及运营模式图

二、公益广告网建设

现以中国公益广告网为例，介绍公益广告网的功能。

（一）建立公益传播平台

公益广告网关注国内外与公益和公益广告相关的新闻，网站收录公益广告资讯，主题涉及公共生活各个层面，涵盖公益热点、环境保护、健康卫生、社会公德、政法宣传等多个主题。公益广告网开辟栏目“传媒阵地”，专门汇集国内各大媒体的公益资讯、公益广告，其中包含各个电视台、报刊、电台、网络、户外媒体的公益广告精品推荐，还有网站对媒体的公益行动进行的追踪报道，提供较为前沿的媒体公益观点。为了保障公益信息传播的质量，公益广告网组建新闻编辑组，从选题、编辑、审稿、校对到组织，形成比较科学的新闻编辑制度。公益广告网还建立了比较完善的节假日新闻值班制度，保证重大节假日在内全年不间断的公益新闻更新，使得公益广告网能够成为民众了解国内外公益广告动态的窗口。

（二）营建公益运作平台

公益广告网在与政府机构、社会企业、传媒单位和民间社团等的合作中，发现社会各界对优质公益广告的需求。许多地方政府、企业和社团通过不同渠道向公益广告网发出需求信息。但有实力的公益广告创作群体的缺位，使得公益广告供需矛盾愈加突出。针对此种局面，公益广告网开办“公益广告创作基地”项目，选取有实力的广告公司作为首批推荐对象，由公益广告网搭建平台，免费开辟专属页面对这几家专业公司进行创作理念、信息及原创作品等方面的展示，推荐给政府、社团、企业及传媒等机构，促进公益广告供需双方的交流互动与合作共赢。公益广告创作基地项目一定程度上实现了公益广告供需互惠的联动循环。

（三）开发高校资源

公益广告网开辟院校专区栏目，作为国内高等院校师生公益广告交流、展示和学习的网络专区，内容包括院校公益动态、公益作品、公益教学、名师推荐、校园礼仪等。同时网站为各个高校开辟专属页面进行创作理念、信息及原创作品等展示，向政府、社团、企业及传媒等机构推荐。公益广告网和高校的学生组织建立联系，确定具体的联系人和合作方案，组织校园公益广告的学生创作力量参与公益广告的策划、创意、制作和推广工作。

（四）打造公益互动平台

为集聚更多的公益力量，公益广告网开辟专门的作品网络上传渠道，供个人、单位、民间组织、公益广告大赛组委会等发布其原创作品，很多单位和个人通过网站上传各种主题和形式的公益广告作品，涉及影视、平面、动画、户外、广播、网络互动等形式，有环保、健康、安全、公德、社教、企业和专题七大主题。通过公益广告网的平台，公益广告人得以分享心得，交流创作经验。为使更多的公益广告爱好者了解并参与公益广告创作活动，公益广告网设栏目“寻找公益广告人”，通过发送邮件的方式，征召更多的公益广告人参与公益广告的策划制作等活动。公益广告网定期向志愿者推荐新的公益广告专题，听取他们对公益广告和网站建设的意见，增进与公益广告人的良性互动。

三、企业公益广告基金

2006 年，腾讯开始筹办腾讯公益慈善基金会和腾讯公益网，次年正式推出，在这之后腾讯开始了公益营销活动的系统化及商业化运作。

依托腾讯的公益基金会资金支持，腾讯公益网的专门传播平台，以及腾讯旗下其他产品平台支持，腾讯在教育科研、扶贫救灾、环境保护、社会服务等公益领域展开了一系列公益营销活动。在教育科研方面，腾讯既针对基础教育展开腾讯希望（春蕾）小学和腾讯新乡村行动，又在高等教育方面开展腾讯创新大赛、腾讯创新俱乐部、腾讯创新奖学金等活动；在扶贫救灾方面，腾讯既开展以腾讯网友爱心基金“网救童心”计划为主的病患救助，又经历了包括汶川地震、西南旱灾、甘肃舟曲泥石流等大型自然灾害发生时紧急启动的公益项目；在环境保护方面，腾讯发起了保护水资源（腾讯大河之旅）、大气资源（赞助第 24 次南极科考）、森林资源（腾讯公益杯环保手帕大赛）等一个个主题型的公益营销互动活动；在社会服务方面，腾讯围绕“倡导社会公益氛围，传递正能量”，举办了公益论坛讲座（尼克·胡哲公益讲座）、扶持公益组织发展（腾讯“筑力计划”），表彰社会公益行为（腾讯“筑德基金”）等公益项目；在网络互动方面，腾讯搭建了以腾讯公益网为中心的各种网络公益平台，开发 QQ 爱心图标、QQ 秀“爱心徽章”、QQ 农场“爱心果”等一系列网络公益产品。此外，腾讯还以媒体身份为其他企业主体提供公益营销活动平台，拓展公益营销渠道，比如 2008 年可口可乐奥运火炬在线传递。

腾讯对公益营销活动的具体运用进行分类，并且从活动时间、范围、特点、效果、资源类型、公益营销类型、合作机构等角度进行分解，再结合这些要点，推导出腾讯公益营销的运作模型。如图 5—5 所示。

从图 5—5 可以看到，腾讯公司投入资金到腾讯公益慈善基金会，采用一部分单独运作、一部分与其他公益组织合作，或是两者结合的方式，在教育科研、扶贫救灾、环境保护、社会服务、网络互动等公益领域开展公益活动。再通过以腾讯公益网为主要平台的媒体组合宣传公益活动，让网友与之互动，从而获得大量点击率、网友对产品和服务的使用、资金流经财付通等。同时，其他企业主体也借用腾讯的媒体平台，与之合作开展公益营销活动，获得网友对产品的好感以及销售收入等。

本章小结

随着社会、经济、科技的发展，越来越多的国内外企业把公益营销作为企业重要的营销策略和手段。公益营销既可以履行企业的社会责任，又能够提升企业和产品的知名度

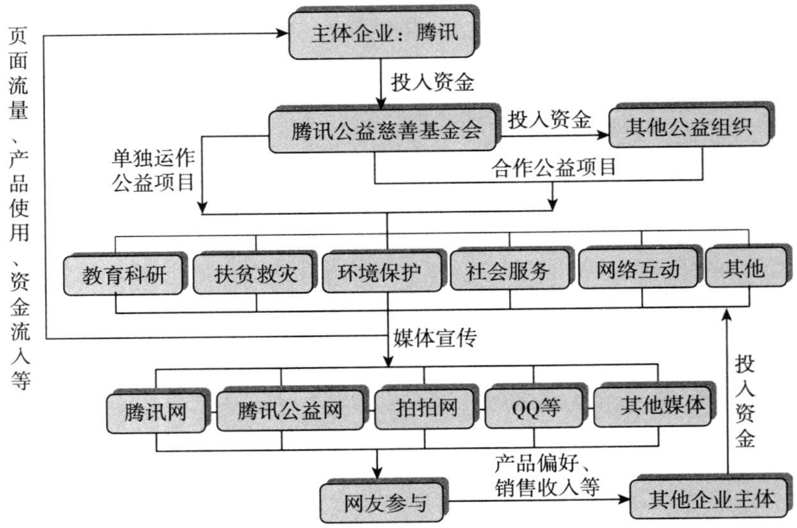

图 5—5　腾讯公益营销运作模型图

和美誉度。本章对公益营销的概念、特点和类型进行总结和梳理，并介绍公益营销理论研究的概况。在实证研究方面，本章重点阐述腾讯近些年来在公益营销领域的实践，以期对相关企业能有参考借鉴作用。本章最后讲述公益广告基金会和公益广告网的建设情况，这两者对开展公益营销活动提供了强力支持。

思考题

1. 什么叫公益营销？
2. 企业社会责任与公益营销的关系是什么？
3. 公益营销的特点是什么？
4. 公益营销的类型有哪些？
5. 请通过网络或其他途径搜寻一些最新的公益营销案例并进行评析。

第六章 公益广告的创意与表现

本章要点：

1. 公益广告创意的原则。
2. 电视公益广告脚本创作。
3. 广播公益广告创作过程。
4. 平面公益广告构成。
5. 网络公益广告创意。

公益广告是一项系统的工程，即使是单一主题的公益广告活动，也包含着复杂的流程和较长的周期。然而，公益广告最终呈献给世人的却是其成品，即公益广告作品。受众往往对公益广告制作流程知之甚少，而对公益广告作品的文案、画面等创意元素却是一目了然。公益广告的创意和表现是其真正的核心。这一点同商业广告中的情况类似：虽然一则广告的出炉，上有经营决策之宏、下有消费者洞察之微，但真正起到作用的，仍是创意元素的产生和组合。本章将对公益广告的创作原则和不同媒体上公益广告的创意要点进行论述，并对部分特点鲜明的优秀作品进行点评和分析。

第一节 公益广告创意的原则

公益广告作品之所以水平有高低、作用有大小，很大程度上是由于最终创意执行层面的区别所致。公益广告创作者为使公益广告真正为社会所认可，必须按照一个“广告人”的标准要求自己，将创意和表现放在相当重要的位置上。由于公益广告在社会改良、社会服务和精神文明建设中的共同目标，它们在创意方面有以下共同的原则。

一、针对性原则

任何传播行为都有特定的对象，这些传播对象就是传播学中定义的“受众”。公益广告在大众媒体上广泛刊播，其受众并不是“所有人”。首先，不同的媒介或具体媒体有着不同的特点。如电视观众的年龄普遍比网络用户要高，专业刊物的读者大多是具有相应专业背景的人士，广播的听众一般是同一个地区的居民，等等。因此，不同的公益广告必须照顾不同媒体受众的特点，也必须根据公益广告本身的主题来断定其最能够起到效用的受众群体。如果不对受众群体进行分析、并有针对性地安排创意元素，那么很可能达不到预想中的传播效果。因此，针对性是公益广告创意中的第一大原则。

创意评析

图 6—1　姚明拍摄的护鲨公益广告截图

图 6—1 是由姚明主演的以保护鲨鱼为主题的公益广告。此片对公益广告的针对性原则有着很好的阐释。首先，这则广告的氛围是在水族馆的高级餐馆里，是高端人士食用昂贵佳肴之地。片中人物形象均为富有人士，再加之姚明本身的名人和亿万富翁身份，使得这篇广告所针对的人群十分明确，那就是有能力消费鱼翅的人。因此，“没有买卖就没有杀害”这句话是针对有钱“买卖”鱼翅的受众说的，针对性很强。假如将这篇广告放在公交电视上播放则可能效果不佳。因为公共交通的搭乘者大多没有能力消费鱼翅，这样就产生了针对性方面的偏差。

部分媒介的主要受众特点和相应的公益广告主题见表 6—1。

表 6—1　部分媒介的主要受众特点和相应的公益广告主题

媒介的类型	主要受众的特征	适合的公益广告主题
新闻型电视频道	中年以上男性、受教育程度较高、信息接收和分辨能力强、消费能力强	政策宣讲、爱国主义、精神文明、环境保护
娱乐型电视频道	中青年女性和学生、受教育程度较低、对信息收集的兴趣低、消费能力中低等	弱势群体关怀、环境保护、群众健康
地方广播	本地居民、年长的男性、机动车驾驶员	弱势群体关怀、城市建设、精神文明、交通安全
时尚杂志	中青年女性、受教育程度较高、信息接收分辨能力强、消费能力较强	弱势群体关怀、社会福利、环境保护
门户网站	中青年男性、受教育程度中到高、信息收集能力高、消费能力中低等	环境保护、社会福利、群众健康

公益广告中的针对性并不是绝对的。由于公益广告本身的覆盖性很强，同一文本在不同媒介中同时使用的可能性较大，因此公益广告的针对性还要与普适性结合，切忌过分针对某一群体，而使其他可能看到这一作品的受众感到受到忽视。

二、劝服性原则

公益广告在劝服性方面同商业广告如出一辙。在商业广告中，推广性的内容必须对产品的价值和使用价值进行承诺，才能够赢得消费者的青睐。在公益广告方面，一则能够产生良好效果的公益广告也必须努力将一种观念或行为方式“推销”给它的受众，否则，就很容易进入一种不知所云的尴尬状态。

创意评析

试看一则以文明城市建设为主题的平面公益广告，见图6—2。这种类型的公益广告在我国街头十分常见，但很难引人注意。主要原因并不是因为画面不美观，而在于没有任何对观点和行为模式的提示。“同住一座文明城”是一种荣誉还是一种愿景呢？“幸福家”是对城市的比喻还是对每个人家庭的指称呢？此外，如何才能通过“爱幸福家”来达到“住文明城”呢？这些能够引发观者注意，进而为受众提供行动指南的问题，在这幅广告中都没有答案。因而，这幅广告并没有达到“广告”的标准，而更像是装饰性宣传画。

图6—2　以文明城市建设为主题的平面公益广告

想让公益广告作品具备强有力的劝服性，必须注意两点：一是要对所持有的价值观进行准确的定位和充分的体现，二是要对主题或倡议的合理性和可行性进行阐释。

价值观是哲学上的重要概念，是指一个人对周围的客观事物（包括人、事、物）的意义、重要性的总评价和总看法，一方面表现为价值取向、价值追求，凝结为一定的价值目标；另一方面表现为价值尺度和准则，成为人们判断事物有无价值及价值大小的评价标准。由于价值是一个人对客观事物和自己进行评判的主要准绳，因而价值观实际上是一个人对自身进行的一种定位和描述。价值观是在一个人逐渐成长的过程中形成的，其形成的基础乃是“认同”。也就是说，任何人都很难对自己的价值观进行否定和改造，而更倾向于对别人的价值观进行批判，这也就是价值观的稳定性。当一个人面对一种观点时，一般都会用自己的价值观来对该观点是否属于“我能接受的范围”进行评判，而后才会决定是否接受。

因此，一则公益广告要使受众接受自己的观点，就必须体现出能够使其接受的价值取向。如果不对自身的价值观进行展示，则很难受到人们的注意，也就无法使观者进一步思考以至接受公益广告提出的建议。

创意评析

图6—3是下岗再就业主题广告《从头再来》，是20世纪末国企体制改革时期的经典作品。之所以它能够得到千千万万劳动者的共鸣，很大程度上是因为体现了这一代人共同的价值观：为家庭的幸福，也为国家的强盛而工作。因此，当社会需要他们分担责任时，这种共同的价值观使受众感到一种无形的集体力量，在最无

图6—3　下岗再就业主题广告《从头再来》

助的时候获得了组织的关注，从而体验到一种被“召唤”的感觉。

公益广告的文案并不是一句简单的“话”，而是一种倡议或指引。如同濮存昕在著名公益广告《相信篇》中所说的：“公益广告对于社会中的那些不文明的现象，也许不可能药到病除，但我相信一条公益广告就好像是一盏灯，灯光亮一些，我们身边的黑暗就少一些。”公益广告为人们提供的，正应该是这样一盏指明道路和方向的灯。因此，适当的倡议和指引是公益广告所必须提供的。

根据不同主题的差异，这种倡议和指引可以是对问题的指出，也可以是对行为方式的建议，也可以是对理想状态的描述。但是，无论何种倡议和指引，都应当在创意中对其合理性和可行性进行阐释。这里所说的合理性，是指这种倡议与潜在的受众有什么联系。这里所说的可行性，是指受众是否有能力根据倡议和指引改变想法或行为，从而达成公益广告制作者的目的。通俗地说，就是公益广告的表现能否回答观者“和我有什么关系”以及“我该怎么做才对”的问题。如果提出的建议大且空泛，不切实际，那么就很难完成对受众的劝服。

创意评析

图6—4所示的捐助希望工程公益广告的制作并不精细，但是它对于其主张的可行性进行了阐释。资助教育、参与希望工程是一个宏大的主题，但这幅广告将其落实在“两分钱”上，为观者提供了行动指引：捐出少量金额，就可以帮助贫困儿童完成学业。

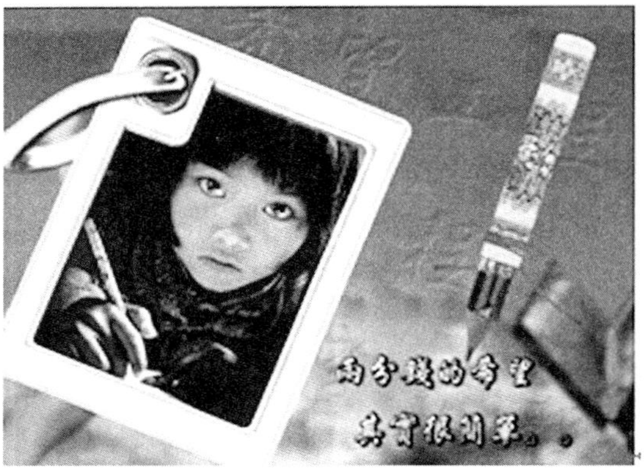

图6—4　捐助希望工程的公益广告

为特定活动、特定组织制作的公益广告尤其要注重对可行性的阐释。

在完成劝服方面，公益广告面临的难度比商业广告更高。商业广告所要宣传的商品有其特定的功能属性，因而比较容易从中挖掘出可以附加价值承诺的关键点。公益广告则不同，许多公益广告的主题本身就具有涵盖宽泛、内容繁杂的特点。例如常见的“文明”主题，无论安全驾驶、低碳环保、爱护儿童、还是赡养老人，都属此类。因此从公益主题中挖掘具有倡议价值和落实可能的关键点，更需要创意者花费心思。但无论如何，以“劝服”为目的统筹创意元素，是公益广告创作的必经之路。

三、人文关怀原则

在目前对公益广告的批评中，“假大空”和“站着说话不腰疼”是最典型的两种观点。对于许多公益广告来说，缺乏真情实感和缺少对共同情感的调动确实是相当常见的现象。而这些问题的出现，主要是由于缺乏人文关怀精神所致。因此，引入人文关怀精神，是公益广告创作中必须注意的另一个原则。

所谓人文关怀，简而言之，就是确立人的主体性。人是一个复杂的集合体，一个人的经历、情感、人格等都是他的重要侧面。因此，确立人的主体性就必须对这些元素抱有尊重的态度。具体到公益广告的创作上，则主要是保障情感的真实，保护受众和救助对象的尊严，以及选择说话的方式。

(一)保障情感的真实

在广告创作中，利用情感元素调动人们的注意力的方式称为"感性诉求"。这种诉求方式在公益广告中更加常见。由于不是所有的公益主题都拥有能够量化的价值属性和利益关系，因而使用情感作为主要的诉求方式是大多数公益广告唯一的选择。但是，情感元素的使用必须以真实为前提。如果创作者对所要采用的情感元素缺乏理解，那么在创意中使用的情感很可能会让人感到缺乏实在感，乃至让人无动于衷。

创意评析

图 6—5 所示为中央电视台公益广告《回家篇》，曾在 2013 年春节联欢晚会上播放。有关"回家"的公益广告真的使很多观众感动。这种感情的真挚，在于"置身其中"的情感体验——全程跟随式的拍摄、对人们的回家憧憬，旅途中的劳顿，见到家人的欣喜，使观者总能够想起自己回家的感受。如果说这部广告确实能够"催泪"，那也并不是苦情剧式的眼泪，而是人们对自身生活经历真实的感慨。

图 6—5　中央电视台公益广告《回家篇》

无论在何种媒体上出现，公益广告都是一种短篇幅的作品。因此，在较短的篇幅内对情感进行全面、真实、生动的描绘，比在电影、电视剧中这样做难度更高。不过，纵观优秀的公益广告，其情感调用仍有一些规律可循。

第一，含蓄地使用情感，避免过度煽情。过度煽情是夸张手法在情感使用方面的延续。但是，过于夸张的手法，容易使人物和事情丧失真实性。当公益广告中的人物过于完美、过于伟大或经历过于悲惨时，绝大多数受众会感觉假而主动屏蔽公益广告。过于夸张地描绘情感，甚至会让观者反感。因此，对情感的描绘应点到为止，避免说教。虽然艺术高于生活，但其源于生活的一面永远不应该被忽视。

下面分析公益广告《老爸的谎言》

《老爸的谎言》电视片分镜头脚本

镜号	镜头	画面	配音、配乐
1	平、近	昏暗的老屋内，老人背对镜头而坐，墙上挂满老照片	音乐起、电话铃声响
2	平、特写	电话机	铃声响
3	平、特写	墙上老照片中，年轻男子抱着女儿	老年男：喂，闺女啊
4	平、特写	柜子里的老物件、瓷娃娃	
5	俯、特写	桌子上的茶杯、玻璃板下的老照片	
6	平、特写	透过窗户，老人神色黯然	我跟老朋友出去玩了
7	平、近	通过镜子看到老人坐在桌旁	你放心吧
8	平、近	老人穿外衣	我吃得饱睡得香
9	平、特写	老人戴帽子	
10	平、远	老人独自坐在户外	一点都不闷
11	平、远	老人独自走过两栋房子的空袭	
12	平、特写	老人低头、抬头，表情伤感	你妈啊
13	平、远	荒凉的老楼房，风吹动树木	你妈妈没在啊，她出去跳舞去了，没事没事
14	平、特写	老人手中拎的水果	
15	平、远	老人在医院楼梯行走	没有事儿的，你放心吧
16	平、特写	空荡的医院走廊	
17	平、特写	一个穿病号服的人手中的半个橘子	你呀，好好工作啊，不要担心我们俩
18	平、近	穿病号服的老妇背对镜头，吃橘子、老人面对镜头而坐	
19	平、特写	老妇人露出笑脸	
20	平、特写	两人手握在一起	
21	平、远	两人在病房里相对而坐	你忙啊
22	平、远	夕阳下，房屋、旗杆	就挂了吧
23	平、远	楼房外景	旁白：老爸的谎言，你听得出来吗？ 字幕：别爱得太迟，多回家看看！

创意评析

《老爸的谎言》的画面是“老爸”照顾生病的“老妈”，以及在他们看来属于正常而旁人感到非常孤寂的生活，配音却是老爸极力将自己的生活粉饰为丰富多彩、幸福充实。这种情形在很多老年人当中都存在，让很多人从中读出了自己父母的辛酸。这条广告最可贵的一点，是其对生活场景的直观、冷静的展现，使用了一种类似于纪录片的视角，用第三方的观察方式尽量减少表演痕迹、脱离“煽情”的嫌疑。而这种手法就像“老爸的谎言”一样，说者越无心，听者越动情。可见，很多时候节制的情感表现更能使人感到心灵的震撼。

第二，避免对人物的过度脸谱化描写。对人物的脸谱化描写是短篇幅作品中摆明主题、突出观点的一种“捷径”。也正因为如此，脸谱化的人物也成为公益广告中最大的俗套来源。人物刻画中的脸谱化实际上是将一个人部分暂时性的情感状态和行为方式常态化，将人物散碎的生活状态集中化。因为作品篇幅有限，这种集中是不能完全避免的，但如果这种手法过频过滥，仍然让人感到创意的无力。

第三，尝试用多种手法描摹情感状态。将“感人”仅仅理解为“让人觉得难过、愧疚，让人有掉眼泪的冲动”是对这一概念的狭隘理解。让人在幽默轻松中获得感悟、让人产生大吃一惊的震惊之感，这些也都属于感人的范畴。而且，使用对比、幽默等手法，对创意的限制更少，更容易产生良好的效果。

(二)维护受众和救助对象的尊严

在公益广告中，必须将人的尊严放在第一位。所谓人的尊严，既包括公益广告作品所要帮助、保护的人的尊严，也包括受众的尊严。如果公益广告想要帮助人，反而使人感到尊严受到了侵害，那么这则广告的真诚就会受到质疑。如果受众觉得自己的尊严受到了冒犯，那么效果还要更糟——受众会直接抵制这则广告和它所传达的思想。

如何保护帮助对象的尊严？简而言之，就是要将帮助和“施舍”严格区分开来。帮助和施舍，虽然客观上都能够使被救助者摆脱困难。但帮助的前提是平等，而施舍的前提是尊卑有别。同时，当一个人需要帮助时，他本身也在努力解决自己的困难，是值得尊敬的。而当一个人寻求“施舍”时，他本身已经放弃了自己解决问题的可能。如果一个人有自救的能力而主动寻求别人的施舍，那么这种行为可以被认为是可耻的。因此，将公益广告中需要帮助的人群刻画为“寻求帮助”还是“寻求施舍”，有着本质上的区别。如果将需帮扶的对象刻画为“寻求施舍”，那么无疑是对他们的一种侮辱。

这一点在扶助弱势群体的公益广告中尤其重要。在创作这一类公益广告时，应当详尽了解他们的生活状态和苦衷，充分描绘他们在解决自身困难方面的努力以及这种努力所不及之处，这种方式唤起人们的“帮助”之心。

公益广告受众的尊严同样需要保护。在很多公益广告中，对不文明行为的揭露、对不健康生活方式的指出，往往在拷问着受众的心。然而，这种拷问必须是善意的。如果揭露成为了一种指责，乃至嘲讽、羞辱，那么效果会适得其反。

创意评析

图6－6《交通安全——动物篇》公益广告中，马路上行走的是各种不守交通规则的“野生动物”——狮子在闯红灯、豹子在超速、袋鼠翻越护栏、大象超载行驶。这种对“都市丛林”说法的演绎可以说别开生面。但是，有的观众能够从这则广告中读出一种令人不安的潜台词，那就是如果你不遵守交通规则，你就是动物，甚至可以说是畜生。这对于某些受众来说显然是一种冒犯。即使不文明行为者确实可恶，直接或间接地对他们进行辱骂也是不可取的。

图6－6 《交通安全——动物篇》

(三)选择说话的方式

在公益广告中,创作者必须“说话”,即表明主旨,指出问题或提出建议。但是,这种“说话”的方式对于公益广告的传达效果有着非常显著的影响。

在公益广告中,应当选择建议式或谈心式的表达方式,尽量少使用责问式和指令式的表达方式。人们在日常生活中遭遇责问和指令的情形非常多见,因而绝大多数人对这种方式都非常反感。选择良性的、温和的说话方式,本身就是对受众的一种人文关怀,让人们在日常工作之余,能够对生活有更加深刻、生动的理解。

以上原则主要是在公益广告创作中应当遵守的前提性、宏观性原则。具体到一条公益广告的创作,还应当考虑与刊播媒体的适应性,以及各种创意元素的具体使用。这些内容将在后面各节中详细介绍。

第二节　电视公益广告的创作

电视是最重要的大众传播媒介之一,由于电视传播的普及性和地域覆盖的广泛性,电视往往拥有数量最多、覆盖面最大的受众群体。也正因为如此,电视公益广告的传播范围最广、影响也最深刻。30 年来为人们留下最深刻记忆的公益广告,主要是电视公益广告。本节将介绍电视公益广告创作的普遍规律和特点。

一、电视公益广告脚本创作

电视公益广告也是一种电视广告,它的创作必须遵循电视广告创作的一般规律。电视的表达,是一种视觉的表现,因此,电视广告的创作,必须遵循以视觉为中心的原则,以其他元素对视觉表现进行补充和协助。

在电视广告脚本的创作中,主要应注意以下几个问题:

第一,明确定位和主题:一则广告的定位是广告创意表现的“统帅”,在明确了宣传对象(包括商品,公益理念)的特性后,从中提取出最值得关注、最能吸引受众的方面,为广告进行定位。然后,对这种定位进一步细化,产生广告的主题。这一主题,是整个广告创作过程中绝对不能偏离的。

第二,用镜头感来指导思维:电视媒体的特点是用画面说话,这就要求创作者具备一种“蒙太奇思维”。在电视广告创作中,所有的想法都必须围绕“视觉化”展开,无法用镜头表达的想法是难以制作成电视广告画面的。此外,还必须对镜头的段落、顺序进行规划,为每个画面规定相应的时间,镜头的数量与总时长相协调,既不能太多,也不能太少。

第三,辅助元素与视觉元素相协调:在电视广告当中,视觉始终是核心。但是,视觉元素必须有音乐、音效、解说、字幕等提供辅助。这些元素的出现应以视觉逻辑为指导,既不能使视觉元素显得孤立突兀，也不能让它们喧宾夺主。

请看两则典型的电视公益广告脚本。

《让位系列——公交车篇》30 秒

<table>
<tr><th>序号</th><th>镜头</th><th>画面</th><th>配音</th></tr>
<tr><td>1</td><td>平、中</td><td>宽阔的街道，车站上一老者等车。车停，门开，陆续上车。</td><td rowspan="2"></td></tr>
<tr><td>2</td><td>平、近</td><td>一男青年看见老人上车，即起身让位。
字幕：为老年人让位是因为
老人坐下，表示谢意。
字幕：他们应该受到尊重
车窗外，绿树如茵，高楼林立，行人如织，车来车往。</td></tr>
<tr><td>3</td><td>俯、推进</td><td>老者坐于办公桌前，写下字条，放下钥匙，离开座位。
字幕：为年轻人让位是因为
一青年坐于办公桌前整理文件，打电话。
字幕：年轻人会做得更好</td><td rowspan="3">音乐</td></tr>
<tr><td>4</td><td>俯、中</td><td>老者夹着皮包，走下台阶，走出大门.</td></tr>
<tr><td>5</td><td>定格</td><td>两镜头同放：老者走下台阶，年轻人车上让位
字幕：让位是一种美德</td></tr>
</table>

在这一广告脚本中，对镜头的描述占据主要篇幅。在描写各个角色的行为之外，还对这一镜头的角度和拍摄方式进行了描述。全片镜头数 5 个，每个镜头的时间为 5 秒左右，既能够有足够的时间进行叙事，也能够用画面的切换吸引观者的注意力。这则广告还使用了两镜头同放的“联镜”手法，虚实结合，将之前分段式的叙述整合为同步式的叙述，落实了创作者想要做的“解释”工作。从这一点可以看出：在电视广告的创作中，无论阐述还是解释，都必须用画面来进行，如果仅仅将“说话”的过程拍摄下来，就很难说它是一条优秀的电视广告。

《让位系列——登山篇》45 秒

<table>
<tr><th>序号</th><th>镜头</th><th>画面</th><th>配音</th></tr>
<tr><td>1</td><td>平、近</td><td>一位老同志微笑着说：</td><td rowspan="8">年纪虽然大，心里从来不服老。记得有一次爬黄山，自己其实爬得也不算慢，但年轻人更快。
到一线天的时候，他们赶上来，那灿烂青春的笑容，让我现在想起来都还很感动。让我想到年轻时的自己。
让位和让路一样，其实是自然的一件事情。</td></tr>
<tr><td>2</td><td>平、全景</td><td>黄山层峦叠嶂，白云依依。老同志在登山，脚步坚实。拐杖拄地。</td></tr>
<tr><td>3</td><td>平、近</td><td>老同志在讲述。办公桌上文房四宝。</td></tr>
<tr><td>4</td><td>平、近</td><td>一群年轻人欢笑着，朝气勃勃，快步如飞向山上跑。追上了老同志，与老同志打着招呼擦肩而过。老同志充满笑意。
年轻人回头，在灿烂阳光下微笑。</td></tr>
<tr><td>5</td><td>平、近</td><td>老同志坐于书架前。</td></tr>
<tr><td>6</td><td>叠化</td><td>老干部离休荣誉证。</td></tr>
<tr><td>7</td><td>仰、全景</td><td>黄山石阶，远山近松，云雾茫茫。年轻人沿石阶向山上跑去。</td></tr>
<tr><td>8</td><td>叠化</td><td>老同志侧影，逆光。落日红霞。
字幕：让位是一种美德。</td></tr>
</table>

本作品同上一个作品同属一个系列，表现的主题也基本一致。在该作品当中，“画外音”扮演了更加重要的角色。语言解说起到对画面进行诠释和补充的作用，和画面相辅相成。此外，由于时间延长到45秒，镜头也相应增加到8个，以突出变化。广告向来是以镜头切换快、角度丰富而著称的，但这种切换要和主题、整体气氛相适应。一味地追求视觉效果绚丽或镜头切换频繁，并不适用于所有电视广告。

二、电视公益广告叙事手法

叙事即人们对故事和现象的复述，是观点和内容得以传播的载体。人类总是会用故事的形式来记忆和阐释自己见识的世界和经历的事物。因此，叙事是传播内容中相当重要的要素，对于广告也是如此。在公益广告中，由于其突出的人文性，叙事的参与更加必要。叙事为公益广告提供了真实可靠的环境背景，使得观者更加具有代入感。电视本身是一种视觉艺术，也是一种时间艺术。视觉和时间的交汇中必然产生故事，而故事的表现必然使用叙事的方式。当然，也有一些电视公益广告中不存在叙事的因素，例如有些揭露不良社会现象的公益广告直接将数据和事实作为主体。但在大多数公益广告中，“讲故事”仍是创作者的首选。

《洗脚篇》

序号	镜头	画面	配音
1	俯、特写	母亲在水盆中给小孩洗脚	母亲：小鸭子游啊游啊，游上了岸
2	平、中	母亲给孩子擦脚、讲故事	
3	俯、远	孩子在床上打滚	孩子笑声
4	平、近	母亲转身出屋	母亲：自己看啊，妈妈待会再给你讲
5	俯、近	孩子在床上看童话书	孩子：嗯
6	平、远	母亲提水走过过道、擦汗	
7	俯、近	孩子打哈欠	
8	平、中、跟	孩子从床上爬起、出门	
9	平、远、推	母亲给奶奶洗脚、旁边有轮椅、拐杖	奶奶：忙了一天了
10	平、特写	奶奶抚母亲头，母亲抬头	奶奶：歇一会吧 母亲：不累
11	平、特写	小孩注视	
12	俯至平、特写	桶中洗脚、奶奶的笑脸	母亲，烫烫脚啊，对您的腿有好处
13	平、近	小孩转身跑开	
14	仰、中	母亲推开门、惊讶	
15	俯	孩子房间空着	风铃响
16	平、远	孩子走来、端着水盆	
17	平、近	孩子端水盆	孩子：妈妈、洗脚
18	平、特写	母亲笑脸	
19	平、远、叠化	孩子给母亲洗脚 字幕：将爱心传递下去	孩子：妈妈。我也给你讲小鸭子的故事 旁白：其实、父母是孩子最好的老师

创意评析

《洗脚篇》就是一则典型的"有故事的"公益广告，它的叙事中包含着明显的前因：妈妈给自己的婆婆洗脚，后果：孩子给自己的妈妈洗脚，并有完整的人物角色和空间。这种叙事方式显然来源于戏剧，故事中所有的角色有着自己独特的定位，他们所做的每一件事都有着或显或隐的目的。最终，这种目的性将故事导向一个特定的结局，而这个结局就是创作者所想要告诉观众的核心观点。因此，在某种程度上来说，这种常见的叙事方式与寓言如出一辙。

《请珍惜粮食》篇

序号	镜头	画面	配音、字幕
1	俯、特写、推	一个汉堡的一部分	音乐、钟表的滴答声
2	平、特写	汉堡旋转到另一面，少了三分之一	字幕：每年，全球粮食总量的1/3被浪费
3	平、特写	一碗米饭的一部分	
4	平、特写	米饭旋转到另一面，连碗一起被纵向切掉了一半	字幕：每年浪费量达13亿吨，相当于全球谷物产量的1/2
5	平、特写	一只泔水桶、纵向整齐地切掉了一半。看到里面有大量完好的饭菜	字幕：你的挥霍正伴随着别人的饥饿
6	平，远	泔水桶的横剖面，画笔线条把它补全	字幕：请珍惜粮食

创意评析

《请节约粮食》就是一则"没有故事"的公益广告，它只是描述了一种事实，用直观的方式说明粮食浪费的情况。也可以说，这则广告中使用了非常明确的"理性诉求"：这一事实中的前因后果需要观看者自己思考，而不是用故事的形式讲述出来。这则广告是由中央电视台新闻频道制作的，它的表现形式和新闻报道很相似——客观提供的事实比观点更多。

广告中常见的叙事结构包括戏剧式叙事和散文式叙事。

戏剧式叙事的主要特征是讲述矛盾的产生、存在和解决的过程。在这一过程中，有着明显的开端、发展、高潮和结局。最经典的戏剧式叙事是呈线性的，人物的出现和演变、故事的开端、发展和结局都是依照事物本身出现的时间顺序依次出现的。电影和电视的发展，其实给了创作者一个突破线性结构的机会。由于广告篇幅短小，很难让整体的戏剧式结构完整地呈现，因此跳跃式的、截断式的戏剧叙事方法在电视广告中也很常见。

《打包篇》

序号	镜头	画面	配音
1	平、特写	表情呆滞的老人、画面虚化又恢复	儿子：爸、爸
2	平、远	儿子在门外敲门、老人在门内呆立	儿子：爸、爸，开门啊
3	俯、特写	老人颤抖的手	
4	平、远	老人在门内紧张地颤抖	儿子：我，我是你儿子

续表

序号	镜头	画面	配音
5	俯、特写	老人颤抖的手	儿子:我没带钥匙
6	平、远	儿子通过门栅栏看到的老人	
7	特写	儿子少年时的照片	
8	仰、特写	老人扶老花镜、表情疑惑	老人:我不认识你
9	平	风吹窗帘	儿子:不知从什么时候开始,我爸的记性就越来越差了
10	平	老人呆滞的神情、画面被墨迹染黑	
11	平、远	老人侧坐	
12	仰	过街天桥	儿子:冰箱在哪、厕所在哪,他刚才做过的事情都忘了
13	平、远	从窗外看书房里的老人	
14	平、特写	老人痛苦的表情	
14	平、远	从门外看儿子把老人的腿抬上床并给他盖上被子、老人已睡着	
15	平、中	儿子给父亲端上饭	儿子:有时他不记得刚吃过饭
16	俯、远	透过缝隙看老人在楼下徘徊	儿子:有时候走到门口他都不记得这是他的家了
17	平、近	父亲在餐馆呆坐	儿子:有一天中午,我带他到餐厅吃饭,我爸发现盘子里还有两个饺子,他竟然直接拿手把饺子装进了口袋
18	平、近	父亲手抓饺子	
19	平、特写	父亲把饺子放进衣服口袋	
20	平、中	儿子、宾客惊讶、画面转为黑白	儿子:你干吗呀
21	平、近	老人侧影	儿子:你猜我爸怎么说? 老人:这是留给我儿子的,我儿子最爱吃这个
22	平、近、推	儿子惊讶、画面黑白	
23	平、中	老人呆坐 字幕:他忘记了很多事情,但他从未忘记爱你	

创意评析

《打包篇》是一则关爱老年痴呆患者主题的电视公益广告。使用了经典的戏剧式叙事结构,完整地讲述了一个故事:父亲年老糊涂,忘记家里东西在哪,甚至忘记自己儿子是谁,但是吃饭时却不会忘记给儿子带他爱吃的饺子。其中的叙事是线性的,老人不给儿子开门是故事的开端,老人忘记东西在哪、家门在哪是发展,在饭店为儿子带饺子是高潮,儿子的震惊和愧疚是结局。这则广告能够叙述一个完整的故事,与其 90 秒的长篇幅也有很大关系。如果广告的篇幅只有 30 秒或更短,那么就很难叙述这样一个完整的故事。

散文式叙事,顾名思义,有着散文一样形散神聚的特点。散文式叙事常常将不同的故事打碎、用诉求点将其串联起来。不同的故事仿佛"例证"一样,证明着创作者的主要思想。由于散文式叙事更符合电视广告的"蒙太奇语言",在有限的篇幅内增加内容的丰富性,因而是广告创作者非常善用的一种叙事方式,在公益广告中很常见。电视公益广告中使用散文式叙事，最重要之处在于必须有明确的诉求点，为分散化的叙事提供串接和支撑，否则就会“形散而神散”。

《母亲的等待》篇

序号	镜头	画面	配音、字幕
1	平、远、移	在空场上。母亲俯身等人，前景有小孩跑过。小孩从左跑进画面，把书包给母亲。母亲和小孩从右侧跑出画面，镜头右移。	字幕：爱是什么
2	平、远、移	母亲和小孩从右侧进入、跑跳，二人穿夏装。镜头跟随母亲，孩子从左侧消失	字幕：爱，是只要你快乐
3	平、远、移	长大了很多的孩子从镜头左侧跑入、绕母亲跑，母亲和小孩从右侧跑出画面	字幕：爱，是陪你走一辈子
4	平、远、移	母亲和孩子半蹲歇脚、母亲站起往右走，镜头跟母亲，孩子从左侧消失	字幕：爱，是无悔青春流逝
5	平、远、移	孩子从母亲身后出现，已经长大，二人穿秋装。母亲给孩子整理围巾，并拉着围巾，最终放手。孩子回头。镜头跟孩子，母亲从左侧消失。	字幕：你的高飞，就是我的安慰
6	平、远	孩子穿冬装、背包、回头看，淡出	
7	平、远	母亲穿冬装站在开始时的场景处，已经变成老人、缓步前行。前景有孩子跑过	字幕：爱，是痴痴等待
8	平	母亲身影消失，仅剩下空旷场地	字幕：别爱得太迟，多回家看看

创意评析

《母亲的等待》中，只有一个镜头、一个场景。但是在这同一个场景中，儿子跑着、跳着，走出镜头再走进镜头，就长大了。而在同样的进、出镜头的过程中，母亲就变成了垂垂老人。因此，这个过程绝不是在叙述某一个故事，而是用相同的场景串接起一个个生活片段，是一种散文式的叙事。这种叙事方式，体现出一种深沉的诗意，给人的感觉与台湾诗人余光中的《乡愁》有异曲同工之妙。

在公益广告的创作中，选用何种叙事方式，应与主题、整体气氛相适应。戏剧式叙事方式适合使用在以小见大、以情感人的作品中，而主题宏大、内容跨度大的作品，则更适合散文式叙事方式。出人意料、结构巧妙的叙事方式更能够激发观者的兴趣。

三、电视公益广告诉求方式

电视媒体是最具表现力的媒体形式之一。由于电视能够综合画面、声音、文字等元素，在电视广告中各种诉求方式都有发挥和表达的空间。因此，电视公益广告的效果往往也最好。上世纪 80 年代，美国广告委员会推出一则以撞车测试假人为主角的电视公益广告，以劝说人们开车时系好安全带。这则广告播出之后效果惊人，许多人通过它认识到了安全带的重要作用。

电视公益广告必须综合运用多种诉求手段，以达到劝服受众的目的。公益广告所采用的诉求方法与商业广告大同小异。从本质上来说，公益广告使用的诉求可以分为理性诉求和感性诉求两类，在公益广告的诉求表达中均有着重要的地位。

理性诉求，顾名思义，是一种有赖于接受者理性思考的诉求方式。使用理性诉求的广告信息，需要提供一定数量的概念、事实、逻辑等，引导观者按照预期的思维方式进行考虑，并使其产生叙述者所需要的结论。由于理性诉求提供了大量“证据”和“思路”，容易使观者信服。理性诉求常见的表达方式包括事实展示、对比、推断等。

有些类型的公益广告非常善于使用理性诉求，例如环保类、交通安全类等。这些公益广告经常会展示大量的事实数据，为人们提供思维的依据，让人们了解某一现象的严重性或自己所为能够起到的积极作用。

《节约无小事》篇

序号	镜头	画面	字幕
1	俯、远	楼外看到窗内灯灭	你睡了
2	平、移	黑夜中的客厅	但它们还没有休息
3	平、推	地板上的台式电脑机箱	台式机待机功率 4.9 瓦
4	平、移	客厅里的一台平板电视	电视待机功率 8.07 瓦
5	仰、移	墙上的壁挂式空调	壁挂空调待机功率 8 瓦
6	平、移	卫生间里的滚筒式洗衣机	洗衣机待机功率 2.46 瓦
7	平、移	厨房里的微波炉	微波炉待机功率 11 瓦
9	平	一只手按动按钮关闭插线板电源	据统计，如果每个人都能及时关闭待机电器的电源
10	俯、全景	夜间城市街道车流穿梭	节省的电能可供东北三省所有的家庭用电

创意评析

《节约无小事》是一则典型的使用理性诉求的电视公益广告：洗衣机待机功率 2.46 瓦、台式电脑待机功率 4.9 瓦，一个个数据板上钉钉。观众不难计算出大量家庭在长时间内通过这种方式浪费了多少电能，从而注意“待机浪费”的问题。数据是这个时代的人们最熟悉的内容，也是最能够说明问题的内容，准确的数据非常直观，让人震撼。

理性诉求的劣势在于情感的抽离不容易使观众获得良好的代入感。事实和逻辑确实能够对问题本身进行很好的阐述，但仍然难以解释内容与观看者自身的关系，这时，就需要感性诉求的参与。

感性诉求是以调动接受者情感而达到说服目的的诉求手段。感性诉求重视接受者的情感共鸣和情感带入，经常用故事表达来完成说服。感性诉求是绝大多数公益广告使用的诉求方式，公益广告创意中常见的对愧疚、同情和恐惧等感情元素的使用都属于感性诉求的方式。

感性诉求完成说服的过程比理性诉求更加直接。感性诉求不需要逻辑和思考的过程，“感人”的过程是和内容的进行同步完成的。由于电视媒体可以综合运用图像、声音等元素，因而电视广告也最适合感性诉求的使用。

在电视公益广告的创作中，需根据情境将感性诉求和理性诉求的方法配合使用。由于电视媒体的特点，无论感性还是理性的表达方式都可以生动直观地表现出来。特别应当注意的是，在感性的叙述方式之余应当加入理性的例证和论据，使公益广告更具说服力。

第三节　广播公益广告的创作

广播是最早出现的电波媒体。在电视出现之前，广播是唯一能够做到消息直播的传播媒介。在表现20世纪三四十年代生活的老电影中，我们仍然能够看到当时一家人围坐在收音机前收听节目的场景。现在的广播虽然不复当年的显赫，但仍然是重要的地区性媒介。尤其在私家车保有量大大增加以后，无线广播的重要性有所增强，因为广播是行车中的司机唯一能够使用的媒体。在今后相当长的一段时间内，无线广播仍将继续存在并发展。

一、广播公益广告的创作过程

广播是重要的广告媒介。相对于电视而言，广播广告制作简单迅速、价格也相对低廉。由于广播通常面向本地，有相对固定的收听群体，因而对于地方性的广告主，特别是服务业广告主而言，广播是一种有效而实惠的信息发布平台。在我国，广播同样需遵守媒介广告中公益广告至少占总时长3%的规定。除按要求专门制作的公益广告之外，许多广播节目都具有公益性。例如在交通广播当中播报的路况信息、寻人寻物启事等也属于广义上的公益广告范畴。

总体而言，广播公益广告的创作过程较电视等要简单一些，其创意的程序基本上可分为三个步骤：

（一）明确创作主题，掌握宣传重点

我国公益广告的“大主题”相对固定，“文明”是其中最重要的一个，但在这一主题之下，可以分化出众多主题，因而，广播公益广告必须根据当时的社会热点、地区热点来明确公益广告的主题。由于多数广播具有明确的地区性和专业性，如专门的交通广播、经济广播、文艺广播等，广播公益广告的主题还必须与本地区的文化特色、民生状况和广播频率的特点相适应。

在确定主题之后，就要明确宣传的重点。问题揭露、行动倡议、人文关怀等不同的侧重点有不同的创意表现方式，必须以宣传重点统领创意表现。

（二）撰写广播广告脚本

广告脚本是广播广告制作的指导和参考。广播广告包括三个方面的因素，即介绍商品和理念的语言、激发情感的音乐和使人产生身临其境之感的音响。广告创意人员运用文字语言艺术，简明而准确地表现广告主题，表达相应的承诺，使听众产生画面的联想。

音乐和音响起到烘托语言的作用。

广播广告脚本由三部分内容组成，即语言设计、音乐设计和音响设计。

1. 语言设计

广播广告语言设计的基本要求是：通俗化、口语化、亲切、响亮、节奏感强，以及必要的重复。

通俗化　就是要用广告对象通用的语言，深入浅出地表述广告内容，使听众一听就懂。

口语化　就是要使书面用语口语化，不用生僻的字、词、句，避免出现使听众产生误解的谐音和同音字、词。

亲切　就是要使听众听到的内容不但顺耳，而且顺心。广告创意人员设身处地替听众着想，从消费者和用户的利益出发编排语言。使广播广告的语言亲切和气，入情入理。

响亮　就是要让听众感到广播广告的声音清脆明朗、洪亮悦耳。汉字的发音，从打头的韵母分析，元音比辅音响亮；从口形分析，开口大的发音字比开口小的发音字响亮。要在所表达的内容允许的条件下，多用发音响亮的词和字，避免出现拗口音。

节奏感强　就是要求增加广播语言的感染力，使听众感受到语言的韵律美。例如，适当地运用合辙押韵的规律，调整语言的抑扬顿挫关系，连续使用三音节词，等等。

必要的重复　广播广告的语言设计要尽量弥补广播声音倏忽即逝的特点，安排适当的重复。对重点传达的信息，重复会加深听众的记忆。这种重复不仅不会破坏广告语言的精炼，反而会增强广告的效果，所以是非常必要的。

2. 音乐设计

音乐设计要符合广告主题的需要。古典音乐庄重、古朴，轻音乐奔放、悠扬，民族音乐富于地方色彩，进行曲威武雄壮，等等，每部乐曲都有特定的主题，表现特定的情感。根据广告主题选择适当的乐曲，不但能烘托广告主题，表现商品风格，而且能给听众以美的享受，引起人们的兴趣。

广播广告中的音乐节奏要与语言节奏一致，否则，就会出现杂乱的广播效果。音乐的音量要随着语言的变化而有所调整，以保证广告语言的清晰度。例如，在介绍商品时，音乐的音量要减弱，甚至消失；在烘托气氛和语言停顿时，音乐的音量要加大。

音乐编排形式有渐显、渐隐、插入、叠声等多种。广播广告创意人员应巧妙地安排音乐与语言的配合关系，加强音乐的表现力。

3. 音响设计

广播广告的音响设计可以增强广告的艺术表现力，广播电台一般都备有音响资料数据库。广告创意人员也可以根据特殊需要，录制音响效果。

广播广告常用的音响有：自然环境音响，如风声、雨声、雷声、鸟叫声和波涛声等；有生产环境音响，如机床轰鸣、汽车飞驰、汽笛长鸣等；有人物环境音响，如市场喧嚣、掌声四起、雀跃欢呼，以及喝水声、碰杯声、钟表的滴答声，等等。

《一心不可二用》（河南人民广播电台交通台）

语音	音乐	音效
女(电话那一端传出声音)：喂，老公，晚上回家吃饭吧。	背景音乐	汽车驾驶室声，而后电话铃声
男：今天不回去了，我要加班，就这样吧，我正在开着车呢。		
男：喂，是我，我这就开车接你，晚上想吃什么？我到楼下打电话给——		拨号声
		(尖利的刹车声，汽车撞击声)
男声旁白："一心不可二用，不只是对爱情。"		

在这则广播公益广告当中，语音、音乐和音响效果都占有重要的地位，其中语音是故事叙述的主干，而音乐和音效主要是起到烘托环境的作用。其实，广播广告中的音乐和音效能够起到一种为声音片段"视觉化"的效果。让声音作品的表现力超越声音的范畴，才能使一条广播广告出类拔萃。

二、广播公益广告创意中的创新

在广播公益广告的创意当中，存在着比其他媒体公益广告更多的"程式化"形式。这与广播媒体本身的特点有关。由于广播广告以语言为主，而汉语言又对音调、音韵等特别的重视，因而在广播公益广告当中押韵、对仗等传统结构的文字表达方式非常常见。因篇幅所限，广播公益广告的内容也容易流于说教，一则广播公益广告百余字，除了表现几句口号和点题语句之外，时间就不多了。其实，广播公益广告的创意和表现中仍然有不少可以创新之处，值得创作者重视。

(一)引入故事叙述

故事是人们最容易理解的内容。广播作为声音传递的媒介，最适合"讲故事"，既可以直接叙述故事内容，也可以表现其中的场景和对话。由于时间所限，必须远取故事中矛盾最为突出、含义最为丰富的场景和人物，在短时间内集中展现。

请看实例：

《自强创辉煌——听太阳篇》 中央人民广播电台制作

(海浪声，舒缓的音乐起。)
女声旁白：凌晨，一个快要失明的少女来到海边，想要最后看一眼海上日出。一位伫立在礁石上的老人出现在她模糊的视线里。
少女声：老爷爷，您也是来看日出的吗？
老年男声：(温和地)我是来听日出的。
少女声：听日出？
老年男声：我的眼睛 30 年前就看不见了。
少女声：可日出您也能听得见吗？
老年男声：(充满激情地)你听。(音乐转为激昂)太阳出来时，大海对她欢呼着，我虽然看不见，但我心里却感觉到了。
(乐声渐强，随着男声结束，达到高潮)
少女声：(兴奋地)老爷爷，我听见了，我听见了，太阳走过来了！
男声旁白：只要我们心中拥有太阳，生活就永远充满希望！

在这则公益广告中，讲述了两个人的故事，但只选取了他们相遇并交换人生看法的片段，而他们所交换的人生看法，也仅仅有数十字而已。可以说，这个片段是他们故事中高潮的高潮，紧凑而富有极大的戏剧性。

请看实例：

《纪念改革开放30年之我的30年》

男声独白1： 1978年，我八岁，和山村里的小朋友一起做着游戏； 1988年，我上高中，从收音机里知道了奥运会； 1998年，我参加工作了，通过电视通宵达旦观看法国世界杯； 2008年，我带着儿子在北京国家体育场——鸟巢亲历了北京奥运会开幕！ 男声独白2：30年，改变的不仅仅是我们的角色，也改变了世界的焦点！

这则公益广告中，男主角的故事跨越了30年的时间，很难用具体的场景和对话加以描述，因而采用了主观的叙述角度，这种叙事方法和这条公益广告的主题非常契合。

故事叙述是广播公益广告创作者必须掌握的创作手法，对于故事叙述的灵活把握也能够使广播公益广告体现出更多的创新特色。

(二)注重纪实的力量

纪实是广播媒体的一大优势。纪实不仅能够在新闻和专题中大展身手，在公益广告当中也有其独特的作用。利用纪实素材和纪实手法的公益广告能够赋予其令人信服的力量，使公益广告的观点陈述“脚踏实地”。

纪实性公益广告的创作需要经过采访和编辑的过程，采访对象的叙述不一定完全切合主题，需要在后期加以剪裁和取舍。

请看实例：

《中国梦》系列公益广告之一 北京人民广播电台

我是故宫博物院院长单霁翔。故宫博物院不仅是属于中国的文化遗产，更是全人类的文化标志和财富。自从我2012年来到故宫以后，故宫未来的发展就与我个人的命运息息相关了。我认为故宫不应该仅仅是厚重的、庄严的和有深刻历史积淀的，故宫更应该是健康的、安全的和可持续发展的。 博物馆现在面临一个大发展的时期，也是一个黄金时期，几乎每三天就有一个博物馆开放。博物馆不是文物的库房，也不仅仅是关起门来研究的机构，而是要融入社会生活中。让我们的民众把参观博物馆作为他生活的一个不可或缺的部分，这是我们的理想。 中国梦的实现也需要文化实力的进步，而对文化遗产的保护则尤为重要。在我看来，文物都是有尊严的，文物工作者更应该心存敬畏。我的梦想是要把一个壮美的紫禁城完整地交给下一个六百年。 旁白：中国梦，腾飞的梦；中国梦，你我的梦。

广播公益广告的纪实手法适用于时间较长的作品(广播的朗读速度约为4字/秒)，而且其创作需要的联络、采访和制作工作都远多于一般的公益广告作品。作品一经完成，往往能够取得良好的效果，具有震人心魄的力量。

第四节 平面、户外公益广告的创作

报纸、杂志等平面媒体也是公益传播的重要阵地，它们吸引着特定的读者群体，具有独特的感召力。且纸质媒体重复阅读率高，易于收藏，使得公益广告能够重复发挥效用。而户外和公共场所是公益广告最为多见的地点，公益广告在户外广告总量中占据的份额比其在其他媒体中所占的都要大。在目前阶段，平面公益广告和户外公益广告共享着许多特点，最重要的有两点，一是它们都以平面式的表现手法作为创意的主流，都利用摄影、绘画、艺术设计等创作手法。二是它们“起效”的原理很相似，都依靠与环境（上下文）的对比和互动来达成对观者的影响。在很多情况下，平面媒体上和户外可以使用同样的公益广告作品。因此，本节中将平面和户外公益广告的创作合而为一，在其共性的基础上阐述各自的特点。

一、平面公益广告构成

平面公益广告的构成主要包括画面、色彩和文字这三部分。画面和色彩负责引导解读，引发联想和想象。文字负责点明主旨，揭示主题及主张。一般而言，这三部分都是必不可少的，但有时也会根据创意的需要对某些元素进行强化或弱化甚至隐去。

（一）画面构图的形式

广告画面的设计要充分利用视觉传达的原理。例如，水平直线使人感到稳定，垂直线使人感到挺拔，曲线使人感到波动和跳跃，正三角表现永恒的稳定，倒三角表现悬空与不稳定，等等。使读者的视觉焦点与广告的构图焦点呼应，引导读者的视线按需要的路线移动。图 6—7 展示的公益广告《和谐创业　泉心泉意》，呈现正三角形的稳定结构。图 6—8 的廉政主题公益广告，用垂直构图表现坚定和正派。

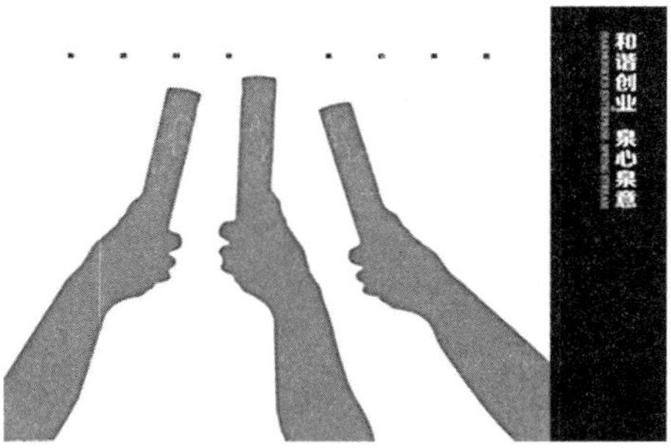

图 6—7　公益广告《和谐创业　泉心泉意》

图 6—8　廉政主题公益广告

平面广告常常需要照片的配合。用照片构成的报纸广告画面有两种形式：一种是照片主导式，即画面几乎全部由照片表现，极少文字阐述；另一种是照片介绍式，即画面上有照片，并加以详细说明。

（二）色彩的使用

赤橙黄绿青蓝紫，以不同的比例混合，可以描绘出大自然千奇百怪的色彩。其中，黄、红、蓝三色是原色，是构成其他颜色的基本成分色。例如，黄加红构成橙，黄加蓝构成绿，红加蓝构成靛青色，黄加红加蓝构成紫色等。广告创意人员运用色彩要特别讲究七种对比关系，即色相对比、明暗对比、冷暖对比、补色对比、色度对比和色块面积对比。其中冷暖对比是经常和必须注意到的，有对比才能使画面的色彩鲜明和生动。

色彩对人的心理产生影响。有专门的色彩学理论揭示色彩与人们心理活动的关系。例如：

黄色＝辉煌和明亮，象征着知识和光明；

红色＝温暖和兴奋，象征着爱和力量；

绿色＝宁静、清洁，代表生命、和平与希望；

蓝色＝清澈、静谧，象征着寂静和永恒；

紫色＝神秘和强权，象征着虔诚和迷信。

另外，各种颜色还带有相反的含义，如红色既表现爱，也孕育着仇恨。总之，色彩和人们心理活动的关系是一种动态的联系，各种色彩之间的搭配、互补、映衬会使人产生各种各样的心理反应。图6—9所示的戒烟主题公益广告中压抑的黑灰色调让人紧张，催人警醒。

图6—9　戒烟主题公益广告

(三)文字的运用

平面公益广告的标题应极为醒目,具有对观众视觉的冲击力,引起注意。标题不仅字体较大,而且常常作为广告标语出现。它传达公益广告的主信息。副标题对标题作进一步的解释,以使读者保持兴趣。简单且短的标题难以表达主题时,副标题可以展开。副标题的文字不宜过多,一般不要超过 12 个字,否则就成为正文了。有些公益广告的整个画面以文字为主,图形只是其陪衬;有的公益广告则没有文字,以画面为主。图 6—10 这则公益广告画面的主体是“福”和“税”字的文字变形。

图 6—10 依法纳税主题的公益广告

二、平面公益广告的创意思维

由于平面公益广告亮相时间较短、且常常出现在其他内容或嘈杂环境中,因而需要出其不意的创意思维。创意思维集中在图形创意方面,主要有以下几种。

(一)联想

联想是指由 A 事物而想到 B 事物的心理过程。如由当前的事物回忆起以前的另一事物,由这件事物想起另一件事物,由某概念而引起其他相关的概念。联想思维往往是巧妙地利用事物之间的某一相似或相关联的特点为切入点进行创意,借用一物比喻另一物的一种含蓄的艺术表达形式。联想思维的关联性能使我们在对信息表述方式进行思考时获得旁征博引的启发,从而寄情于物或借物喻事、喻理,使传达变得更有意味和更具创造性。

联想思维是抽象思维与形象思维的综合。在进行图形创意时,往往要集抽象思维与形象思维于一体。一方面要求我们有丰富的形象思维能力,另一方面还要具有敏锐的抽象思维能力,这是进行事物联想的前提。在设计过程中,要善于把自然界中和生活中毫无关系的东西联系起来,从而找出其中存在于它们之间的相似性或共性的东西。在联想思维的作用下,所提炼的图形形态必定具有典型性,具有以小见大、以少胜多的特点。图形联想思维的广泛应用,可以达到多种艺术感觉的综合,图形效果强烈,让人回味无穷。

联想的手法可分为虚实联想、接近联想、类似联想、对比联想和因果联想等。图 6—11是使用接近联想的反战公益广告,由人骨构成的枪支形象揭示战争带来的死亡。图 6—12 是使用因果联想的“气候变化”主题公益广告,其含义是如果人类不注意关注全球气候变暖问题,城市就将变为海洋生物的乐园。

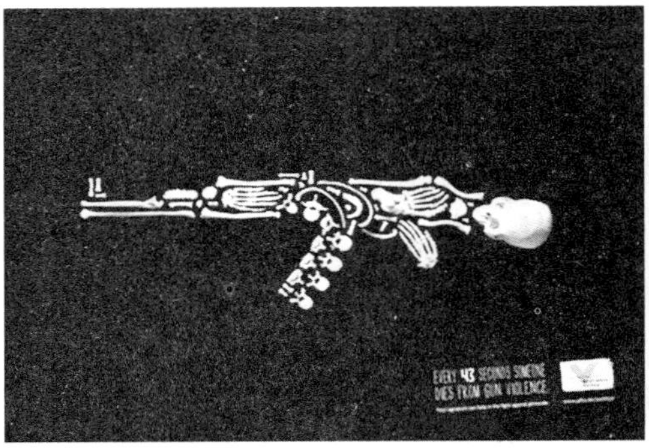

图 6－11　反战主题公益广告

图 6－12　“气候变化”主题公益广告

（二）想象

想象是比联想更为复杂的一种心理活动。想象是指人脑对已有表象进行加工改造而创造新形象的过程。这种心理活动能在原有感性形象的基础上创造出新的形象。这些新形象是已积累的知觉材料经过加工改造所形成的。人们虽然能够想象出从未感知过的或实际上不存在的事物的形象，但想象归根结底还是来源于客观现实，从社会实践中发生发展而来。在通过联想把图形的主题与各种有关的形象联系起来以后，设计师就要展开想象的翅膀，把各种形象糅合起来，以产生出全新的形象来。想象与联想是互相沟通、互相转化的。

想象分为再造想象、创造想象两种。

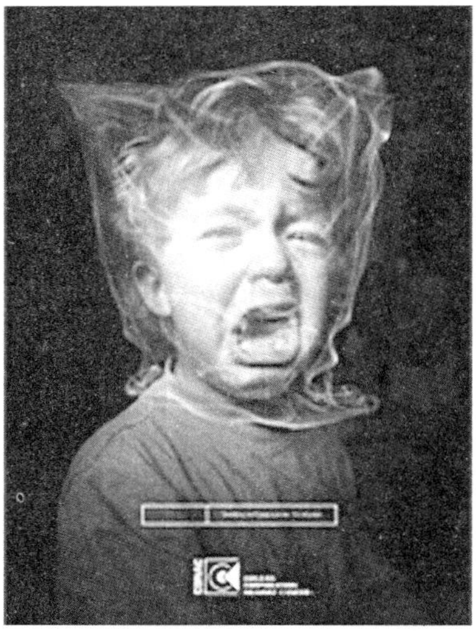

图 6－13　戒烟主题公益广告

在现实中，人们对于客观存在但未曾遇到过的那些事物，凭着语言文字的描述或图示，会在脑中建立起相应的形象。这种依据语言的描述或图示在人脑中形成相应形象的过程，叫做再造想象。

不依据现成的描述而独立创造新形象的过程，称作创造想象。创造想象是创造性思维高级阶段的产物，它通常使用多种视觉形象，并对它们进行加工改造，进行组合融合，在客观现实与想象之间形成新的意念，并给人带来全新而强烈的视觉感受。

创造必须用自己积累的知觉材料为基础。创造想象虽以现实生活中的客观事物为基础，但是它已经超越了现实生活和客观世界。在广告图形创意中，创造想象的方向和范围都要按照设计活动的目的与要求进行，都离不开表达主题思想这个基本要求。如图 6－13 的戒烟主题公益广告中，二手烟构成了一个让孩子窒息的袋子，使用了“创造想象”的手法。

(三)同构

同构是公益广告创意中常见的技巧。所谓同构图形，指的是两个或两个以上的图形组合在一起，共同构成一个新图形，这个新图形并不是原图形的简单相加，而是一种超越或突变，形成强烈的视觉冲击力，给予观者丰富的心理感受。

并非所有形象素材都可用于同构，将不同的形象素材整合成为新的形象，必须遵循一定的原则，即它们之间应有适于整合的共性。对于这种共性，我们称之为同构。为了成功地进行形象的整合，必须通过观察与联想，刻意地进行同构的探寻。同构的手法可分为异形同构、异影同构、置换同构、共生同构等。图 6－14 是使用同构方法的公益广告《四川依然美丽》，用心形构成四川省地图的形状，而整个图形又似一棵同根大树。图 6－15是常见的异影同构手法——持香烟的手影似一把手枪。

图 6－14 《四川依然美丽》

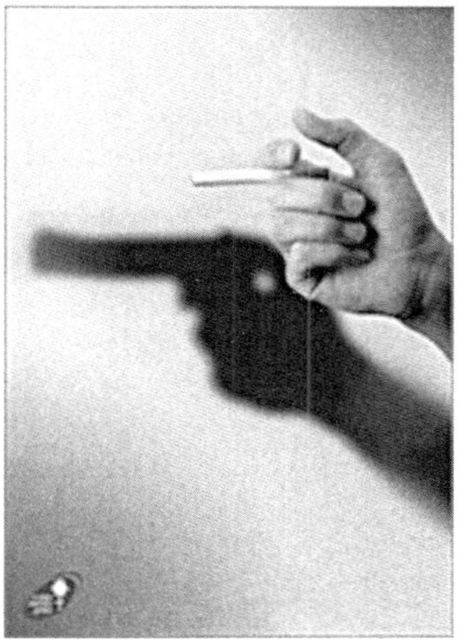

图 6－15 戒烟主题公益广告

(四)解构重组

由联想和想象得到的意象，以同构的形式将一定的视觉形象传递出一种完整的概念。这是一个有机联系的过程，亦是意形的转化过程。在这个过程有一件最重要的事情，即是对素材的收集、整理、分析、重组，以寻求创意，探寻阐释信息内容的最佳视觉表达形式。

新的形象来源于素材的组合，素材不可以拿来就用，要根据需要把相关的素材进行分解重构，这就是解构。素材的解构过程，实际上就是素材的分割过程。具体说，当我们面对一个设计主题，试图寻找多种视觉表现形式的时候，首先应做到对与主题有关的素材进行分解，然后选择其中最具代表性而且形象别致的造型特征作为设计素材重新整合。

解构重组是使素材化整为零的方法，在解构重组的过程中，往往个性特征突出的部位被保留下来。

图 6—16　保护动物公益广告

图 6—16 中运用“解构重组”技法——活生生的动物形象和商品(皮具)特征的重组,暗示人们购买相关皮具就会屠戮动物,毁坏自然。

三、其他技法

在平面和户外公益广告的创作中,有下列问题值得关注,它们对公益广告的整体创作和创意创新都有一定的影响。

(一)把握内容的信息量

在一则平面或户外公益广告中,内容的信息量值得创作者注意。如果信息量过小,很可能达不到传播效果,也难以提出有力的主张;如果信息量过大,也可能使读者在短时间内无法全部接受,甚至造成困惑。因此,平面公益广告的创作者需要把握信息量的大小,用合适的方法明确展示所要传达的观点和相应的证据,使观者一目了然。

创意评析

在图 6—17 中,大象历经数亿年的不断进化和繁衍,最终却变成了人类的象牙制品。广告中包含着相当大的信息量,刻画了大象由原始生命进化至今的全过程,而其结尾却包含着强烈的戏剧性:历经漫长时间长成生物毁于人类之手。这则广告的可贵之处在于,对信息的获取可以由观者掌握——无论是只看最后一行,还是细细研读整个作品,都会给人以同样深刻的警示。

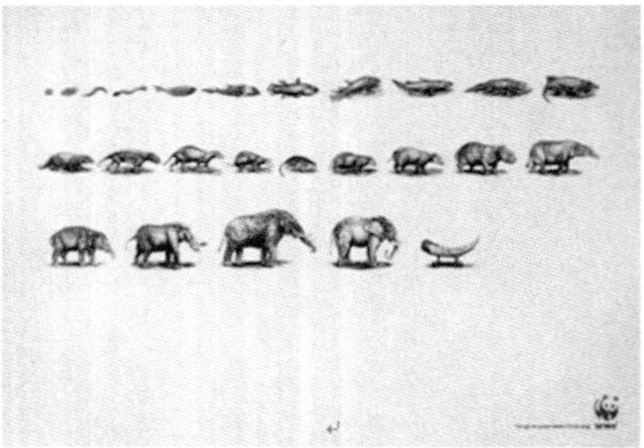

6—17　世界自然基金会 WWF 的公益广告

图 6—18　反家暴主题公益广告

创意评析

在图 6—18 中,被打的孩子历经成长,最终变成了打人的父亲,完成了受害者到施暴者的循环。在这则广告中,画面的背后是一个人的成长历程,几十年的人生故事融汇到一个场景、一幅图画中,其中浓缩的信息量使得这幅广告十分具有可看性。

（二）实现环境和人的互动

此处所指的环境和人的互动，主要是指户外公益广告。户外公益广告不可避免地存在于某种环境或场合当中，因而在创作户外公益广告时，应当考虑与所在的环境及可能的观者进行互动。公益广告与环境和人的互动能够使公益广告作品真正融入社会环境，使观者感到身在其中，从而起到更好的效果。在一些地点，可以采用互动屏幕或装置艺术等多样化的形式。

创意评析

在图 6—19 中，一辆运输车满载着轮椅在城市的大街小巷和高速公路上行驶，车身广告语是“如果你酒驾，这（轮椅）就是你的下一辆车”。这一创意充分考虑了与环境的互动。交通行为的主要环境就是城市和道路，这样一辆奇特的车行驶在路上，一定会受到交通参与者的注意。实际上，与环境互动，在很大程度上就是与人互动，因为当环境映入眼帘时，便自动构成一种“情境”，成为人的记忆的一部分。

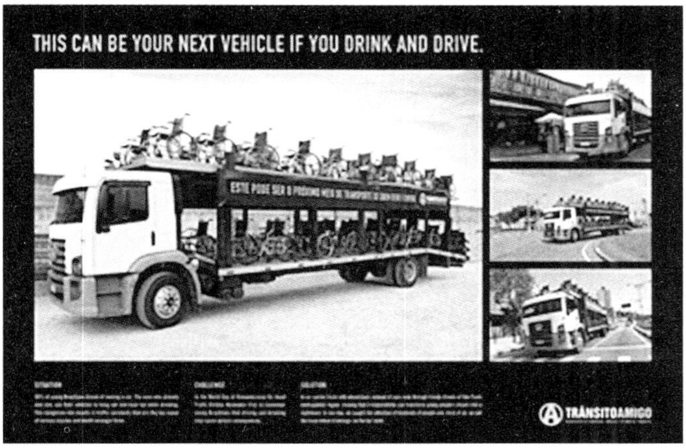

图 6—19 反酒驾互动创意

图 6—20 禁烟主题互动创意

创意评析

图 6—20 是又一则利用环境的创意，将电线杆包装成香烟状，其上的牌子写着“停”，含义不言而喻。这一创意包含着幽默的成分，这么大的一支香烟，本身就令人忍俊不禁，所有行人都不免驻足观看。

第五节 网络公益广告的创意和表现

如今，网络的重要性在很大程度上已经超过了传统大众媒体。网络之所以能够发展如此之快，与其作为广告媒体的优越性密不可分。网络广告形式多样、投放简便、价格低廉，受到很多中小广告主的青睐。近年来，许多大广告主也纷纷减少在大众媒体上的广告投放，而偏重于网络媒体，不得不说是这种情形的一种体现。因为其种种优势，网络公益广告在近年来也得到了蓬勃发展。本节将对网络公益广告的创意和表现进行简要描述。

一、网络公益广告的形式

网络公益广告也使用网络商业广告的几种形式，包括旗帜、链接、视频等。

(一)旗帜广告

旗帜广告(banner)也称网幅广告，是以 GIF、JPG 等格式建立的图像文件，定位在网页中，大多用来表现广告内容，同时还可使用 Javascript 等语言使其产生交互性，用 Shockwave 等插件工具增强表现力。旗帜广告是最早出现的网络广告形式之一，常常出现在门户网站的显著位置。例如图6—21所示门户网站上的旗帜式公益广告。

图 6—21　门户网站上的旗帜式公益广告

旗帜广告可以分为三类：静态、动态、交互式。

静态网幅广告就是在网页上显示一幅固定的图片，其优点是制作简单，并且被所有的网站所接受；缺点则是形式略为呆板枯燥。静态网幅广告的点击率比动态的和交互式的网幅广告低。

动态网幅广告含有动态元素，如移动和闪烁等。它们通常采用 GIF89 的格式，其原理就是把一连串图像连贯起来形成动画。大多数动态网幅广告由 2 到 20 帧画面组成，通过不同的画面，可以传递给浏览者更多的信息，也可以通过动画的运用加深浏览者的印象，它们的点击率普遍要比静态的高。

交互式广告的形式多种多样，比如游戏、插播式、回答问题、下拉菜单、填写表格等，这类广告需要更加直接的交互，比单纯的点击包含更多的内容。交互式广告分为 html 和 rich media 两种。

(二)链接广告

网络链接广告的形式相对简单，即呈现一个链接，在点击此链接后将进入真正的广告页面。目前，最常见到链接广告的地方其实是搜索引擎。搜索引擎的主要广告形式就是链接，这种链接的内容由广告客户自行编辑。目前，在国内主流的搜索引擎中也有不少公益广告的内容，这些公益广告的内容具有很强的实效意义，往往直接促进捐助、销售等活动。图 6—23 所示为搜索引擎百度上的公益链接。图 6—23 是第二条链接打开后的页面。

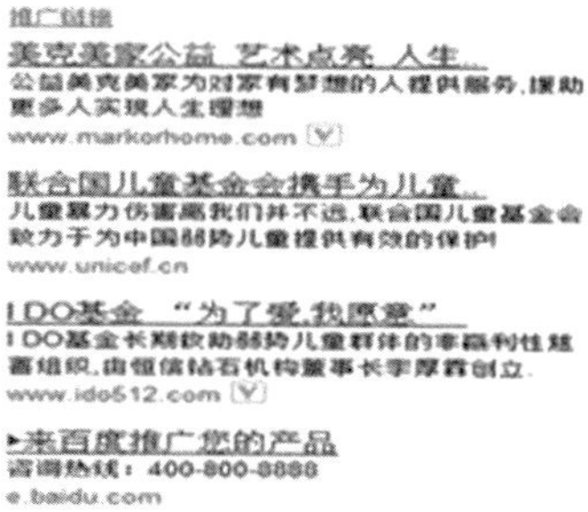

图 6—22　搜索引擎百度上的公益链接

图 6—23　第二条链接打开后的页面

（三）视频广告

网络视频是近年来异常火爆的网络传播方式之一，也是网络公益广告传播最常见的方式之一。网络视频公益广告的形式与电视公益广告类似，但由于篇幅上的限制较少，因而能够表现更为丰富、更有深度的内容。许多网络视频公益广告都可以算作“微电影”。

网络公益广告虽然有诸多形式，但与其他媒体上的公益广告没有本质区别：旗帜广告在很大程度上与平面广告异曲同工，其文字、画面和色彩的配合原则与平面广告类似，而视频广告的创作也需符合影视广告创作的原则，需要摄影、叙事、对白等元素的协调。总之，网络主要是给公益广告提供了新的传播平台，使公益广告能够起到更加显著的社会功效。

图 6—24 是风靡网络的动画《蠢蠢的死法》，可爱搞笑的形象和血肉模糊的“死法”让人大呼惊奇，而这实际是澳大利亚的一则铁路安全广告，提示人们遵守铁路安全规则，不要横穿铁路。

图 6—24　动画广告《蠢蠢的死法》

二、网络公益广告的创意

网络作为媒体创新的先锋，有其独特的性质，而这些特质都可以为网络公益广告的创意创新所用，使网络公益广告在形式和内容上更加新颖、更加易于传播。

（一）增加网络公益广告的互动性

互动是互联网最为显著的特点之一，也是互联网相较于其他媒体最主要的优点。因此，互联网公益广告应当增加互动性，调动观看者的积极性。凭借目前的技术手段，将网络公益广告的展示手段制作成互动性高的形式并非难事，主要问题在于如何让互动手段与公益广告传播的内容联系在一起，将互动切实变成传播的有机组成部分。图 6—25 是一则互动式公益广告，用鼠标拖动画面，废旧电池对自然和人类的危害就会展示出来，还配有音乐。

图 6－25　互动式公益广告

（二）注重网络公益广告的实效性

由于网络的互动性和实效性，网络公益广告不仅仅是“广告”，更是可以直接帮助有关人群的网络入口。凭借广大网民的高参与度和网络应用的功能性，可以直接实现搜索、捐助、参与活动等多种功能。

图 6－26 是百度的寻人页面，上传失踪人士的照片，就可以通过人群之间的关系和数据库搜索功能联合寻找人员的下落，这既是一则公益广告，也是一则网络应用。图 6－27 是腾讯网上的捐助页面，网络上的捐助金额较小、付款方便、传播速度快、反馈直接透明，往往可以在很短的时间内募集到大量的救助资金，近年来正在成为慈善领域的新兴力量。

图 6－26　百度寻人页面

图 6－27　腾讯网上的捐助页面

网络本身的特点为互联网公益广告赋予了新的特色，也丰富了“公益广告”的概念内涵，使得公益广告超越了单纯的传播手段，成为社会公益行动的有机组成部分。

本章小结

公益广告的创意和制作是公益广告活动的重要组成部分，而不同媒体、不同主题的公益广告适用不同的创意手法和叙事方法。但在整体而言，公益广告都应当遵循针对性、劝服性的总体特点，都应当对描述的对象和受众有所尊重。之后，根据不同领域的艺术创作原则悉心选材、制作，就能够创造出形式和内容俱佳的公益广告作品来。

思考题

1. 请分类阐述各种公益广告的主体受众人群和他们的特点。
2. 公益广告中使用幽默手法和尊重受众的原则矛盾吗？为什么？
3. 请思考如何将地方特色融入到广播公益广告中来。
4. 户外公益广告怎样创新？为什么？
5. 请分析网络公益广告对于其他媒体公益广告创作原则的继承和创新。

第七章 优秀公益广告评选与赏析

本章要点：

1. 优秀公益广告作品奖项。
2. 我国第一条电视公益广告的意义。
3. 我国第一则电视公益广告栏目的作用。
4. 国外公益广告作品欣赏。

第一节 优秀公益广告作品奖项

为促进公益广告的发展、调动个人或组织创作公益广告的积极性，我国对公益广告的评选十分重视，每年都会设立多种公益广告奖项。全国性的奖项如“国酒茅台杯”中国公益广告黄河奖、中国电视金鸽奖、星光电视公益广告大奖等。此外，中央宣传部、中央文明办、国家工商总局、国家广电新闻出版总局等各部委也经常发起主题性公益广告评选，如以反腐倡廉、保护环境、交通安全、讲文明树新风等为主题开展全国性的公益广告征集活动。除了国家级的奖项，各省市地区也积极开展公益广告的评选。各社会团体或组织也会发起公益广告评选，宣传公益理念。

一、黄河奖

中国公益广告黄河奖的前身是2006年中国首届“国酒茅台杯”电视公益广告大赛奖，2008年开始纳入第十五届中国国际广告节活动内容。2008年4月2日，茅台集团公司冠名第十五届中国国际广告节，并在北京钓鱼台国宾馆隆重举行“国酒茅台杯”中国公益广告黄河奖新闻发布会。赛事取名“黄河”，主要取意孕育于黄河流域的中华文明源远流长，同时希望通过赛事的举办，促进中国企业、中国广告业能像黄河母亲无私哺育中华儿女那样，自觉地承担起应尽的社会责任。把“国酒茅台杯”中国公益广告黄河奖纳入中国国际广告节，有利于赛事规范运作并扩大影响，增强全社会对公益广告事业的关注与参与，增强企业特别是广告主的社会责任意识，推动公益广告创意制作水平不断提升，使公益广告对传播先进文化、塑造高尚精神的作用进一步得到深化。

表 7—1 黄河奖统计(2008—2013)

年份	地点	主 题	奖项情况
2008	合肥	关注民生，共建和谐	作品共 2952 件，金、银、铜奖共 63 件
2009	南宁	我们的节日 · 春节	金、银、铜奖共 42 件
2010	南昌	低碳时代	作品共 3188 件，金奖 7 件，银奖 16 件，铜奖 31 件
2011	沈阳	两型社会	金奖 7 件，银奖 16 件，铜奖 19 件
2012	天津	生命安全	金奖 5 件，银奖 9 件，铜奖 24 件
2013	南京	以“梦”为主题	金奖 6 件，银奖 11 件，铜奖 19 件

黄河奖堪称国家级公益广告最高奖项之一，到 2013 年已经举办了六届，每年都会涌现大量优秀的公益广告作品。中国公益广告黄河奖立足公益，是广告业设立的宣传党的方针政策、弘扬中华文明道德风尚、促进社会主义和谐社会建设的专业奖项，为我国公益广告事业做出了重要贡献。

二、金鸽奖

金鸽奖全称中国电视金鸽奖公益广告大赛，由黑龙江电视台、贵州广播电视台共同发起，以两台卫视频道组成的“中国公益广告联播平台”为基础，致力于促进我国公益事业的发展。金鸽奖是以“公益传播、播种公益”为宗旨，以“汇聚中国力量，共舞公益风尚”为主题，以推动公益实效化为最终目标。

金鸽奖到 2013 年 10 月为止已经成功举办过四届。大赛有别于传统公益广告赛事，除了进行常规电视公益广告作品的征集、评选、展播外，大赛还邀请社会各界知名人士发出公益号召，并通过“中国公益广告联播平台”进行高频次展播，通过名人效应促进先进公益理念传播。大赛依托中国公益广告联播平台，通过线上优秀公益广告及风尚人物展播和线下“金鸽奖 300 呵护计划”、“‘书’送希望”、“用镜头说出您的公益心声”等实效公益活动，汇聚中国力量，共舞公益风尚。

三、星光电视公益广告大奖

中国电视“星光奖”是由国家广播电影电视总局主办的政府奖项，是与中国电视剧“飞天奖”、中国电影“华表奖”并列的国家广电新闻出版总局三个政府大奖之一，是中国电视艺术的最高奖项。

为了进一步推动和谐社会建设，支持和激励更多机构和个人投身公益广告事业，提高公益广告作品的感染力、号召力、影响力，国家广播电影电视总局决定设立国家级的公益广告奖项，大力表彰优秀的公益广告作品、个人和机构，推动公益广告的长期持续发展，这也是首个电视公益广告国家级奖项。“星光电视公益广告大奖”是“星光奖”的重要组成部分，由国家广播电影电视总局主办，中国电视艺术委员会和中央电视台广告经营管理中心共同承办，暂设主题、创意、导演、摄影、制作、组织 6 个奖项，每项设金奖、银奖、铜奖。

第二节 我国优秀公益广告作品赏析

一、优秀电视公益广告作品

1.1986 年，贵阳电视台发布我国第一条电视公益广告《节约用水》

1986 年夏天，贵州持续干旱，贵阳电视台为提高市民的节水意识而创作此片。该广告电视画面表现的是日常生活中人们喝水、洗手、洗澡等场景，但画外音对水资源的稀缺性做了生动说明，表现了人与水的密切关系，强调节约用水的紧迫性，产生了良好的宣传效果。作为我国第一则电视公益广告，无论是其形式还是内容，在我国公益广告发展史上都具有里程碑式的意义。

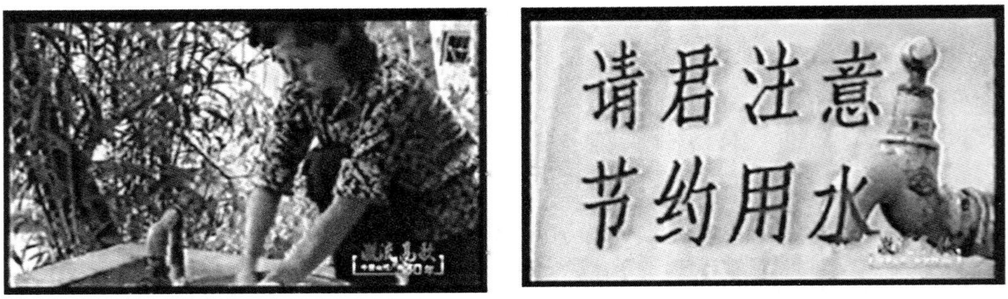

图 7—1 《节约用水》截图

2.1987 年，中央电视台推出第一则公益广告电视专题栏目《广而告之》

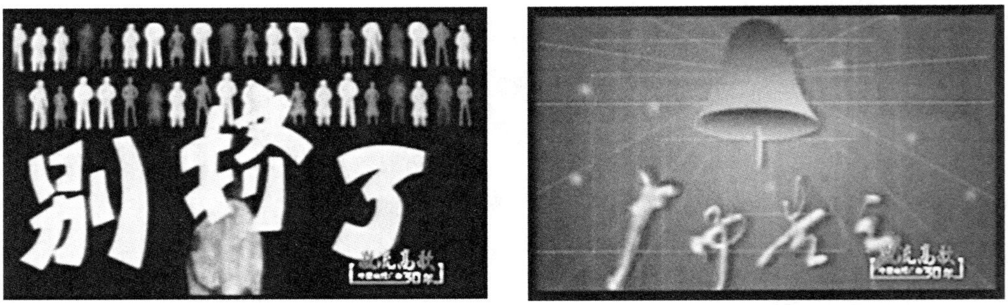

图 7—2 《广而告之》截图

1987 年 10 月 26 日，中国第一个电视公益广告栏目《广而告之》开播，每天一到两次，每次 30 秒或者一分钟，揭开了我国公益广告发展史上新的一页，“公益广告”概念从此逐渐深入人心。《广而告之》栏目播出了大量契合社会现实、主题多样、多姿多彩的电视公益广告，如《别挤了！》《救救孩子》等。国家级主流媒体开办公益广告栏目，起到了良好的示范效应，各地电视台纷纷效仿，如北京电视台的《广角镜》，四川电视台的《公益广告》以及河南电视台的《兴利除弊》等，各类电视公益广告栏目纷纷涌现出来。

3.1998 年，公益广告《从头再来》《脚步》主题歌成为经典

20 世纪末，伴随着我国经济体制改革的浪潮，大批曾经捧着“铁饭碗”的国企员工下岗，背负着生活和心理的双重压力。此时中央电视台围绕下岗职工再就业这一主题，制作了一系列鼓舞斗志、震撼人心的公益广告，以《从头再来》为代表的一批公益广告片引起社会的广泛关注。作品取材于真人真事，具有极强的感染力，一经播出，在社会上引起强烈反响。歌唱家刘欢的一曲《从头再来》主题歌给那些在困境中的人们带来了希望，带来了重新扬起生活风帆的勇气。女歌唱家那英的《脚步》主题歌也给那些下岗后倍感失落的女性带来了生活的勇气。广告同名主题歌成为久唱不衰的经典。

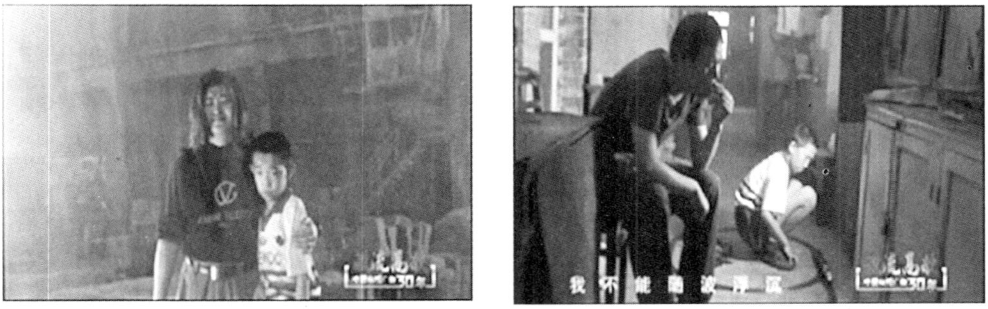

图 7—3 《从头再来》截图

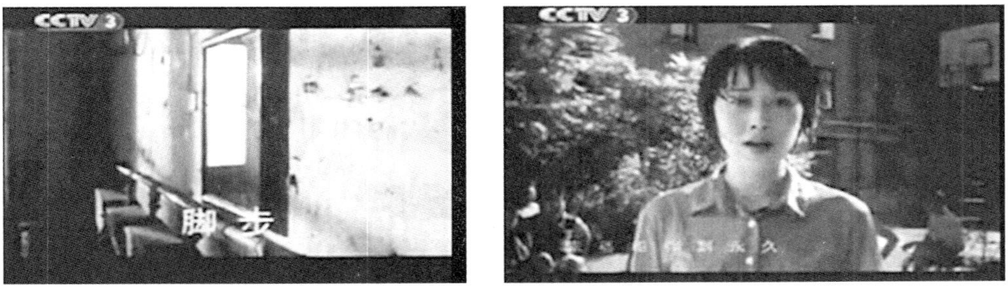

图 7—4 《脚步》截图

4.2001 年，“思想道德”主题公益广告优秀作品《爱心传递篇》

此片获得第五届(2001—2002 年度)全国公益广告活动银奖。此片以温情的拍摄手法，细腻的镜头语言，将“为妈妈洗脚”这一敬老爱幼的标志性行为演绎得催人泪下。画面表现母亲给儿子洗完脚后，又帮奶奶洗脚；儿子受到感染，端着一盆洗脚水走向母亲，

要给母亲洗脚。广告语:“其实父母是孩子最好的老师”。此片提醒人们勿忘传承中华美德。

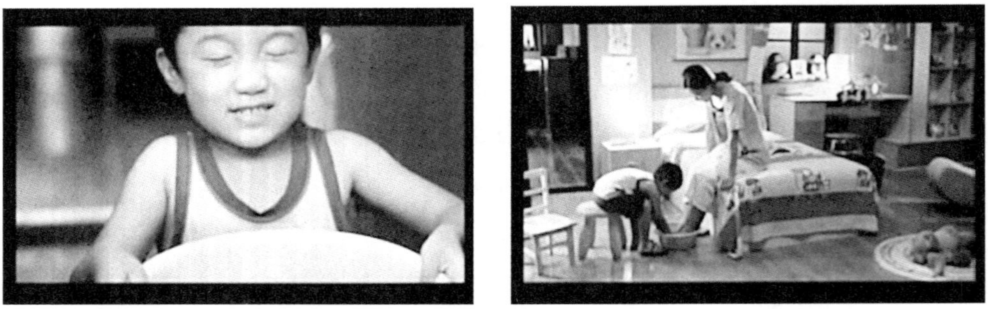

图 7—5 《爱心传递篇》截图

5.2007 年,“迎奥运,讲文明,树新风”主题公益广告《婴儿篇》

此片获第七届(2005—2006 年度)全国公益广告活动金奖。此片用婴儿抬头、举手、蹬腿、翻身的可爱动作,叠印奥运健儿在单杠、吊环、平衡木、跳水台上的英姿。广告语:“同一个世界,同一个梦想,这是源自生命最初的梦想。”广告语画龙点睛地阐释主题。精致的彩色画面交替黑白画面,国际化的表现方式,给人留下深刻印象,很好地宣传了北京奥运会的主题。

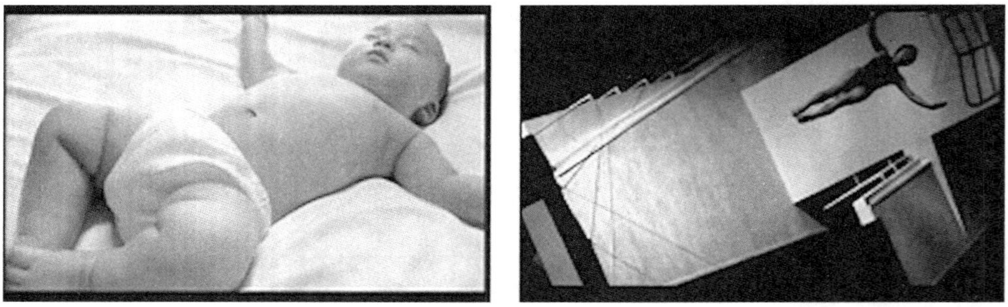

图 7—6 《婴儿篇》截图

6.2008 年,“迎奥运,讲文明,树新风”主题公益广告《相信篇》

此片获第八届(2007—2008 年度)全国公益广告活动金奖。北京奥运会期间,媒体刊播了许多优秀的公益广告,《相信篇》无疑是其中的代表作。著名演员濮存昕抑扬顿挫的道白:“公益广告不能完全改变生活中的陋习,但是公益广告是一盏灯,灯光亮些,不文明现象就会少些。文明就是主动把地上的废弃物捡入垃圾桶,就是不占用盲道,就是在公共场所轻声细语,就是和别人共享一把雨伞。”

图 7—7 《相信篇》截图

7.2011 年,公益广告《爱的表达式》

在亲情逐渐被物欲疏离的时代,一位名不见经传的学子有感于自己亲身经历的坎坷,通过对“FAMILY”(家庭)的字母巧妙解读 Family=Father and mather I love ycu(父亲母亲我爱您),表达出“感恩父母从现在开始”,并从中国文化的角度来挖掘这个外来词的中国内涵,于是就有了作品中将字母幻化成大树、拐杖、雨伞等形象。见图 7—8。广告词如下:

> 小时候,爸爸是家里的顶梁柱,高大魁梧的爸爸为整个家遮风挡雨。温柔贤惠的妈妈相夫教子。渐渐地,我长大了,少不更事的我早已想挣脱爸爸妈妈的拘束,屡次顶撞唠叨的妈妈。渐渐长大的我体会到了生活的艰辛。这时我发现,爸爸的背早已驼得不成样子,妈妈的身体也早已臃肿。是时候来尽一个子女的责任了,用一双手来保护整个家。做父亲的拐杖,让他有一个肩膀可以依靠。给母亲撑一把爱心伞,为她遮蔽夏日的骄阳。爸爸妈妈我爱你!家,有爱就有责任。

图 7—8 《爱的表达式》截图

8.2013 年,公益广告《回家篇》

在 2013 年春节联欢晚会上,首次出现了公益广告的身影。中央电视台制作的春节主题公益广告《回家篇》在这一世界上观众最多的电视节目上与全国人民见面。广告由四则作品组成,讲述了普通人的回家故事——在广东的打工族骑摩托车回贵州老家过年，在重庆经营饭馆的新婚夫妻经陆路、海路回家，在非洲的中国员工飞行万里回到家乡东北，多年分居上海和台北的兄弟二人重新会面。这些作品感情真挚、拍摄水准高超，“这一生我们都走在回家的路上”的广告语更是触动了全体国人的心弦，被观众称为“催泪大片”。这种由著名广告公司和影视机构策划制作、由有影响力的国家级媒体播出的公益广告制作传播模式近年来成为一种潮流。

图 7—9 《回家篇》截图

二、优秀广播公益广告作品

广播是历史最为悠久的电波媒体。当代的广播仍然是最有影响力的地域化媒体之一，尤其在交通信息传播方面，具有不可替代的作用。我国各地广播电台都制作、播发公益广告，“讲文明、树新风”公益广告展播更是各大广播电台的常设栏目，涌现出不少优秀作品。请赏析近年来的优秀广播公益广告作品。

1.《大学生就业——分步篇》（西安人民广播电台）

语言	音乐	音效
女声（学宋丹丹）：把大象搁冰箱总共分几步？三步……第一步：把冰箱门打开；第二步：把大象搁进去；第三步：把冰箱门带上……	轻快的音乐	结尾处鼓掌和笑声
男声（学赵本山）：那大学生找工作总共分几步？		
女声：也是三步，第一步：打开电脑；第二步：分发简历；第三步：关闭电脑，等待回音。		结尾处鼓掌和笑声
男声：错，两步，第一步：坚定的脚步；第二步：自信的脚步，靠自己走出人生新高度。		
旁白：求职不等不靠，好前途是自己走出来的！	舒缓的音乐	

这则广告运用了人们熟悉和喜爱的小品演员及片段作为改造的对象，幽默而贴切。两位配音演员的声音、表演与原型神似，效果极好。可见，在优秀的广播广告中，文案、配音、录音和制作都必须有较高水平。

2.《地球关灯一小时》(北京人民广播电台)

语言	音乐	音效
女声：3月28号我们餐厅关灯一小时。	轻快音乐	
外国人声：3月28号我们酒吧关灯一小时。	金属乐	
年轻男声：我们的教室关灯一小时。	轻快摇滚乐	打铃声
老年女声：我家里关灯一小时。	同上	
儿童声：我的小屋关灯一小时，我不怕黑，你们也跟着我来吧！	轻快音乐	
男声：用心点亮世界，为地球充电。北京时间3月28日20点30分到21点30分，地球关灯一小时，准备，开始！	同上	结尾按动开关声

《地球关灯一小时》广播公益广告展现了另一种常见的创作方式，即“顺序陈述”的方式。在许多广播公益广告中，由各种年龄、性别、行业的人叙述同一主题的内容，以展现“众人”对事情的态度，体现集体的意志和力量。在这则广告中，选取的人物身份典型，差异明显，声音表现自然。此外，音乐和音效变化丰富，声音元素运用娴熟，展现了高超的制作技巧。

3.《保护动物音乐会篇》(深圳广播电台)

语言	音乐	音效
女旁白：若干年前，地球上万物昌盛，这样的音乐会经常举行。	舒缓音乐	
男声：下面，我们将一曲天籁之音《丛林大合唱》献给大家。		丛林中各种鸟叫、虫鸣、野兽叫声
女旁白：今天，很多物种都已经灭绝，音乐会勉强维持。	舒缓音乐	
男声：这次为大家带来的曲目略有残缺，请欣赏《冷清的世界》。		几声乌鸦叫
女旁白：未来的一天，世界音乐厅	舒缓音乐	
男声：女士们先生们，鉴于创作素材的枯竭，最后一次音乐会我们将为大家献上的曲目是——《绝响》。		城市噪声
女旁白：当世界的声音只剩下我们，一切将再无意义。保护动物，珍爱大自然的声音。	舒缓音乐	

广告使用了虚构的场景，即“世界音乐厅”，在这里演绎着人类逐渐兴盛而动物逐渐衰落的故事。这种比喻生动传神而又合乎情理，发人深省。音效的使用恰到好处，在总体上突出了主题、表明了观点。

4.《孩子别哭》(辽宁人民广播电台)

语言	音乐	音效
女声唱:孩子别哭,我知道你很无助;孩子别哭,我知道你很孤独;孩子别哭,在这世上你并不孤独;孩子别哭,爱你的人都会让你幸福。	吉他配乐	坍塌声、哭声、温家宝总理同灾民讲话
男声唱:孩子别哭,走好你未来的路。		
合唱:孩子别哭,让快乐伴随你脚步。不哭,不哭。		
旁白:地震无情,人间有爱。		

广告中,所有的内容都被编写成了一首歌曲唱了出来。这种直接将音乐作为公益广告主体的方式能够调动人们更加强烈的情感,使情绪充分释放,从而达到传播的效果。当然、这也对作曲、演唱和音乐制作等环节提出了较高的要求。

三、优秀平面公益广告作品

平面公益广告是人们平时最常见到的公益广告形式。平面公益广告不仅出现在报纸、杂志等平面媒体上供人们传阅,更是出现在城市的大街小巷,成为人们眼中独特的风景线。以下请赏析几幅国内的优秀平面公益广告作品。

1.反酒驾主题公益广告

在图7—10中,使用了典型的同构手法,即将分属两类物品的车钥匙和匕首结合在一起,使得车钥匙仿佛成了一把折叠刀。其寓意是,如果喝了酒,车钥匙也会变成杀人凶器。而最好的解决办法就是将其“折”回去,喝酒不开车。我国的交通安全公益广告是创意元素最丰富的公益广告主题之一,对于警醒车辆驾驶者、维护交通安全起到了不小的作用。

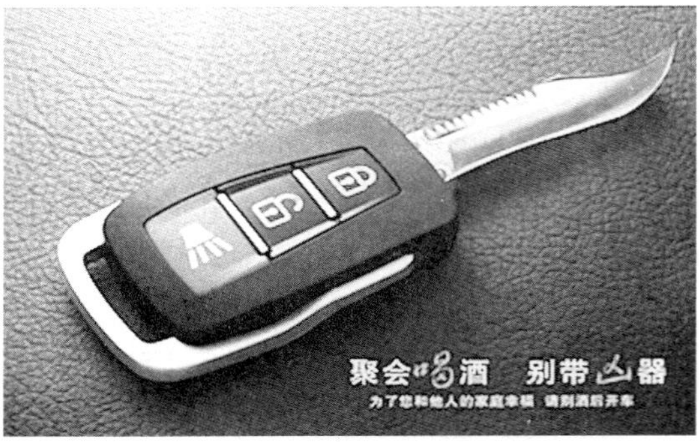

图7—10 反酒驾主题公益广告

2.环境卫生主题公益广告

在图7—11中,不受人待见的垃圾桶决定“跳楼自杀”。这一幽默元素的使用让人眼前一亮。这幅画面超越了类似公益广告常用的表现方式,即直接展示脏乱环境,恐吓倾向的叙述或者口号式的说教,转而从垃圾桶的角度说明问题。看到这幅公益广告,人们会自然关注垃圾桶的“生存状态”。

图 7—11　环境卫生主题公益广告

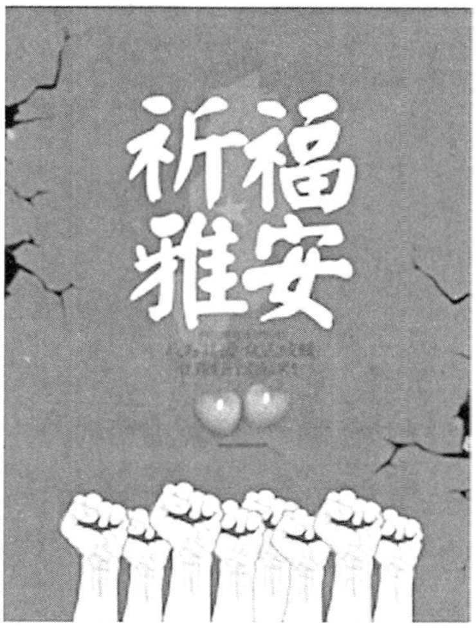

图 7—12　雅安抗震救灾主题公益广告

3. 抗震救灾主题公益广告

2008 年汶川地震对我国的志愿者和公益慈善事业产生了巨大的影响。在此之后，不仅公益慈善、企业责任等话题摆到了公众面前，公益广告也愈发在大众媒体上占据更加重要的位置。图 7—12 所示公益广告是 2013 年 5 月四川雅安地震之后创作的，使用的构图和文字仍然传承自汶川地震时期的公益宣传。如果上溯这种图形创作方式的源头，实际上不难发现其与上世纪中后期我国常见的宣传画之间的渊源。宣传画式的构图和画风在几十年后重新成为潮流、成为许多艺术创作乃至商业广告中的主角。这种构图画面干净、主题突出、色彩浓烈，非常能够体现“万众一心”的豪迈情怀，是抗灾、救济等公益广告中常见的表现手法。

4. “使用文明用语”主题公益广告

汉字是中华文明的瑰宝，是中国创意人取之不尽的素材宝库。在我国的平面公益广告中，使用汉字作为创意基础的作品不在少数。在图 7—13 中，生活中常见的文明用语构成了一把圆号的图形，表明全方位使用的文明用语就像是乐器，能够吹奏出悠扬的旋律。同一组作品还有用汉字构成的其他乐器。这则作品具有较强的引导和暗示作用，提出的建议柔和亲切，易于受众接受。

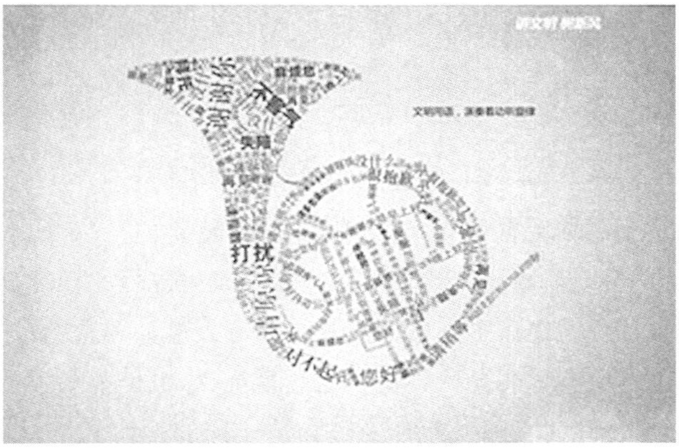

图 7—13　“使用文明用语”主题公益广告

5.“中国梦”主题公益广告

在图 7—14 中，使用了中国传统泥塑风格的学童形象，配以“忠厚传家久，诗书继世长”的古训，画面简洁明快、富于生活色彩。人物右下方的印章“中国梦”揭示了画面的主题。在这幅“中国梦”主题公益广告中，并没有把“梦想”刻画为虚无缥缈、遥不可及的东西，而是将达成梦想的渠道拆分为日常生活中可以做到的行为和可以坚守的信条，使抽象的理念变得亲切和现实。

图 7—14 “中国梦”主题公益广告

第三节 国外公益广告作品赏析

一、国外优秀平面公益广告作品

1.《世界在变暖》

环境污染、温室效应等因素导致地球的温度逐年升高。图7—15中，北极熊因为过高的温度而脱去了“大衣”，触目惊心的画面让我们深深地思考。这则广告兼具对比、幽默和恐怖的元素，令人印象非常深刻，也体现了颇为高超的绘图水平。

图 7—15 气候公益广告《世界在变暖》

2.《穿皮草并不美丽》

图 7—16 中，把可爱的毛绒玩具的皮毛制成漂亮的外套给芭比娃娃穿上，但是她们看起来并不好看。人类也是一样，掠夺动物的皮毛制成衣服，同样也不会美丽。这件作品中使用的元素是西方人最为熟悉的芭比娃娃。芭比娃娃不仅是欧美人，同时也是全世界的女孩最喜欢的儿童玩具，也是 20 世纪以来女性物品化、商品化的象征。一直以来，许多女性以拥有芭比娃娃一样的面容和身材为梦想。也有许多人指责这种倾向，认为这导致了一些女性畸形的消费观和生活观。这组广告似乎借用了类似的观点，既然芭比娃娃所有的“完美”都是遥不可及的假象，那么穿皮草让你变得好看便也是一种假象了。

图 7—16　国际反皮草联盟《穿皮草并不美丽》

3.《我们不仅保护大熊猫》

世界自然基金会(WWF)的图标因为是一只大熊猫而可能被许多人误会是一个只保护大熊猫的组织。为了消除这种误会,图7—17这则公益广告中用大熊猫特有的黑白色和身体拼接出了藏羚羊的形状,说明 WWF 保护一切如大熊猫一样珍稀的动物。这幅广告包含着一种隐含的幽默感,也就是人们常说的"冷幽默",在提醒观者的同时,能够给人留下非常深刻的印象。世界自然基金会一直是优秀公益广告的创意"大户",许多作品都拥有非常新颖独特的创意。该基金会的公益广告都在网上公布,任何想要使用的人都可以下载来装点自己的网站或者博客,而许多知名的电视和平面媒体也是他们的合作对象。

图 7—17　WWW 公益广告《我们不仅保护大熊猫》

4.《您的捐款改变了残疾人的生活》

残疾人体育协会号召人们关爱残疾人,给残疾人捐款。捐出"美元"或者"英镑",您的善举会给残疾人带去便利与希望。图 7—18 中,左图的主角是美国的开国元勋富兰克林。美国的历史只有两百多年,"国父"是美国最常见、也是最为人喜爱的传统元素之一。这幅画还使用了类似于 18 世纪、19 世纪插图的风格。同时,美国建国者们关于"自由、平等、博爱"的信仰也与帮助残疾人的主题非常贴切。右图是英国女王伊丽莎白二世,她在即位之前,就曾积极参与到各种慈善活动和二战期间的救国运动当中,还曾做过救护车司机,由女王来做代言人实在是非常贴切。最为重要的是,他们都是本国货币上的人物,这种关联让人感到幽默而印象深刻。

图 7—18　残疾人体育协会《您的捐款改变了残疾人的生活》

5.《老年人也需要我们的爱》

不要再把眼光只关注在孩子或者自己身上，老年人也需要我们的关爱。图 7—19 中，两根拐杖放在一起形成一个心形，诉求简洁有力。这件广告作品优雅、委婉而又具有装饰性，避免了因“老年”主题而出现与衰老有关的可怕或厌烦的元素。最值得注意的是，广告中着重体现了老年人在需要爱的同时所需要的尊重。图中没有出现有关老年人缺乏自理能力而致生活一团糟的场景，使得人们更想去“帮助”而非“施舍”。这种尊严感在扶助弱势群体的公益广告中尤为重要。

6.《沉默带来伤害》

图 7—20 中的女子伤害累累，遭受着家庭暴力之苦。一只男人的手做出沉默的手势，让女子更加孤立无援。如果受害者因为威胁、害怕而不敢站出来揭发，那么家庭暴力就永远如噩梦缠绕着你。“沉默带来伤害”，广告鼓励人们站出来维护自己的权益，避免伤害。这幅广告对被伤害者的“沉默”的原因也进行了说明。

图 7—19　印度帮助老年人协会公益广告
《老年人也需要我们的爱》

7—20　防止家庭暴力公益广告
《沉默带来伤害》

二、国外优秀电视公益广告作品及评析

1. 英国系好安全带公益广告作品

《拥抱生命》广告分镜头脚本

序号	镜 头	画 面	字 幕	音乐效果
1	特	一双手伸出来，在空中做着打开车门的动作		音乐缓和
2	特	右脚光着，做出踩油门的动作		
3	近	男子旁边的沙发上坐着一对母女，对着男子微笑		
4	远一近	男子也开心地笑着，手上做着转动汽车方向盘的动作		
5	近	男子转过头来，和女儿开心地相视而笑		音乐激烈
6	远一近	男子转回头直视前方，突然笑容消失，脸色僵硬，手也停住转动		
7	特	女儿笑容也消失，张开嘴巴呆住		
8	近	男子满脸痛苦，努力向左转动方向盘		
9	近	母女从沙发上跳下来，奔向男子	Embrace life, always wear your seat	
10	特	女儿的双手扣住男子的腰部，妻子的双手从男子右肩向下如安全带般扣住		
11	远	突然男子受到猛烈撞击，弓起身体，前面的桌子和物体飞起来		音乐缓和
12	远	母女紧紧扣住男子，男子慢慢坐直，安然无恙，脸上逐渐露出微笑，身边的母女也微笑起来		音乐上
13	特	公益广告宣传语：拥抱生命，请系好安全带		

图 7—21　英国交通安全公益广告《拥抱生命》

图 7—21 中，所有的场景都在家里。虽然男主人公貌似离家外出，但他的家人却从未真正远离家。而当事故来临时，能够把他从死亡线上拯救出来，再次与家人相见的却是安全带这一最简单的防护工具。可以说，全程在家中的场景是该片最独具匠心的一点。用模拟的方式展示的车祸场景避免了血腥和不适，却更加震撼人心。而家人的手臂构成的安全带充分说明了“拥抱生命”这一主题。音乐与场景相配合，非常连贯。作品整体平稳、含蓄、感人，而车祸一段视觉冲击力极强，制作也非常精良。

2. 美国关爱退伍兵公益广告作品

《孤独篇》广告分镜头脚本

序号	镜头	画面	配音、字幕
1	全景	空无一人的机场大厅。	钢琴音乐，空旷、忧伤。
2	平、中至近、跟	穿迷彩军服的青年走来，面无表情。	
3	平、远、摇	青年走过空无一人的机场大厅，向镜头走来。	
4	平至仰，中	青年站在手扶传送带上，周围无人。	
5	平、远	青年在行李传送带旁等候行李。传送带上有大量的行李，周围却没有一个人。	
6	特写	青年拿起自己的行李。	
7	平、远	青年背起行李离开。	
8	平、仰	青年乘坐空无一人的地铁。	
9	俯、远	青年背着行李包走过街角，街上空无一人。	
10	仰至平、跟	青年在空无一人的纽约大街上行走，走向镜头、镜头后退跟随。	
11	平、近、摇	镜头指向空荡的街道，随后注视面无表情、行走中的穿军服的青年。	
12	平、远	青年放下包，一穿便装男子从远处走来。	
13	平、特写	青年转头望向便装男子。	
14	平、升、近	便装男子微笑。	
15	特写	便装男子伸出手邀请青年握手。	
16	特写	青年露出笑容。	
17	仰、近	便装男子开口说话。	"欢迎回家，兄弟"。
18	特写、拉至远	两人紧紧握手，后方的街道上突然出现了行人和车辆。	城市街道的音效突然出现。
19	全景	熙熙攘攘的街道，黑屏。	字幕：如果你是参战老兵，那么你并不孤独，我们知道你来自哪里。

《关爱退伍兵》这则公益广告由美国广告委员会制作，目的是解决从国外战场归国的士兵难以融入社会而倍感孤独的状况。图 7—22 中，心理意义上的"孤独"被外化成了物理意义上的空无一人，所有本应喧哗热闹的地方全都成了死气沉沉的空地，而这正可能是某些老兵心理状况的外化表现。将抽象问题"具象化"是公益广告重要的表现手法之一。

图 7—22　美国关爱退伍老兵公益广告《孤独篇》

3.俄罗斯儿童疾病救治公益广告作品

《生命线》广告分镜头脚本

序号	镜头	画面	音效、字幕
1	平至仰、摇、远至近	儿子呆坐、母亲在哭泣。	
2	特写	孩子趴在玻璃上看,眼角垂泪。	心电图仪的急促声音
3	平、远	从远处的一个门里看到里面的抢救室,医生在忙碌。	
4	平、中、摇	护士、医生在抢救。	
5	俯、近	孩子趴在玻璃上急切地向里看。	心脏除颤器的充电声
6	特写	屏幕上心率曲线消失。	
7	特写	母亲哭泣。	没有心跳的声音
8	特写	医生擦额头,无奈。	
9	平、近	一个更小的孩子躺在病床上。	
10	平、近	母亲抱孩子哭泣。	
11	平、跟、中、摇	孩子突然闯进抢救室,母亲在后面呼唤他。	
12	平、中、摇	孩子把屏幕中的一根线拽了出来。	
13	仰、中、摇	孩子跑到楼外,像扔纸飞机一样把线扔向天空。	
14	俯、全景	线飞过街道上空。	
15	平、近	线从街头喝咖啡的西装男子面前飞过,男子握住它用力抖动。	
16	平、近、摇	线从老妇人面前飞过,老妇人握住线并抖动。	
17	俯、远、摇	线从草坪上的情侣面前飞过,其中男子做如前所述动作。	
18	平、近	街头滑板青年,大学女生做如前动作。	
19	全景、升	线向上起伏,从大学的礼堂门前飞上天空。	
20	特写	线回到了屏幕,重新有了起伏。	
21	特写	躺在床上的孩子睁开眼睛。	
22	平、中	母亲在病床前蹲下,脸上露出微笑。	字幕:生命线, 儿童疾病救治计划

在图7—23中,呼吁社会参与儿童疾病救治计划的倡议,变成了人人为生命线添加动力的直观表述。既表明了人们的参与是何等简单,也表明了这种力量对于一个生命而言是何等宝贵。从屏幕中取出"生命线"放飞,体现了童话般的浪漫主义创意思想,从中不难看出俄罗斯人的文艺天赋和浪漫情怀。

图7—23　俄罗斯公益广告《生命线》

4. 日本保护儿童创造力公益广告作品

《鲸鱼篇》广告分镜头脚本

序号	镜头	画面	配音、字幕
1	平、跟、近	女老师在走动、说话。	女老师：今天请画出你脑子里想的东西，什么都行
2	俯、特写	孩子们画的小猫、小兔子、甲壳虫。	
3	平、近	一个孩子在奋力地涂颜色，老师走到他身边。	
4	俯、近	孩子把一整张纸都涂成了黑色。	
5	仰、近	女老师不解的表情。	
6	俯、远	女老师和另一名男老师看到这幅画。	
7	平、中	教室里已经没有人，孩子还在涂色。	
8	平、远	女老师来到孩子家，孩子的家长看到画也感到无奈。	
9	俯、远	孩子在自己的房间里依然在涂色。	
10	平、近	心理医生问孩子。	心理医生：你画的是什么？
11	平、近	孩子低头不语，依然在涂色。	
12	平	一群医生拿着他的画向镜头走来。	
13	特写	孩子的手，依然拿着画笔在涂色。	
14	平、中	六名医生在看着孩子，想问他问题，孩子不语，继续涂色。	
15	平、中、跟	女老师在课桌的空隙里行走。	小女孩的读书声。
16	平、特写	孩子的课桌，没有人。	
17	平、远	孩子在医院里依然涂色，涂黑的纸在他周围铺了一地。	
18	平、远	放学后，女老师坐在孩子的课桌上沉思。	
19	特写	老师在桌斗里发现了一块拼图。	
20	平、远	护士发现了画里的异样，把两幅画拼在一起	
21	特写	孩子依然在涂色。	
22	平、中、摇	医院的工作人员在体育馆里拼画，女老师指挥他们。	
23	特写	孩子终于停下笔。	
24	平、中	女老师和医生惊讶的神情。	
25	俯、全景	地面上拼出了一幅巨大的鲸鱼，中间还差一张纸。	人们议论：是鲸鱼。
26	特写	孩子的最后一幅涂色画。	字幕：你应该怎么激励孩子？用你的想象力。

图 7—24　日本公益广告《鲸鱼篇》

在图 7—24 中，孩子的创造力被大人当成了心理疾病，好在还有一位有想象力丰富的女老师理解孩子的用意，帮助孩子完成了他的"巨作"。全片的气氛平静，甚至有些压抑和诡异，但是当最终答案揭晓时，所有观众都明白了主创者的用意——你和他们一样不懂孩子，由此，"用想象力激励孩子"的主题凸现出来。日本教育的应试主义和枯燥死板在国际上都非常出名,这则广告展现了“创造性教育”的重要性。此外,叙事是这则广告最重要的特点,其故事的曲折、悬念的铺设均不亚于电影,整个叙述自然、顺畅而不隐晦,体现了很高的影视创作功力。

本章小结

优秀的公益广告能够让人们焕发出更多的公益热情,也能使公益广告作为一个整体产生出更大的传播效果。公益广告优秀与否,应当从多个角度评判。一般而言,主题贴近生活实际、表现手法明确、创意方式独特、内容明了可行、受众易于接受的作品就可以称为优秀广告作品。虽然中外审美观念和文化观念都有较为明显的差异,但总的标准仍是一致的。

思考题

1. 分别说出你印象深刻的国内优秀电视、广播、平面作品。
2. 公益广告的主题与其创意手法有没有天然的关联?为什么?
3. 你认为国内的平面公益广告还有哪些方面需要提高?
4. 你最喜欢电视公益广告使用什么样的表现手法?
5. 请评析以下两则公益广告作品:

图7—25 作品赏析

第八章　国外公益广告概况与中外公益广告比较

本章要点：

1. 美日韩公益广告发展简史。
2. 两种公益广告运行体制。
3. 中外公益广告作品比较。

在全世界范围内，公益广告都力图解决社会的普遍问题、彰显人类的普遍价值。但由于不同国家的社会制度、发展水平、行政体系和民俗风情等各有不同，其公益广告的组织形式、表现方式和传播模式均有所不同。本章选取美、英、日、韩等经济发达、社会体制完善、媒体盛行的典型国家作为范例，提示公益广告如何伴随这些国家的历史步伐起源、发展，并介绍分布在这些国家内的两种不同的公益广告运行体制。同时，本章还将从文化形态和行政体系的角度对中外公益广告的主题、劝服方法、表现手法进行比较。

第一节　美日韩公益广告发展简史

一、美国的公益广告

美国是现代大众媒体的诞生地，也被公认为现代意义上公益广告的诞生地。一般认为，美国公益广告的出现始于 20 世纪，实际上，在 20 世纪以前，也有一些有案可查的具有公益广告性质的广告和招贴等。1760 年，在美国（当时尚没有独立，仍是英国殖民地）波士顿城，出现了一则天花辟谣公告。在 17－18 世纪，天花是一种传播广泛、致死率高且没有解药的恶性疾病。当时，波士顿城有人谣传天花正在流行，一时人心惶惶。1760 年 2 月 13 日的《波士顿公报》上刊登了一则辟谣公告，指出波士顿没有一名天花患者，造谣者将受到法律惩处。公告还劝导人们不要对某些人家门口系着的丝带产生恐慌，因为那并不是内有天花患者的标志，而是印染业者的工作习惯。这一条公告有维护社会秩序，保护民众安全的意味，并在大众媒体(雏形期)上刊登，具有公益广告的性质。

此外，值得一提的是美国的邻国加拿大在19世纪发布的移民广告。1867年，加拿大获得独立，为吸引移民，加拿大内政部发布了一系列宣传广告，将加拿大描述为“理想公民的理想国家”。这些广告利用传单、报纸、幻灯片等渠道发布，用词严谨，直击受众心理，吸引了不少人移居加拿大。加拿大移民广告持续时间长达数十年，从19世纪中后期一直持续到20世纪初。这一广告运动是早期政府公益广告的典范，也是世界上最早的国家广告。国家广告是早期公益广告中最重要的形式，国家广告的出现及其效果为之后真正意义上的公益广告铺垫了道路。

图8—1是19世纪后期的加拿大移民广告。左侧的海报宣称移居者可以获得100英亩的免费土地，右侧的海报将加拿大西部称为“新的黄金国”(New Eldorado，西班牙语)，迎合了淘金者向往财富的心情。

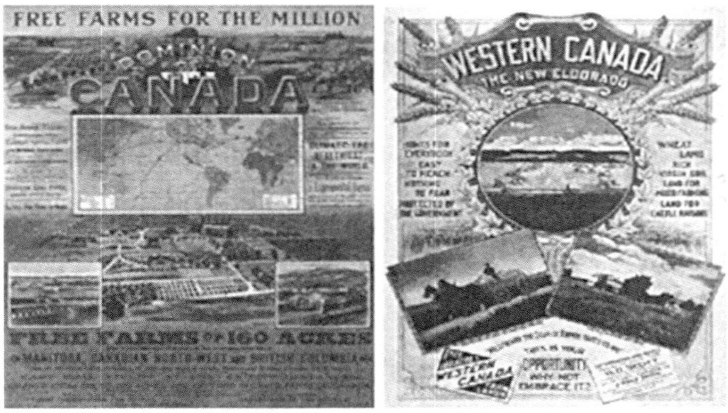

图8—1　加拿大移民广告

图8—2　《我要你参加美国军队》

19世纪中后期，随着经济的腾飞，美国的报纸媒体迅速发展，出现了普利策、赫斯特等报业传奇人物。广告的作用开始广为人知，广告代理公司、专业广告创作者、全国性大广告主和广告行业组织纷纷出现。因此，当美国于1917年卷入第一次世界大战时，广告也成为联邦政府进行战时宣传的首选。一战期间，美国政府成立了“联邦公共信息委员会”来引导公共舆论，下设“公众推广视觉部”负责制作广告招贴画。这些招贴画的内容涵盖招募新兵、号召妇女参加志愿服务、推销战争债券等，其中最有名的当属以“山姆大叔”为主角的征兵广告。这位以牛肉商贩为模特的广告人物，成为家喻户晓的美国象征。如图8—2所示。

一战时期，不仅政府制作了大量的战时宣传广告，商业广告主也紧随其后，宣传自己的产品如何为战士们服务，如埃尔金手表的广告宣称“几十万块埃尔金手表每时每刻为美国和盟国战士服务”，象牙香皂则打出“象牙香皂紧随战旗”的口号。这可以被看作是企业公益广告活动的雏形。

战时广告宣传是20世纪上半叶美国公益广告的主流。一战曾经被人们称为“结束一切战争之战”，但是短短20年之后，世界大战就卷土重来，让法国元帅福煦“20年休战”的抱怨一语成谶。1941年珍珠港袭击之后，美国终于抛弃孤立主义幻想，正式参加反法西斯战争。

二战期间，美国传播学界对媒介影响部队士气的问题进行了大量研究，典型的如拉斯韦尔和霍夫兰的研究。在此之后，政府、军方和传媒界便开始紧锣密鼓地展开战时广告宣传。事实上，在美国参战前的1941年11月，美国广告协会和美国广告公司协会就召开了联席会议。会上智威汤逊(JWT)总监詹姆斯·韦伯·杨发表演讲，指出广告可以发挥更大的社会作用，美国应当成立公益广告机构。此次会上成立了“广告委员会(Ad Council，简称AC)”这一全国性公益广告机构。

二战期间，美国广告委员会更名为战时广告委员会，受战时新闻办公室的直接领导，开展了大量活动。除由政府直接出资制作公益广告招贴外，还号召企业进行此类宣传。二战期间，美国的战时宣传多种多样，从号召参军、保卫家园、严守秘密到支援盟友、购买国债、节约物资等均包含在内。这些战时公益广告有效地为前线筹集了资金，招募了劳动力，鼓舞了士气，塑造了美国“民主国家兵工厂”的正面形象，有力支援了反法西斯战争。可以说，战时公益宣传是不用开火的战争利器。

美国二战宣传海报如图8－3所示，左为号召女工加入生产，中为严守秘密防敌窥探，右为援助中国抗战。

图8－3　美国二战宣传海报

事实上，二战期间是国家和政府大规模公共宣传的起点，各参战国都进行了大量的战时宣传，主题基本一致。二战时期的各国战时宣传不仅使得战后的公益广告活动得以延续，也催生了不少广告学和传播学方面的研究，例如著名的“枪弹论”就是根据这一时期的国家宣传而提出的。

二战时期其他国家宣传画如图8－4所示。

大不列颠不能处于烈火中(英国)

严守秘密(苏联)

飞虎队年画(中国)

图 8—4　其他国家二战宣传海报

二战结束后,美国战时广告委员会恢复为广告委员会,成为独立机构,不再接受政府资助。此后,广告委员会根据当时社会关注的现象、突发事件等制定广告主题,开展公益广告运动效果明显。见表 8—1。

表 8—1　美国广告委员会部分公益广告主题活动一览表

年代	主　题	备　注
1950	为侵略朝鲜募集资金	由罗斯福夫人和艾森豪威尔将军代言。
1957	为红十字会募集资金	美国广告委员会与红十字会合作已经超过 50 年,目的是告知公众红十字会所做的各种服务,为红十字会筹集资金。
1958	号召注射小儿麻痹疫苗	当时公众对注射小儿麻痹症疫苗的意识并不高,通过公益广告的不断宣传,使得 80%的潜在患者获得了免疫力。
1972	浪费智力是一件可怕的事	号召帮助少数族裔进入大学学习。筹集 14 亿美元捐款,帮助 30 万少数族裔学生进入大学。
1973	哭泣的印第安人	环保公益广告,获得两项克里奥奖
1985	撞车测试假人系列	广告投放后安全带使用率从 21%上升至 70%,相当于拯救了 7.5 万人的生命。
1988	对抗艾滋病广告战役	世界上第一个以防范艾滋病为主题的公益广告活动。
2001	"为自由而战"广告运动	"9·11"事件后的公益广告运动。
2005	预防儿童肥胖	因肥胖而患疾病的儿童越来越多,广告让家长们意识到健康饮食和体育锻炼对儿童健康的重要性。
2011	我是美国人	"9·11"十周年纪念。

作为美国最主要的公益广告机构,广告委员会成立 70 多年来,一直致力于用公益广告的形式发动公众参与社会改良和社会救助。近年来,美国公益广告的主题更加多样,主要包括:(1)家庭关怀与家庭健康,如反对家庭暴力、提倡父亲介入儿童成长等;(2)保护环境,如倡导人们积极探索自然,保护自然环境、减少排放等;(3)灾害救助,如飓风过后的救灾、森林防火,提示人们准备紧急应对方案等;(4)特殊群体救助,如反对学校暴

力，保护同性恋人群权益等。许多主题都与人们的生活密切相关，具有浓厚的人文关怀色彩。图 8—5 左为飓风桑迪过后呼吁捐款的广告（2012 年），右为关注儿童口腔健康（2011 年）。

图 8—5　美国公益广告

二、日本的公益广告

在日文中，公益广告被写为“公共广告”。日本于 19 世纪末期走上现代化道路，但随之而来的是长达 50 年的对外侵略扩张史，并最终招致了可耻的失败。但二战结束后，日本经济高速发展，并于 70 年代成为仅次于美国的世界第二大经济体。随着消费时代的来临，日本的广告行业飞速发展，以至随处可见的广告牌成为人们心目中典型的日本式景象，日本也被称为“广告之国”。1972 年，日本便成为仅次于美国的世界第二大广告市场，并保持了近 40 年。

日本的公益广告起步较商业广告晚，环境问题和社会问题催生了日本的公益广告。20 世纪 50—60 年代，由于环境污染、商家责任心丧失，日本出现了严重的环境公害事件，如“水俣病事件”、“米糠油事件”等，无辜平民受到毒害乃至死于非命。70 年代前后，日本的家庭问题，尤其是儿童问题也变得逐渐严重，儿童出走乃至自杀的事件屡见不鲜。日本公众对于社会上发生的种种负面现象感到不安和愤慨。

1971 年，时任三得利饮料公司社长的佐治敬三发起成立第一个正式的公益广告组织“关西公共广告机构”，并发布第一则公益广告“唤起公益心”，见图 8—6。图下方可见“关西公共广告机构”的字样。此广告成为日本公益广告事业之始。该机构于 2009 年 7 月更名为“日本广告委员会”（AC Japan），现已成为日本最大的公益广告团体。

在日本公益广告发展的早期，“环境”是最为常见的主题。1972 年，日本公益广告的主题为“环境、资源和公共道德”，环境被列为第一位，并推出了以《用水创造的地球》《蓝天、大海、蜻蜓》等为题的公益广告作品。1973 年、1974 年的主题也与环境保护密不可分。在此之后，环保主题一直是日本公益广告中的常见题材，数十年长盛不衰。与此同时，日本的环境保护和污染治理工作确实获得了很大的进步。

图 8—6 日本第一则公益广告《唤起公益心》

随着经济的发展，日本社会福利方面的欠缺和普通家庭中成员之间的关系、教养方式等受到人们的关注。这一时期的人口老龄化、虐待儿童等问题是日本社会关注的焦点。70 年代中期开始，日本公益广告中出现了越来越多的社会福利和家庭美德方面的话题。如 1975 年的公益广告主题“社会福祉”，1978 年的“防止离家出走”，1979 年的“父亲你就是我的教科书”，等等。这些主题贯穿 70—80 年代。1987 年的日本公益广告《别让孩子独自吃饭》，呼吁父母多与孩子交流，见图 8—7。

图 8—7 《别让孩子独自吃饭》

70 年代末，随着日本成为世界第二大经济体，走向世界和国际交流成为日本人关注的话题。这一时期日本的经济发展和商业能力令世界刮目相看，乃至有美国人惊呼“日本人要买下世界”。日本的广告人挖掘出世界交流的种种内容，制作出《明治四年，我八岁，去了美国》等作品，宣传日本与各国特别是美国的关系渊源。

进入 90 年代，环境保护、社会福利、交通安全等主题仍然是日本公益广告的主角。1995 年，日本发生阪神大地震，死伤数万人。这一突发事件使得灾害救助和社会援助等成为紧迫的问题，公益价值在日本受到空前的重视，抗震救灾成为这一年的公益广告主题。值得一提的是，在地震救灾期间，日本媒体上的很多商业广告被撤下，换上了公益广告。

90 年代，日本公益广告制作水平大幅提高。1996 年出现了像《Water Man》这样令人印象深刻的公益广告作品。此片以防范水污染为主题，见图 8—8。

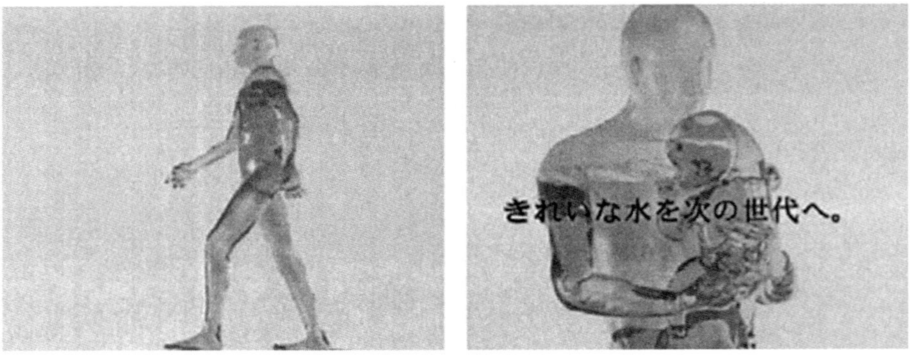

图 8—8　日本公益广告片《Water Man》

该广告情节如下：

> 清澈透明的人体在行走，随着机器轰鸣，钟声阵阵，人体渐渐浑浊。字幕："人体的70%是水。"人全身的水都变得秽浊。人渐渐弯腰摔倒，伏地喘息。字幕："今天你污染的水，明天将污染你；保护水，为了千秋万代。"清澈透明的人体怀抱婴儿，婴儿发出欢笑。

日本2011年"3·11"大地震后的两个星期内，全国媒体停止商业广告，AC制作和发布了许多以抗震救灾、鼓舞士气为主题的公益广告。日本首相还在中国《人民日报》刊登广告，感谢对日本的援助。

日本公益广告的发展，是近半个世纪以来日本社会发展变迁的缩影。每个时期的日本公益广告都以当时最为显著、最为紧迫的社会问题为主题，社会动员气氛非常浓厚。此外，日本公益广告的创作风格细腻，诉求明确，善于用感人的创意将公众吸引到社会公益事业中来。

三、韩国的公益广告

近代历史上的韩国可谓多灾多难。19世纪末，整个朝鲜半岛沦为日本的殖民地，直到二战结束后才重获独立。而朝鲜半岛刚一光复，便陷入南北分治的状态。几年后，又爆发朝鲜战争，使得同属朝鲜民族的南北两国至今仍处于敌对状态。韩国在很长一段时期内，由于军事独裁的政治制度和美国将其作为军事前哨的政策，使得国内经济相当不景气，长期处于贫弱状态。50年代开始，韩国开始推行现代化五年计划。60年代确立以出口为主的外向型经济模式。70至80年代，韩国经历了政治改革，经济快速发展，国民生活水平迅速提高，成为了亚洲地区发展最快的国家之一，有"汉江奇迹"之称。目前，韩国的人均国民生产总值超过两万美元，从很多标准来判断，已属发达国家。韩国的电子工业、造船工业、汽车工业等在世界上均居领先地位，近年来其文化产业也开始具有较强的影响力。

韩国的媒体和广告事业起源于20世纪50年代。1954年，《韩国日报》创刊，1957

年，报社内部成立广告局，并成立韩国广告社，此为韩国现代广告业的开端。1967年，韩国ABC研究会成立，主要研究媒体发行，但不久后解散。1968年，国际广告协会在韩国成立分会，成为韩国最早的广告研究机构。60年代，韩国的大学中开始出现广告课程，并有多种专业读物出版。

韩国的公益广告事业始于1980年。与日本的情况类似，韩国的公益广告也是在社会迅速发展带来的问题和混乱中产生的。80年代初期，韩国国内的环境污染、诚信缺失、传统思想荒废等社会问题开始凸显，国民对当时韩国军政府的统治也甚为不满。为了应对这些现象，韩国政府于1980年制定《言论基本法》以加强舆论导向。1981年，韩国放送广告公社成立，是当时垄断经营韩国广播电视广告的专门机构。1981年12月，韩国放送广告公社制作播出了第一条电视公益广告《储蓄带来美好明天》。

1983年，放送广告公社下属的公益广告发展咨询委员会成立。这个委员会每年对国民关心的问题进行调查，并向企业和个人会员征集当年的公益广告主题。同年，韩国的报纸上也出现了公益广告。1985年，公益广告开始在韩国的剧场中放映，此后又出现在各种户外媒体上。

1988年，随着汉城奥运会的召开，韩国社会进一步开放，对文化创意产业的种种限制均告解除。这一年，公益广告发展咨询委员会更名为公益广告协议会，成为韩国负责公益广告制作和发行的专门机构。此后，韩国公益广告中的政策宣传和简单说教的内容迅速减少，取而代之以贴近平民生活的生动形象的公益广告作品。

从1998年开始，韩国政府从法律和制度两个层面对公益广告进行调整。2001年起实施的《综合放送法》中，规定各大电视台每周播放的公益广告不得少于总节目时长的0.15%。从2003年开始，韩国政府开始参与公益广告的制作。韩国的公益广告主题主要是重视教育、呼唤公共道德、祖国统一等，善于以亲情友爱来打动观众。例如，韩国曾获戛纳公益广告金奖的禁酒驾主题公益广告《回放篇》，情节如下：

路灯昏暗，警灯闪烁，警笛长鸣。众警察勘察事故现场。碎玻璃和汽车保险杠散落泥泞地面，男子俯卧。他忽然腾起，回到驾驶座位上，碎玻璃和保险杠迅速复位。男子惊恐的表情渐渐平静，昏昏欲睡，车倒行进在滚滚的车流中，行人惊恐地躲避。车速表归零，车停在酒店前，男子微笑与好友告别。酒桌，杯盏交错，众朋友开怀畅饮。酒杯中，啤酒由多而少。字幕："影片可以回放，生命不能重来。"开瓶器盖紧瓶盖。

韩国献血主题公益广告《微笑篇》（见图8—9），情节如下：

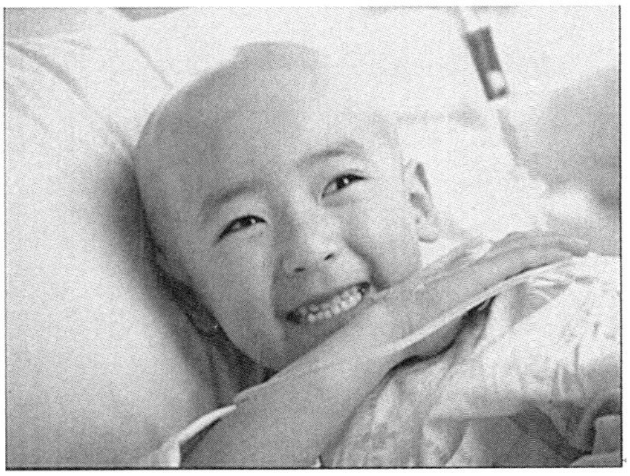
图8—9 《微笑篇》受血少年的画面

轻快的乐曲声中，一位又一位年轻

俊秀的面庞闪过，或憋气、或瞪眼、或皱眉、或惊恐、或一手捂脸、或轻咬手绢、或吸气、或做怪脸，非常可爱。病床上，一位患白血病剃光头发的儿童腼腆微笑。原来，刚才的那些年轻人是在献血，抽血的针头扎进臂弯，引起瞬间的反应。鲜血在手臂红心上跳动。字幕："您的一秒钟的皱眉，给别人带来一生的微笑。"

第二节　两种公益广告运行体制

公益广告是多参与主体的公共传播方式，必然具有复杂的运作模式。在不同的运作模式当中，公益广告的各个参与主体具有不同的地位和作用，承担不同的义务和责任。各个国家的公益广告运行体制根据其国情的不同有所差异，但是总体而言，其模式均有两种：一是官方主导型，由政府部门统筹公益广告的整体运作，公益广告活动的具体实施也由政府部门或国有机构进行；二是民间主导型，由不接受政府资助的独立民间社团推动公益广告事业的发展。这两种模式基本可以概括公益广告事业较为发达的几个国家的运行体制。同时，研究国外公益广告的运行体制，也可为我国公益广告的发展提供借鉴。

一、官方主导的公益广告运行体制

官方主导的公益广告运行体制，其核心是将公益广告作为政府行政手段的延伸，让公益广告肩负部分舆论导向和公共服务的职能。官方主导的公益广告体制，其特点包括：(1)政府向公益广告事业投入资金，包括直接参与制作和发布以及出资建立向政府负责的主管部门；(2)将为政府部门的信息传播服务作为业务重点；(3)政府对公益广告的主题、内容和传播方式提出意见或要求，对公益广告的传播进行监控。

世界上比较典型的官方主导型公益广告体制包括中国、英国和韩国等。我国的公益广告事业由党的宣传机关、媒体主管部门和工商管理部门共同负责，这些部门的中央机构(中宣部、中央文明办、工商总局、国家新闻出版广电总局)负责制定法规、提出总体规划，其地方分支机构(地方宣传部、文明办、工商局、国家新闻出版广电总局)负责具体执行。在英国，负责公益广告事业的机构是中央新闻署，为政府各部制定宣传计划。在韩国，由韩国旅游观光部下设的韩国放送广告公社及其职能机构负责公益广告的运行。

(一)英国的公益广告体制

英国的公益广告体制是西方国家中最典型的官方主导型体制，这与英国20世纪的政治传统密不可分。二战结束后，英国工党屡次上台组阁。英国工党是组建于20世纪初的中、左翼政党，早期的纲领被称为"渐进社会主义"。工党的非殖民化、国有化政策对英国政治产生了颇为深远的影响，英国政府对公共事业的投入和管理较美国等发达国家更为全面深入。英国的公益广告监管机构是英国通信管理局和英国广告标准局，但具体负责执行的主管部门是中央新闻署（Central Office of Information），它是内阁办公室（Cabinet Office）的下属机构，属于非内阁部门（即其领导人不是内阁大臣）。中央新闻署是由二战时期的宣传部门战时信息部改组而来的，其主要任务是为政府机构的信息传播提供服务，其角色相当于政府部门和私营企业之间的中介。中央新闻署是一个综合传播机构，其下拥有诸多职能部门，见图 8—10。

英国中央新闻署的服务对象主要是政府各部门，其前三位“大客户”是国防部、就业部和交通部，此外还包括贸易工业部、教育部、外交和联邦事务部、移民局、税务局等。中央新闻署负责为这些部门提供咨询、制定策略、供应商接洽、项目管理和效果评估等服务。从某种意义上说，中央新闻署就像是一家政府所有、政府专属的广告咨询中介公司。

英国公益广告的主题由发起广告活动的政府部门制定。英国内阁定期制定公共服务协议，其中包括鼓励的行为、禁止的行为和法律要求的行为三类，公益广告选题的指定要与公共服务协议相应。一般而言，英国公益广告中就业、交通安全、反毒品、政府政策等主题占有重要地位。

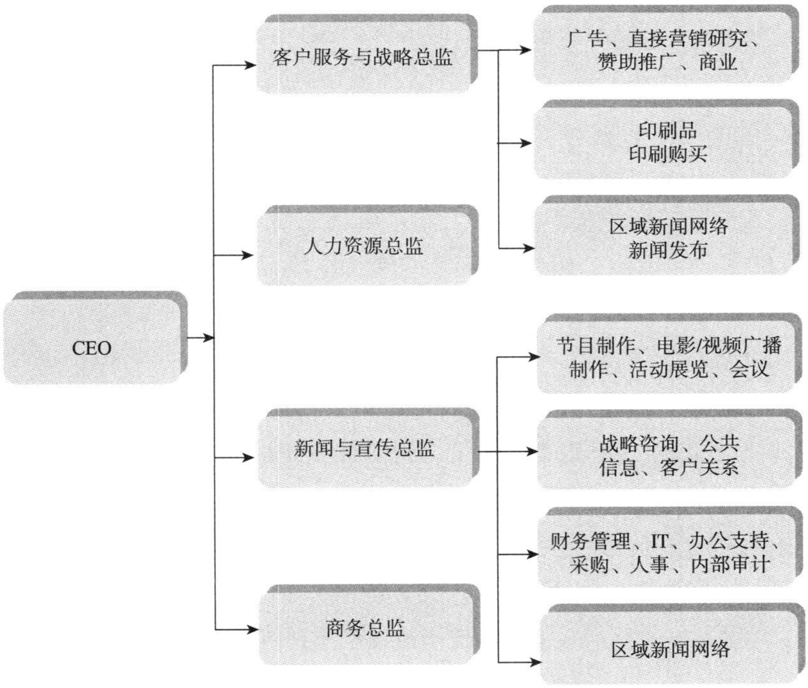

图 8—10 英国中央新闻署结构图

英国中央新闻署的公益广告投放是需要向目标媒体付费的，但英国的国家媒体 BBC 免费播放中央新闻署的公益广告，其他很多媒体也提供优惠，因此每年中央新闻署为其客户节约媒体经费超过 5000 万英镑。此外，中央新闻署还对公益广告的效果进行大量调查，以保证其传播的有效性。

（二）韩国的公益广告体制

韩国的公益广告体制也是比较典型的官方主导型。韩国的公益广告机构叫做“公益广告协议会”，是韩国放送广告公社下属的机构。韩国放送广告公社是根据 1980 年 12 月颁布的《韩国放送广告公社法》成立的，隶属于韩国政府旅游观光部。该法规定，放送广告公社具有广播电视广告的经营权和广播电视广告代理资格的认证权，因此，韩国的广播电视广告代理公司要想开展业务就必须经过该公社的资格认证。这种官方认证的规定直到 1994 年才终结，由认证制改为登记制。韩国放送广告公社还具有调节广告市场的作用。例如，该组织规定韩国广播广告的代理费率为 13%，电视广告代理费率为 11%，以杜绝广告市场上的非法优惠和回扣等行为。此外，放送广告公社还积极调节广告价格，使广告的制作播出机制向中小广告主倾斜。因此，放送广告公社其实是韩国的广告监管机构。韩国放送广告公社标识如图 8－11 所示。

图 8－11　韩国放送广告公社标识

韩国的公益广告协议会使用和放送广告公社同样的“Kobaco”标识，由 15 名各界委员组成。公益广告协议会的一大任务是确定每年的公益广告主题。主题的确定以国民调查和统计为先导，选择最受社会关注的议题作为当年的公益广告主题。而后进行公开招标，选择制作公司。制作出来的公益广告需事先进行试映，确保作品对于热点时事的贴切以及对于受众的教化效果。在公益广告播出后，协议会还要负责考察该公益广告的效果。可见，公益广告协议会在韩国的公益广告事业中是一个“大包大揽”的机构，公益广告的所有环节均在其控制之下。

韩国的公益广告体制经常被人们形容为“电视主导式”，这是因为韩国的媒体，尤其是电视媒体，在信息的传播中相当强势，电视媒体的经营实际上处于国家垄断的状态。此外，韩国政府规定，电视节目中的公益广告不得少于节目总时长的 0.15%，且电视媒体必须免费播放公益广告，而其他媒体的公益广告播放则“价格优惠”，但仍需收费。因此，电视公益广告是韩国公益广告的绝对主流。同时，公益广告协议会这个最高机构作为放送广告公社的下设机构，实际上也是属于电视媒体系统的一部分。韩国公益广告制度较之英国拥有更大的自主权，如可以自主制定主题等，但从根本上来说，都是要贴近官方的传播政策和倾向的。

英国和韩国的公益广告制度清晰地体现了官方主导型的特点，也显示出这种制度的优缺点。官方主导型制度的优点在于公益传播过程的整体性和有效性能够得到较好的保证。由于政府主导的公益广告事业往往能够得到政策和资金的倾斜、专业机构的制作服务和国家级媒体的无条件大力播放，因而其社会影响力，至少是社会影响范围都能够得到最充分的保证。政府主导的公益广告对社会价值的评判和对政府政策的传播能提高国家行政效率，对保障社会的稳定、传播积极的价值观，发挥国家在社会管理方面的作用颇有益处。

官方主导型的缺点首先在于其资金募集和管理机制不够灵活，往往难于真正调动社会公益事业的积极性。我国的公益广告制度之下，公益广告的征集、制作和发布往往在政府的行政指令下进行，制作方和发布方经常处于“赔本赚吆喝”的境地，其积极性可想而知。英国的中央新闻署是自负盈亏的机构，它可以从对政府的广告业务中获得一定的收益，但由于其作为政府办公机构的身份，需要花费大量的成本以养活其工作人员。韩国公益广告往往由企业作为出资方，但企业不能进入公益管理机构当中，缺乏在公益活动策划方面的发言权，因而其出资行为大多不是出于主动。

在官方主导型这种情况下，公益广告的运行很难真正调动社会的积极性，加之行政手续复杂繁琐，传播主题和内容限定过多，影响创作者的发挥，往往使其陷入说教和恐吓当中，难以创作贴近生活、引起共鸣的作品。在英国有很多人批评政府的公益广告空泛、无趣乃至“恐怖”。韩国的很多公益广告也被批评为创作水平不高，缺乏新意和说服力。这些批评声音与我国对公益广告的一些评价不谋而合。因而，在官方主导的公益广告体制当中，如何调动社会积极性，将公益广告变为企业乐于制作、媒体乐于播发、受众乐于接受的媒介产品，是最为现实的问题。

二、民间主导的公益广告运行体制

民间主导的公益广告运行体制，其核心是将公益广告作为民间自发的社会改良行动的一部分。如果说官方主导型的特点是自上而下，那么民间主导型的特点就是自下而上。这种公益广告运行体制中，起关键性作用的是不接受政府资助的独立团体，由其自行决定公益广告的主题和创作方式。但在民间主导的公益广告运行体制当中，政府绝不是不存在的角色。政府的综合传播行为仍然为公益广告划定基本的价值观界限，且政府也常常作为公益广告行为的参与者和受益者。在民间主导的公益广告运行体制当中，最典型的是美国和日本的公益广告体制。

（一）美国的公益广告运行体制

美国的公益广告起源于官方宣传行为。美国的公益广告机构称为“广告委员会”（AD Council，简称 AC），成立于 1941 年 11 月。美国广告委员会的成立初衷其实是解决当时美国广告业自身的生存危机。在决定其成立的联席会议上，当时的智威汤逊总监詹姆斯·韦伯·杨发表了一番关于公益广告应当起到更重要社会作用的长篇演讲，因而广告委员会从诞生之初就确定了其作为公益广告机构的使命。但是，委员会成立仅一个月，美国就加入了第二次世界大战，广告委员会随即被收入军方帐下，更名为“战时广告委员会”。战时广告委员会在二战期间的工作卓有成效，制作了大量令人印象深刻的宣传作品。二战结束之后，广告委员会又重新恢复了民间机构的身份，继续推进公益广告事业直至今日。

美国广告委员会的标识及其口号“推动改变，改善生活”。如图 8－12 所示。

图 8－12　美国广告委员会的标识及其口号

美国广告委员会是一家独立于政府和利

益集团之外的非营利性机构，在独立运营的基础上联合企业、媒体和广告公司等共同开展公益广告活动。因此，广告委员会是一个整合各方资源的平台，它从企业获得捐款作为公益广告活动的资金，联络媒体获得传播公益广告作品的机会，联系专业广告公司进行公益广告的制作。广告委员会的运营资金大多来自个人、团体、合作媒体的捐款及各种基金会的捐助。

广告委员会拥有纽约和华盛顿两个总部和地区分部以及五个职能委员会。总部对公益广告活动进行总体指导，地区委员会负责与当地的企业、媒体、广告公司等进行沟通，也为总部提供关于地方的信息。五个职能委员会包括顾问委员会（确定主题、寻求赞助）、策划委员会（活动策略和创作方向）、行政委员会（代表地方分支机构）、研究委员会（进行研究、联络学术界）和观察委员会（行业洞察、争取媒体）。这些分支和职能机构能够为公益广告活动的全程提供外部支持和直接参与。

美国广告委员会的公益广告主题是由社会组织、政府和企业申请的。委员会对这些申请进行投票表决，获得四分之三以上的票数才能够通过。社会组织、政府和企业都可以参与这种申请。广告委员会的投放渠道也是来自媒体的捐赠，包括电视、广播、平面、户外、网络等各种媒体。广告委员会的合作媒体有 128 家，每年获赠的媒体版面价值超过 13 亿美元。

作为一个独立机构，广告委员会为美国公益广告提供了相当丰富的媒体空间。美国有 45%的杂志（约 6000 份），经常提供公益广告版面；美国的电视公司平均每小时拿出 15 秒来播放公益广告，相当于 0.42%的总时长或 3.3%的总广告播放时间。广告委员会的宗旨是让其公益广告真正能够反映民众需求、推动社会变革。

（二）日本的公益广告运行体制

日本的公益广告机构称为“日本广告委员会”（AC Japan），前身是成立于 1971 年的关西公共广告机构。1974 年，关西公共广告机构正式登记为社团法人，并更名为日本公共广告机构。这个机构是受美国广告委员会的启发而成立的，其运作目标和运作方式都借鉴了美国的部分经验。2009 年，日本公共广告机构更名为与美国名称相近的日本广告委员会，同美国的广告委员会具有相似的职能。可以说，日本的公益广告制度有着美国式的影子。日本的公益广告项目分为六大类，即：全国性活动、区域性活动、支援其他团体的活动、突发性广告活动、国际性合作、其他议题的活动。

日本广告委员会标识见图 8－13。

图 8－13　日本广告委员会标识

日本广告委员会的特点是采用会员制，其会员公司包括广告主、媒体和广告公司三类，全日本几乎所有的报纸、杂志、广播和铁道公司都是日本广告委员会的会员。除企业外，日本广告委员会还拥有 1300 多名个人会员。与美国不同，日本广告委员会的运营经费全部来自会员的会费。公益广告的创意和制作费用由广告公司承担，而媒体版面来自会员媒体的免费提供。

图 8—14　日本报纸公益广告

日本广告委员会的组织结构由总会、理事会、执行委员会、全国运营委员长会议组成。其中执行委员会分东京和大阪两个，全国运营委员长会议统领全国各地的分支机构。日本广告委员会的公益广告主题选定以问卷调查为起点，每年年中，委员会对上一年的公益广告执行情况进行调查，到十月左右，根据调研情况确定下一年的主题。第二年年初接受作品投标，并制定全年的运行计划。日本的公益广告注重对人类精神的尊重，主题选定严格，注意不触及营利、党派政治、宗教等内容，主要目的在于动员群众参与解决事关全民的公共问题。

图 8—14 为日本的一则报纸公益广告，下方可见 AC Japan 的标识。

美国和日本走上民间主导的公益广告运行体制所形成的社会环境，首先是其拥有社团活动的社会基础。在美国和日本，非政府组织具有较强的社会影响力，其募集能力和活动能力都属上乘，群众对社团活动的归属感很强。其次，这些国家，尤其是美国的政治活动中自由主义的倾向一向比较强烈，政府对于社会活动的细节干预较少，而公益广告往往被认定为更适宜由社会来操作的活动。最后是美国和日本等国的政府广告往往和政治广告纠缠不清，每到选举之年，人们受到政治广告的狂轰滥炸，不少民众苦不堪言，因而政府进行社会公益宣传的效力恐怕还不及非政府组织。

民间主导的公益广告运行体制有着明显的优势，也有自身的劣势。

第一，与所要服务的社会大众联系紧密。社会组织源于公众，群众参与的自觉性和积极性都很高，与同属社会体系的企业和个人有着更为自然的联系，不会使参与者感到来自“上方”的压力，因而其参与者和出资人的活跃程度都明显要高于官方主导的公益广告体制。

第二，这种体制下公益广告机构的自主性显著加强。民间团体在确定公益广告活动的主题和目标时不用参考政府的建议乃至训令，因而其主题往往更加贴近人民生活，社会改良的成分大于社会管理的成分。在这种高自主性的氛围下，公益广告的创作方式和艺术表现也更为灵活，时有一些震撼人心乃至惊世骇俗的广告作品被创作出来。

第三，公益广告的效果更受重视。由于民间公益广告机构所获得的资金、版面和人员支持均属难得，因而其在策划和创作中比政府宣传更注重最终效果。

民间主导的弱点在于非政府组织在市场经济体系中的弱势地位。虽然民间公益广告机构能够争取到不少支持者和传播空间，但在市场经济条件中，“非营利”的本质决定了其话语权的相对有限性。例如，虽然美国电视台播出的公益广告相当于商业广告总量的3.3%，但免费公益广告在黄金时段播出量仅占公益广告总量的9%，而在凌晨0—6点播出的却高达45%。这样一来，在凌晨播出的45%产生的传播效果是十分有限的。民间机构主导下的公益广告虽然多数以社会变革和社会改良为目标，但是在私人媒介占统治地位、跨国企业和国际财团占据社会主流的美国、日本社会当中，很多时候民间机构的良好意愿都容易沦为一厢情愿。如何获得真正的影响力，是民间主导下的公益广告所面临的最大问题。

三、现代公益广告运行模式的共同特点

虽然不同国家的公益广告活动有着不同的特点，但通过比较和了解，还是能够发现各个成熟完善的公益广告运行机制拥有着一些明显的共性。这些共性使得不同国家的公益广告发起者能够根据各自社会的问题和特点，展开具有针对性和实效性的公益广告活动。这些特点也可以为我国的公益广告事业所用，将我国的社会公益建设提升到新的高度。

（一）设立专门性公益广告机构

由于公益广告本身涵盖很广，是一种复杂的综合性传播方式，需要专门性的公益广告机构来筹集资金，提供人力资源，统筹协调运作流程，接洽受益方、制作方和播出方。因此，应该由专门的公益广告机构来统筹全国范围内的公益广告活动。前面提到的各主要国家，无论官方还是民营，无一例外都设立了专门的公益广告运作机构。

英国的中央新闻署虽然名为“新闻”署，但其最重要的业务却是广告业务，其资金运作在很大程度上自负盈亏。中央新闻署的核心任务就是为政府各部门制定传播策略，而这种传播实际上就是公益广告，因而中央新闻署相当于英国内阁拥有的专门公益广告公司。韩国的公益广告协议会有权制定一年之内全国的公益广告主题，并由于其与放送广告公社的天然联系而拥有强大的媒体影响力。美国的广告委员会虽然是民营机构，但其在美国公益广告活动中的指导地位一直无人能及。上世纪80年代以前，美国所有的公益广告均是由AC负责，80年代之后，虽然很多社会组织参与到公益传播中来，但AC是最具影响力的公益广告机构，其组织的专业性起到了重要的作用。日本广告委员会同日本的很多其他机构一样，具有非常严整的体系，其中央部门集成度高，地方分支部门业务全面，是中央部门的有效代理者。这些组织都具有组织结构完备、独立进行资金运作、拥有组织公益广告活动的能力和权限、拥有广泛社会关系的特点。

专门性的公益广告机构在运行上具有较高的独立性和整体性，也有利于吸收各领域专业人员参与日常工作，提高组织和创作水平。公益广告机构的建设，可以有效避免多头管理造成的责权不清或政出多门的状况。

（二）建立官方和民间的公益互动

公益广告是政府社会管理和民间社会改良运动之间的纽带。无论在任何国家，公益

广告的主题都是以社会美德和共同价值观为基础。环境保护、社会公德、尊重生命、热爱工作、重视家庭、关怀弱小，是全世界公益广告的共同主题。因而，在公益广告的传播中，无论参与度如何，政府和民众都是受益者。此外，公益广告在突发事件的应急处理，团结民众共渡难关等社会管理和应急处置领域都起着重要的作用。公益广告的人文关怀本质，使得其成为政府进行人性化社会管理的重要手段，公益广告运行中官方和民间的互动因此变得格外重要。

许多国家的公益广告组织都兼有作为政府和民间社团中介的作用。例如：英国中央新闻署在为政府部门进行广告服务的同时，与民间组织和慈善机构开展合作；韩国的公益广告协议会邀请社会各界专家作为其委员，商讨年度公益广告主题；美国的广告委员会在近70年间曾多次为政府服务，并邀请政要参与公益广告活动；日本广告委员会的广告在1995年阪神大地震和2011年东日本大地震当中都曾经大规模取代商业广告，协助政府救灾筹款。

将公益广告行为本身简单归为官方行为或民间行为都是不全面的，公益广告必须由二者共同参与、共同推进，才能够真正起到积极的社会作用。

（三）重视公益广告效果研究和监控

在商业广告当中，效果研究是非常重要的环节。广告界“有一半广告费被浪费了”的名言时时刻刻提醒着广告人和广告学者要将效果作为衡量广告的核心标准。但由于公益广告非盈利性和社会性的本质，使得其效果衡量面临一定的困难。一方面，公益广告的效果缺乏统一的标准，无论用作品的曝光度还是观点的接受度来衡量都有失之全面的嫌疑。另一方面，许多公益广告能够带来的影响不是短期和具体的，一种观念可能需要数年甚至数十年才能够对社会产生影响。因而，公益广告的效果研究是一个我国学者涉猎较少的领域。

在拥有专业公益广告机构的国家，其公益广告机构基本都拥有效果研究和监控的职能。英国中央新闻署拥有独立的研究部门，其公益广告也采用“消费者满意调查”的效果评估模式，对于广告作品的细节、单支作品的影响和整个广告战役的效果都有细致的评价，并以这些评价为指导开展后续工作。美国广告委员会下设研究委员会，对作品的媒介暴露时间、受众观后反应、网站进行分析、对全国范围内受众态度变化进行前置性测定和效果测定等。在日本，公益广告效果评估是下一年公益广告活动开展的重要参考，按照地区划分来调查公众对公益广告的认同度。

公益广告的效果研究和监控之所以重要，是因为公益广告是一种目的性极强的传播方式。如果以商业广告作比喻，公益广告也在销售“商品”，不过这种“商品”是观念和行为模式，如果公益广告的“目标消费者”即公众不接受公益广告的宣传而拒绝“购买”，那么公益广告也就丧失了其基本意义。许多公益广告因为忽视其根本的目的性而成为了单纯的装饰和填补媒体空白的备用品。

第三节　中外公益广告表达方式比较

公益广告的社会影响最终要靠具体的作品来体现。同时，广告作品的表现也最能够体现一国公益广告的整体价值观和活动目标。而众多的公益广告作品的抽象化概括即是公益广告的表达方式。公益广告的表达方式可以分为主题选定、说服方式和表现手法这三个方面。公益广告的表达方式是对文化系统和社会价值观的直观表现。对中外公益广告的表达方式进行对比，有助于从文化的角度理解中外公益广告系统的差异。

一、中外公益广告的主题比较

公益广告的主题是公益广告作品的整统领，体现了公益广告背后的价值观和社会责任。中外公益广告的主题由于其运行体制的不同，总体方向上的侧重点有一定差异。例如，中国的公益广告中多数是由政府机构发起的，其政策导向较为明显。国外的公益广告大多以半官方、民间机构为实施主体，因而在选题方向上较少具有宣传色彩。但总体而言，中外公益广告主题方向之间的差异比想象的要小。通过对1995—2010年中国和日本的公益广告主题比较，展示出中外公益广告主题方面的共性。见表8—2。

表8—2　中国与日本公益广告主题比较(1995—2010)

年份	中国		日本	
	主题	类型	主题	类型
1995	无固定主题	环境资源、公共道德	抗震救灾(公共安全)	公共道德、时事政治
1996	中华好风尚	公共道德、时事政治		
1997	自强创辉煌	公共道德、时事政治	环境、教育、国际交流、公共道德	环境资源、公共道德
1998	下岗再就业、抗洪救灾	社会福祉、公共安全、时事政治		
1999	预防艾滋病、禁毒	社会福祉、公共安全		
2000	知识改变命运、西部大开发	教育、地方振兴、时事政治		
2001	新世纪、新风尚	公共道德、时事政治	公共道德、社会福祉、教育	公共道德
2002	弘扬社会正气	公共道德、时事政治	社会福祉、地方振兴	公共道德、时事政治
2003	抗击“非典”	公共安全、时事政治	环境资源、社会福祉、教育、交通安全	公共道德、公共安全、
2004	劳动创造人生价值	公共道德	环境资源、社会福祉、地方振兴	公共道德、公共安全

续表

年份	中国		日本	
	主题	类型	主题	类型
2005	无固定主题	环境资源、公共道德	环境资源、地方振兴、教育	公共道德
2006	亲情为主题	公共道德	环境问题、公共道德	公共道德
2007	同一个世界、同一个梦想	公共道德、国际交流	亲子交流、个人与环境	公共道德
2008	扬正气,促和谐	公共道德、时事政治	教育、社会、环境	公共安全
2009	城市让生活更美好	公共道德	环境、教育、公共道德	公共道德
2010	迎世博、讲文明、树新风	公共道德、时事政治	环境、公共道德、人类社会	环境资源、公共道德

中国的公益广告多数配合中国的国家政策取向和当年的重大事件与活动,具有较强的宣传色彩。而日本的公益广告主题重复性很高,集中于最常见的现代社会问题上。但总体而言,中国和日本在 1995 至 2010 年间出现的公益广告主题具有很高的重合度,环境资源、教育问题、公共道德、公共安全是两国公益广告共同的主题。虽然国情、社情、政治制度和公益广告运行模式都有很大的不同,但这 15 年间两国的所有公益广告主题几乎都能够被划分到这几类之中。可见,公益广告的主题确定来源于对人类社会共同问题的重视。公益广告是人类社会共同价值的体现,公益广告主题的思想基础在各国之间具有较高的共通性。

但是,由于国家之间的文化差异,各国公益广告的具体命题方式也有一定的区别。东方文化趋于感性,其宏观体验高于微观观察;西方文化趋于理性,习惯于说理证明和微观操作。表 8—3 是 20 世纪 60—80 年代之间日本和美国的公益广告主题比较。

表 8—3 美国与日本公益广告主题比较(1971—1985)

年份	美国公益广告主题(AC 制定)	日本公益广告主题(日本公共广告机构制定)
1971	越战老兵就业	环境保护、公共道德
1972	建立黑人大学联合基金	环境、资源、公共道德
1973	环境保护	社会福祉、环境
1974	控制通货膨胀	社会福祉、环境
1975		社会福祉、老龄化、公共道德
1976	反虐童、建国 200 周年、关心老人	粮食、教育
1977	预防猪流感	教育、国际交流
1978	预防犯罪	国际交流
1979	能源保护、预防高血压、社会安全	资源、道德、教育
1980		教育、环境、老龄化

续表

年份	美国公益广告主题(AC制定)	日本公益广告主题(日本公共广告机构制定)
1981	反吸毒、反酗酒	资源、道德、教育
1982	反毒品	福利、教育
1983		福利、教育
1984		福利、教育、道德、国际交流
1985	交通安全	福利、教育、道德、国际交流

美国和日本的公益广告制度较为接近,都是由民间组织策划实施的,且两国的政治制度没有本质区别。但从表8—3中可见美国的公益广告主题往往针对严重急迫的社会问题,例如犯罪、吸毒、虐童乃至通货膨胀、老兵就业等。而日本的公益广告主题则相当宽泛,除老龄化可以算作是具体社会问题以外,其余的主题皆为概念性的内容。如将中国的公益广告主题与美国的相比,也会得到类似的结论。以美国为代表的西方公益广告,在更多情况下重视对具体问题的解决,其主要目的是聚集社会力量参与行动。而以日本、中国为代表的东方公益广告则着重于提升社会道德和公民素质水平,传播精神理念。在某种程度上,甚至可以说西方式的公益广告长于雪中送炭,而东方式的公益广告则大多锦上添花;西方式的公益广告更重视"广告",即希望产生立竿见影的效果,而东方式的公益广告更重视"公益",强调意义最广泛的公众价值,很少特别关照一个群体。从另一个角度来说,东方文化中的中庸理念使得这些文化之下的社会很难大胆揭露社会中的尖锐问题,而西方文明则少有这样的考量,因而公益广告中经常会出现对吸毒、犯罪、虐童等尖锐问题的展示。

总的来说,公益广告的命题基于人类社会的共同价值,但能够分为两种模式,一种是微观式,即将视角放在具体的群体、现象和事件上,寻求公众的直接重视和迅速解决,多出现在西方文化背景中;另一种是宏观式,将视角放在社会道德和公民素质的整体高度,以传播理念、宣传教化为主,主要出现在东方文化背景中。这两种命题方式植根于不同的文化背景和接受习惯中。

二、中外公益广告劝服方式比较

广告按照是否以盈利为目的划分为商业广告和公益广告,但劝服始终是广告活动无差别的核心。公益广告虽然不以销售商品和获取利益为目的,但依然在进行推广,只不过推广的不是商品,而是观念和行为模式。无论什么内容、什么形式的公益广告,其主要目的都是产生劝服作用或称为教化作用。但劝服的具体方式,却根据社会状况和文化背景的不同而有所差异。在中外公益广告之间,尤其是中西公益广告之间,劝服方式的差异是最为显著,也最为人所津津乐道的一个方面。

中国公益广告的劝服方式可以概括为"集体参照、传统参照",即通过将所要树立的观念和行为模式描述为绝大多数人所认可的和传统文化所特有的,来说服受众接受和参与。根据霍夫施塔德(Hofstede)的文化维度理论(见表8—4),个人主义和集体主义、长期导向和短期导向等是描述文化特征的重要指标。按照这种描述方式,中国社会是集体主义和短期取向的。集体主义的特点是强调共同利益、一致性和合作性;而短期取向的特点是倾向于过去和现在的价值观。

表8—4 霍夫施塔德的文化维度理论

维度	类别	说明
个人主义与集体主义	个人主义	强调个人的价值和权利
	集体主义	强调集体的共同利益,崇尚一致和合作
权力距离	权力差距小	高层职位人士平等对待底层职位人士
	权力差距大	权力层次分明
不确定性规避	规避指数强	感到不确定性的威胁很大
	规避指数弱	认为不确定性的威胁较小
男性文化与女性文化	男性文化	鼓励人们决策的自主独立
	女性文化	重视人际关系、生活质量和决策的群体性
长短期导向	长期导向	注重未来,重视借鉴和毅力
	短期导向	价值观倾向于过去和现在

在这种文化背景之下,中国的公益广告经常将集体和传统奉为道德品质的标杆。中国公益广告中的集体参照性还拥有很多变种,例如作为集体领导者的权威、作为集体评判标准的模范、作为集体成员的普通人等。他们的形象经常出现在公益广告作品当中,代集体立言,为公众树立标准。

图8—15 社会公德的代言人濮存昕

以著名演员濮存昕为主角的公益广告,将濮存昕塑造为社会公德的代言人,见图8—15。广告情节如下:

> 濮存昕坐在剧场的座位上,真诚地诉说着对文明的理解:有人这样问过我,播出的一条公益广告能不能改变我们生活中的一些陋习呢?我说不。公益广告对于社会中的那些不文明的现象也许不可能药到病除。但是我相信,一条广告就是一盏灯,灯光亮一些,我们身边的黑暗就会少一些。并且我更相信,每个人的心灵都像是一扇窗,窗户打开,光亮就会进来。我相信,文明就在我们身边,离我们很近很近,近得触手可及;有时候,文明离我们只不过10公分的距离;有时候也许只是几十厘米的宽度;也有时候,可能只是一张纸的距离。我相信,其实文明就在我们心中,我们会在生活中不经意地流露着。有时,多一个手势,对别人来说就是一份体谅;还有时,多一分耐心的等待,对别人来说就是一

种关爱；有时，多一点点分享，对别人来说就是一份温暖。我相信，我们每个人迈出一小步，就会使社会迈出一大步。所以我发现，文明是一种力量，就像奥运火炬传递一样，在我们每个人手中传递，也能够汇聚所有人的热情。我相信，相信屏幕前的你，更多地来发现，释放更多文明的热情。

图 8—16　献血模范郭明义

广告词：文明的中国，盼奥运。

以"献血模范郭明义"为主角的公益广告，将其称为"当代雷锋"，见图 8—16。而雷锋也是集体塑造的模范。广告情节如下：

齐大山铁矿工人"当代雷锋"郭明义，每天提前 2 小时上班。他无偿献血 29 次，总计 11000 毫升，捐献血小板 39 次。16 年个人累计捐款近 20 万元，捐助超过 300 名儿童。后来他发起爱心团队，成员共 2800 余人，资助超过 1000 名贫困学生。有人问他做这些图什么，他回答：帮助别人，快乐自己！

图 8—17　《公德比赛》

以"大家"为主角的公益广告《公德比赛》，其含义是：大家都已经参与了比赛，你呢？见图 8—17。广告情节如下：

在行驶的公交车上，一位老人颤巍巍地站着，但没有一个人起来让座。一男一女互相指责抱怨，让对方让座，但仍然没有人愿意让。字幕：让座，其实没那么麻烦。随着一声哨声，男人终于站起来让了座。

广告词：公德比赛，今天起正式开赛。

在以传统为参照的公益广告劝服方式中，最为常见的内容是对传统的理想化和对"传承"的重视。近年来，传统文化是中国公益广告中最常见的元素之一，这与传统文化主题的接受程度高、不易产生价值观矛盾和易于增加观赏性有关。

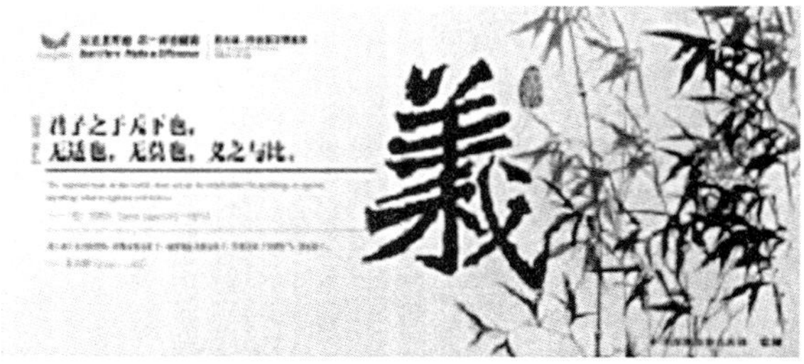

图 8—18　《传统美德》

图 8—18 是传统美德主题户外公益广告，同一组包括仁、义、礼、智、信等传统价值观，画面非常具有中国特色，

当代中国公益广告中常见的威吓和说教的说服方式与其集体主义和传

统价值的导向密不可分。集体主义最重要的运作方式是利用来自群体的压力，将不坚持群体的价值观与被排除出群体的危险相联系。由于集体主义并不承认单独存在的个人有其独特价值，因而集体对个人的收纳总是与被流放的恐惧相伴而来。因此，“如果你不这样做，就会被大家唾弃”、“你这样做，会招致大家的反感”是集体主义价值观最常见的推广方式，而这种语境在我国的公益广告当中屡见不鲜。传统价值的传播动力来自于其权威性，即传统价值是一种“公理”，是无需证明也无法推翻的。传统价值不需要说明，它本身所附有的“传统”称号已经给予了其最高的正当性，因而只要将其复述即可。这种不说明、不扩展的直接说教方式在我国公益广告中也相当常见。无论何种画面，只要配上“有朋自远方来”或者“老吾老以及人之老”这样的传统名言，就成了一幅中规中矩的公益广告作品。近年来，诉诸恐惧和单一说教的公益广告创作方式屡遭诟病，越来越多的公益广告作品开始利用幽默、感化等方式来进行宣传，但其核心仍然在集体主义和传统价值的框架内。不得不说，作为一直生活在中国文化氛围中的受众来说，这样的劝服方式仍然具有相当大的作用。

亚洲地区的公益广告作品，如日本、韩国等，在劝服方式上与中国有异曲同工之处。这主要是因为三国皆受儒家文化影响，具有尊重权威、崇尚传统、注重集体价值的文化取向，因而在其表达方式上相似之处很多。

韩国节能环保主题公益广告《Every One》，重点在于对“所有人”的呼吁。虽然使用了英语，但仍然具有浓厚的“东亚特色”，见图 8—19。

图 8—19　韩国节能环保广告《Every One》

在劝服方式方面，与中国的公益广告差别较为明显的是欧美公益广告。如用文化维度理论给出的指标进行衡量的话，那么欧美文化几乎在每一个维度上都拥有着与中国文化相异的赋值。在欧美文化中，个人的价值和独特秉性受到推崇，社会层级的影响相对较弱，同时具有较强的冒险精神，价值观也更加面向未来。因此，欧美公益广告中的劝服方式可以概括为“个人参照、现实参照”。

在欧美国家的公益广告中，个人的价值被赋予了比较高的地位，重视个体价值、反对牺牲个人利益，是欧美公益广告中较为常见的主题。这一点不仅表现在公益广告中，也表现在几乎所有欧美文化产品中，如电影、商业广告等。因为个人价值往往与个人利益相关，所以在欧美的公益广告中，经常通过提示一种行为能够为自己带来好处而表明这种行为的优势，即通过“利己”来最终达到“利他”。这种偏向于实用主义的劝服方式与商业广告的理念更为接近。

与个人主义相联系的是对自由意志的信仰，在这种信仰的驱动下，人们需要为自己所做的决定寻找理由，经常需要为自己的所作所为进行解释。这就可以解释，为什么在

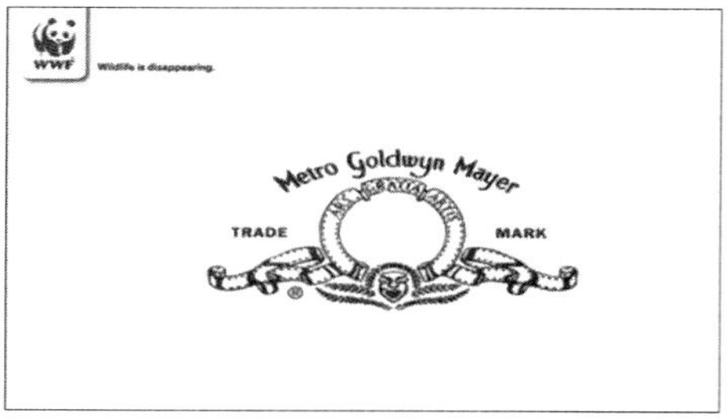

图 8—20　没有狮子的米高梅标志

以美国为代表的西方文化当中，知情权具有那么崇高的地位。因此，推广一种行为方式就必须为它的合理性和可行性做出令人信服的解释。在这种情况下，仅仅展示一种概念、一句口号是难以服人的。因此，欧美公益广告的劝服方式偏重理性的解释和具有层次的说服，推广、夸张、举反例等逻辑方式是西方公益广告中常见的元素。

世界自然基金会美国版广告，没有狮子的米高梅（电影公司标志），形象表现动物灭绝对人类的影响，见图 8—20。

图 8—21　《不要疲劳驾驶》

由于西方文化对现实更为关注，因而西方的公益广告经常以现实场景来表达观点。这种对现实场景的描绘有时会更进一步，到达“超级现实”乃至“超现实”的地步，但很少会退一步回到“隐晦”的地步。这就使得西方的公益广告中经常出现相当“出位”的场景，让不少人大为惊讶。当然，不少“大尺度”公益广告遭到了社会人士的批评，认为其目的中“吸引眼球”的成分比“公益”的成分还要浓重，还有一些公益广告让某些人士感到遭受了冒犯和侮辱，以至时常有公益广告因为有人抗议而停播。

西方的公益广告《不要疲劳驾驶》和《不要开车打手机》，画面效果惨烈，堪比恐怖电影。见图 8—21 和图 8—22。

关注气候变化的公益广告，意在表明气候变化的威胁超过恐怖袭击，但是有伤害“9·11”事件受害者的嫌疑。见图 8—23。

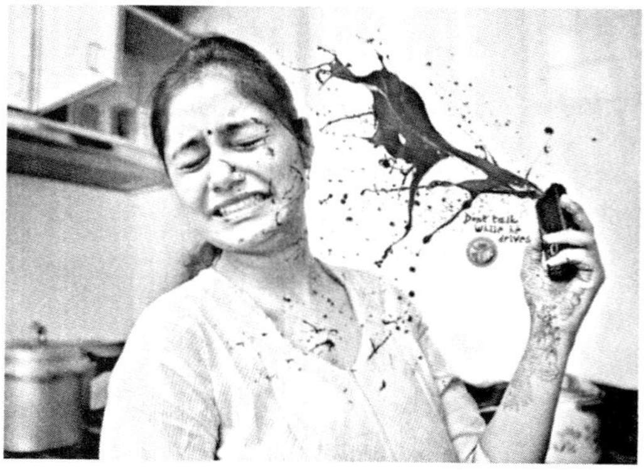

图 8—22　《开车时不要打电话》

图 8—23　《气候变化》

总的来说，西方公益广告中善于使用理性的、以利益为中心的劝服方式。由于理性劝服方式能够为创意留出较大的空间，因而近年来国内的公益广告已经开始积极采用这样的说服模式，也产生了不错的传播效果。

公益广告的劝服方式有感性和理性、展示与解释之分，但是并没有优劣之分。不同的劝服方式适用于不同的文化背景和主题内容，需要创作者精心选取。

三、中外公益广告表现手法比较

表现手法是一则公益广告的直观形象的创作思路与创作过程。当人们看到一则公益广告作品时，最先感知到的就是表现手法。根据创意成分的不同，公益广告的表现手法可包括文案的修辞、画面的构图配色、音频的配音合成和视频的摄影剪辑等。整体上说，公益广告的表现手法最终会上升为"风格"，向受众传达一种情感导向和氛围。表现手法是文化传统的直观体现，来自不同民族、不同文化的作者总是倾向于采用不同的表现手法，从而体现出不同的风格。这也是中外公益广告让人们感到"很不一样"的原因。

在语言学上，对文化有"高语境"和"低语境"之说，这一说法是由美国学者霍尔(Hall)20 世纪 70 年代提出的。所谓"高语境"，指这种文化氛围内的成员倾向于进行间接交流和非语言交流，强调群体协调和群体决策，其语言表达具有强调情境、含蓄模糊的特点。在"低语境"的文化当中，情况则相反：强调个人沟通和个人决策，语言交流趋于直接，在语言表达中具有强调事实、详尽具体的特点。按照这种划分方式，以中国为代表的东方文明显然属于"高语境"文化，而欧美文明则属于"低语境"文化。这种现象的产生来源于不同的语言带来的不同思维方式：汉语是一种分析语，缺乏明晰的词汇变化，而使用句子结构暗示事物的关系，是一种容易产生双关乃至歧义的语言；多数欧洲语言属于综合语，有明确的词汇变化，事物之间的关系往往表达得非常清楚(例如欧洲传统的拉丁语，只要每个词汇形态变化得当，无论如何排列，传达的意思都是一样的)。在语言基础上产生的文化体系更加加深了这种区别，例如中国的"中庸"文化和西方的"极致"文化所产生的不同影响。

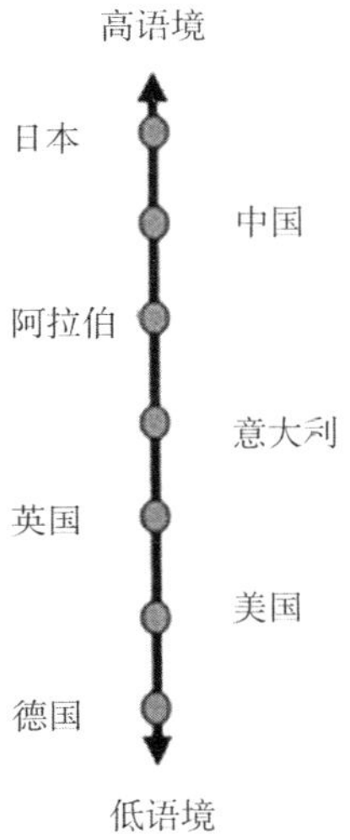

图 8—24　高低语境序列

霍尔为不同国家文化在高低语境序列中确定的位置，如图 8—24 所示。

作为"高语境"文化的典型代表，中国文化的抽象和含蓄是世所共知的。在公益广告领域，我国的公益广告作品大多体现了这一特点，表现手法以概括、隐喻为主，善于讲故事。这种表现手法尤其在体现尖锐问题的公益广告中比较常见。中国文化对于负面现象向来倾向于"大事化小"，在提及时也经常采用"劝百讽一、欲扬先抑"的手法，很少会正面、直接表现。此外，中国的大众媒体出于种种考虑，也很少对社会负面问题进行突出报道。然而，揭露社会丑恶现象，改良道德风气，又是公益广告的重要职责。在这种情况下，利用比喻、借代的方式对负面现象进行轻松化、模糊化的描写，是中国公益广告中常见的表现手法。如在央视公益广告《生命不是游戏》中，以儿童游戏的场景来表达对交通安全、工程安全和食品安全的关注。这些“安全”领域之所以受到关注，是因为每年都会因此损伤人命，血淋淋的教训比比皆是。但我国境内的此类公益广告无一真正展示了“不安全”的可怕，而全都转而对其进行概念化、抽象化的描述，无疑是为了在提示问题的同时避免给人们带来恐惧。中国公益广告乐于使用儿童形象也是为了迎合这种“严肃主题轻松化”的需要。公益广告《生命不是游戏》，惨烈的车祸场面用玩具代替。如图 8—25。

图 8—25 《生命不是游戏》

抽象和含蓄的表达方式最大的优点在于受众接受度高，不容易对某些群体产生冒犯。在注重人际关系和谐的中国社会，这一点对于一条公益广告的顺利传播非常有意义。但是过多“留白”的创意方式有弱化问题之嫌，在引起公众注意方面尚有可改进之处。

中国公益广告的另一个有特色的表达方式是利用汉语言本身提供的资源。成语、警句、歇后语的大量使用本身就是汉语运用中的特点，中国的公益广告创作者非常善于利用汉字变形、成语新解、古文今用等方式表达公益理念。这种植根于传统文化的创作方式新意迭出，令人过目不忘。

戒烟公益广告，比喻吸上了烟就如同掉进了陷阱，见图 8—26。

高速路旁的反色情公益广告，借用了民间俗语，见图 8—27。

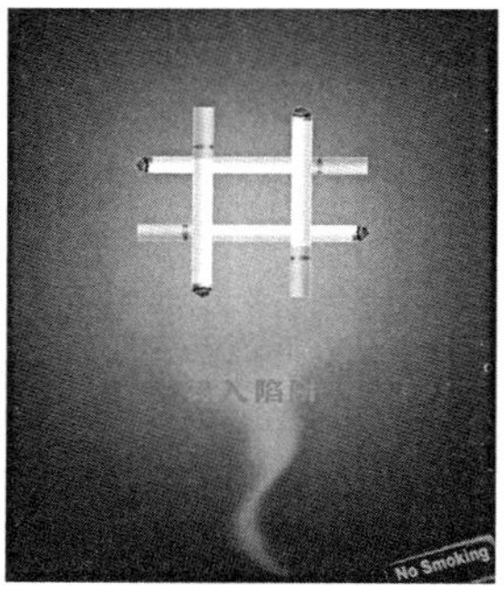

图 8—26 《误入陷阱篇》

图 8—27 《色字头上一把刀篇》

相比于我国，国外，尤其是西方的公益广告在表现方式上有很大不同。西方文化是典型的“低语境”文化，其语言交流当中直白明了的表达方式是主流。因此，西方公益广告不仅直截了当，还经常会使用各种夸张的表现手法，追求视觉冲击力。这一点与西方媒体的充分发展有直接联系。由于西方奉行自由主义的媒体制度，各种媒体均可以采用自己的方式来获取受众的注意。在19世纪末20世纪初，美国报业一度出现“黄色新闻大战”的景象，各种抓人眼球、骇人听闻的表达大行其道。虽然媒体无序竞争的时代已经过去，但对于利用视觉冲击吸引观众的技巧早已成为西方传播界的家学渊源。同时，由于公益广告对商业利益考虑较少，因而在创意方面常常比商业广告更加极端。这种特征几乎也成为我国公众对西方公益广告的第一印象。直接、夸张乃至极端的表达方式在给人留下深刻印象方面有出人意料的作用，在吸引关注方面无人能及。但这种创意方式有可能使公益广告的作用走向反面。例如，欧美国家常见的以预防艾滋病、预防乳腺癌等为题的公益广告，其创意方式常常堪称露骨，在很大程度上延续了商业广告对性的过度消费，无法保证不使某些未成年人产生于其本意相悖的想法，这一点也受到了许多人的质疑。

预防艾滋病公益广告，提示不安全性行为背后的艾滋风险，其创意颇为露骨，见图8—28。

图8—28 《艾滋病风险篇》

欧美公益广告在表达方式上的另一大特点是更多使用幽默的手法。幽默并不是单纯的搞笑，实际上是讽刺的一种，其中总是含有对某些人或某些事的嘲讽。因此，幽默与冒犯仅一墙之隔。同样的幽默，对于某些人、某些场合具有博得一笑的作用，而对于另一些人和另一些场合，则可能成为引发一场混战的导火索。因此，幽默在“低语境”的文明中更加有发挥的空间，这一点在欧美国家口无遮拦的脱口秀节目中就可见一斑。欧美公益广告善用幽默手法，常对于一些人和事进行无情的嘲讽，以体现自己的观点。不过总体而言，西方人也更加喜欢“善意”的幽默，幽默在引发人们会心一笑的同时，也往往使人检视自己的行为，从而接受了广告创作者的想法。

变成胖子的大卫，是一则呼吁人们加强锻炼防止肥胖的公益广告，见图8—29。

老态龙钟的法国前总统萨科齐为当初没有阻止气候变化而道歉，让人感到既幽默又凄凉，见图8—30。

近年来，随着全球化的盛行，重视个人价值和个人空间，认为一切皆可消费的后现代文化已经深深影响了整个世界。在这种背景之下，人们的价值观和表达方式也在发生着迅速的变化，在互联网兴盛之后尤其如此。由于不同文化的相互渗透浸润，原来差别迥异的各个文化类型开始出现越来越多的共同点。于是，东西方公益广告表现手法之间的差异也在缩小，像夸张、幽默等技巧在我国的公益广告中也越来越常见。得体、有力的表达方式是公益广告创作者应当互相借鉴的。

图 8—29 《加强锻炼防止肥胖》

图 8—30 《法国前总统萨科齐的道歉》

本章小结

公益广告至今已走过百年岁月。公益广告从战争宣传中走来，最终回归社会，成为人性关怀和道德建设的有力力量。由于包括公益广告在内的各种社会行动的影响，世界范围内的文明状况较之一个世纪以前已经大有改观，公益广告在一个世纪的生命历程中也给人们留下了许多闪光的瞬间。

世界各国的公益广告运行体制多种多样，但总体而言，可分为官方主导型和民间主导型两种。在官方主导型的公益广告体制当中，政府及其专门机构对公益广告的宏观设置和微观执行都产生着直接的影响，将公益广告作为政府行政管理和公众关系的延伸。典型的官方主导型公益广告体制如中国、英国、韩国等。在民间主导型公益广告体制中，公益广告由独立的民间机构执掌，它们自行筹集资金、订立主题、联系企业媒体等各方面，将公益广告作为民间社会改良运动的支撑。典型的民间主导型体制如美国、日本等。这两种体制是由不同国家的不同政治制度、社会传统和经济状况决定的。国外的公益广告体制各有利弊，但其专业性、互动性和目的性值得我国公益广告界学习借鉴。

公益广告的表达方式可以细分为主题选定、劝服方式和表现手法几个方面。公益广告的表达受到文化背景的显著影响，我国的公益广告表达方式与以欧美为代表的国外公益广告有着比较明显的不同：中国公益广告有着选题宏观、以集体主义价值作为劝服基础、表达含蓄等特点，而西方公益广告大多有着选题具体、以个人价值和利益作为劝服基础、善用直观表现等特点。中外公益广告的表达方式各有优长，并且在全球化和网络化的今天正在互相沟通和借鉴。

思考题

1. 美、日、韩三国公益广告的产生和发展有什么共同特点?

2. 试比较我国公益广告体制与英国、韩国的异同。

3. 试分析在我国设立专业公益广告机构的可行性,如果可以,你将如何设计这个机构?

4. 请选择两则分别来自中国和美国,以"交通安全"为主题的电视公益广告,比较它们在劝服方式上的异同。

5. 你认为"含蓄"和"尖锐"的表达方式分别适用于何种主题的公益广告?它们会产生什么样的效果?

附录一
我国公益广告发展综述(1986－2013)*

1986年

1986年党中央和国务院召开全国经济工作会议。自1979年改革开放起步已经7年,我国国民经济进入稳定增长的轨道,深化改革和扩大开放有力地促进了经济建设的发展。我国广告跨过起步阶段,进入高速发展时期。1986年,全国广告经营单位6945家,比上年增加14.8%,广告从业人员81130人,比上年增长27.1%,广告营业额84477.7万元,比上年增长39.6%。广告成为我国社会生活的一部分,公众客观地审视广告的积极作用和负面作用,要求广告承担起社会公益责任,展现广告积极作用的公益广告应运而生。

公益广告迎来了发展的机遇。我国广告界在与国际广告界的交流中接触到新的广告观念。中国广告代表团海外出访归来的报告中几乎都提到了公益广告,诸如:广告不仅可用来推销商品,而且也可用来推销观念;公益广告要“用良知讲话,为公义发言”;刊播公益广告是大众传媒应尽的义务;投资制作公益广告是工商界和广告界回报社会、塑造自身形象的一种途径;公益广告说服受众的方法是“感动,而不是说教”等等。

以往党政部门的宣传作品大多采用平面和广播媒体,侧重宣教,表现方式简单直白。1986年,我国出现了第一条电视公益广告——贵州省贵阳电视台播出的《节约用水》。当时贵州持续干旱造成严重缺水,为提高市民的节水意识,贵阳市节水办公室与贵阳电视台合作,采用电视艺术的表现手法制作了“请君注意节约用水”的广告。这则公益广告一改往常标语口号式的直白表现手法,运用解说说明水的重要性,运用电视画面表现水资源匮乏的现状,富有说服力和感染力。这则电视广告具有里程碑式的意义,开启了我国现代公益广告发展的序幕。公益广告成为宣传优良道德风尚、倡导精神文明的有效方式,展现了广告的积极作用。公益广告契合全社会对于道德危机、信仰危机、环境污染等社会问题的关注与思考,表达了社会大众的舆论评判,弘扬了高尚的社会行为。我国公益广告开始由点向面地发展起来。

---

* 我国台湾地区未计算在内,特此说明。

1987 年

1987 年，中国共产党第十三次全国代表大会第一次系统地阐明了社会主义初级阶段的理论，明确提出党在社会主义初级阶段的基本路线。国务院颁布《广告管理条例》，进一步规范广告行业，为行业健康发展提供了有力保障。在政府的主导和支持下，成功举办世界广告大会，借鉴了发达国家广告行业先进的技术和经验。行业协会交流活动频繁，广告教育活动广泛展开，提高了我国广告从业人员的专业化水平。这一年我国广告继续保持快速增长趋势。据统计，1987 年全国广告经营单位 8225 户，比上年增长 18.4%；广告从业人员 92279 人，比上年增长 13.7%；全国广告营业额 111200.3 万元，比上年增长 31.6%。

在公益广告起步发展阶段，媒体是推动公益广告发展的主要力量。1987 年中央电视台在黄金时段开办第一个公益广告栏目《广而告之》，定期播出公益广告，揭开了我国公益广告发展史上新的一页。《广而告之》创作了一批主题鲜明、生动活泼的公益广告，其中影响较大的有《高高兴兴上班来，平平安安回家去》《啊！真对不起》《别挤了！》《救救孩子》等。国家级媒体开办公益广告栏目，形成了良好的示范效应，各地电视台也纷纷播出公益广告片，开办公益广告节目，激发了全国电视媒体参与公益广告的积极性。

1988 年

1988 年召开的中共十三届三中全会确定坚持改革开放总方向，全面深化改革的指导方针和政策、措施。国家工商行政管理局发布《广告管理条例施行细则》，进一步完善广告法规制度。同时，国家工商局禁止刊播有奖销售广告，清理整顿违法广告经营活动，加强规范广告行业的力度，这一系列举措为我国广告业的持续健康发展提供了良好环境。全国广告经营单位 10677 户，比上年增长 29.8%，广告从业人员 112139 人，比上年增长 21.5%，全国广告营业额 149293.9 万元，比上年增长 34.3%。广告业高速发展，受众要求广告业不仅仅做急功近利的商业广告，也要承担社会责任。

电视媒体是我国公益广告的先驱，电视公益广告也是影响力最大的公益广告形式。在改革开放初期，公益广告就以文字等形式出现在电视屏幕上。中央电视台《广而告之》节目的播出，在全社会和广告界产生了极大反响，公益广告开始陆续出现在全国各大媒体上。1988 年 7 月至 1994 年 10 月，北京、上海、江苏、湖南、河南、山东、安徽等省级电视台都相继开办了公益广告栏目。截至 1995 年 11 月，已有 27 家电视台开办类似的栏目。在公益广告发展之初，电视公益广告作为排头兵，以其强大的传播优势迈出了我国公益广告发展的第一步。但需要注意的是，这一时期公益广告还未得到足够重视，无法充分发挥其社会功能。与商业广告相比,公益广告数量少,表现手法单一,社会参与程度比较低,发展速度缓慢。

1989 年

1989 年我国国民经济发展的主要目标和基本任务是要逐步消除经济过热,通过治理、整顿、改革,逐步建立新旧体制转换时期的宏观调控体系。广告业在治理整顿中持续发展。全国共有广告经营单位 11142 户,比上年增长 4.36%,广告从业人员 12.82 万人,比上年增长 14.33%,广告营业额 19.99 亿元,比上年增长 33.90%。媒介的广告经营额在广告营业额中的比重显著增加,电视台、电台、报社等广告经营单位的广告营业额为 10.66 亿元,比上年增长 29.87%,占总营业额的 53.32%。

广告在承担商业信息传播功能的同时,也承载着意识形态导向的社会责任。公益广告以其主题贴近社会生活、表现方式生动有趣,迅速得到全社会的关注和赞扬。公益广告选题广泛,反映了社会热点问题,如环境保护、交通安全、青少年教育、公共道德、希望工程、计划生育、反对不正之风、救助残疾人、维护社会治安等。以中央电视台《广而告之》为例,不少热心观众来信来电积极评价该栏目,主动献计献策,提供建议和素材,其中不乏一些优秀的公益广告创意,反映出大众对公益广告栏目的关心和爱护,为初期的公益广告发展提供了良好的舆论环境。伴随着电视公益广告的不断增多,对电视公益广告的科学研究和评选活动也拉开帷幕。从 1989 年开始,由中国电视艺术委员会和中国广告协会电视委员会主办的"全国电视广告'印象奖'",首次设立了公共广告类奖项。评选奖项的单独设置,激发了公益广告的创作热情,有利于提高公益广告作品的质量,改善媒体播放的公益广告作品单一重复的现象。

1990 年

1990 年,中共十三届七中全会在北京举行。全会提出今后十年和"八五"时期经济建设的重点。全国共有广告经营单位 11123 家,比上年减少 0.17%,广告经营单位过多过滥的状况得到治理。广告营业额 25.02 亿元,比上年增长 25.1%。外资广告公司营业额人民币为 2.1 亿元,比上年的 9434 万元增长 124.89%,这表明外商正加紧拓展在华市场,对国内广告主提出了新的挑战。

经过短短几年的发展和探索,我国公益广告的制作水平、创意水准有了明显提高。如中央电视台《如此这般,何时得了》《唉! 救救孩子》等作品,不仅主题深刻、贴近现实,而且富有艺术表现力。公益广告通过反映热点问题吸引人们广泛关注,从而发挥其功用,促进一些社会问题得到关注和解决。

1991 年

1991 年国际局势风云变化，但我国仍稳步发展，继续保持基本路线不动摇。国家工商局继续进行广告业的治理整顿工作，进一步加强广告法规建设，加强对全系统工作的指导，严肃查处虚假广告和非法经营活动，全面提高广告管理队伍素质。全国广告经营单位达到 11769 户，比上年增长 5.8%；全国广告从业人员 134506 人，比上年增长 1.9%，全国广告营业额 350892.6 万元，比上年增长 40.3%。广告公司整体效益有了明显提高，为今后的快速发展积蓄了力量。电视广告经营额首次超过报纸，占全国广告营业额的 28.5%。

公益广告评选活动向常规化发展。第五届全国优秀电视广告"印象奖"评选活动如期进行，其中获奖公益广告作品数量增多，主题鲜明，表现形式更加生动活泼，公益广告的创作水平进一步提升。此外，我国公益广告理论研究起步，学者主要探讨公益广告的特征、社会功能与作用以及它与商业广告的区别，代表性的研究论文有《公益广告之社会功能刍议》、《公益广告初探》等。学术研究深化了人们对公益广告本质的理解。

1992 年

1992 年初，邓小平南巡并发表重要讲话，针对人们思想中普遍存在的疑虑，重申深化改革、加速发展的必要性和重要性，将建设有中国特色社会主义理论大大向前推进了一步。中国共产党第十四次全国代表大会在北京举行。这一年改革开放的步伐全面加快，有力地推动了国民经济的高速增长。国家工商局下发《关于加快广告业发展的规划纲要》，提出优化行业结构，转换广告经营机制，促进国内广告市场与国际广告市场接轨。企业的现代广告意识不断增强，广告公司提供全面服务的业务增多。媒体纷纷扩大版面，增开频道，对广告的需求也大大增加。这一年广告业得到了全面快速增长。截至 1992 年底，全国广告经营额达到 678675 万元，比上一年增长 92%。广告经营单位 16683 户，增长 42%。

优秀公益广告评选活动不断增多，除第六届全国优秀电视广告"印象奖"设置公益广告奖项外，全国第三届优秀广告作品展也为公益广告设立奖项即"公益广告荣誉奖"。一些创意表现优秀的公益广告作品开始涌现，其中较为突出的是中央电视台制作的《希望工程》系列，广告通过五部短片向社会发出救助贫困儿童的呼吁，表现真实而富有说服力。中央电视台等主流媒体尝试与企业合作创作公益广告，以克服单纯由媒体投资创作公益广告资金不足的瓶颈问题，在一定程度上缓解了公益广告作品匮乏和公益广告内容与表现形式单一等问题。

1993 年

1993 年,中共十四届三中全会审议并通过《中共中央关于建立社会主义市场经济体制若干问题的决定》。伴随着国民经济的迅速发展和产业结构的改革,市场竞争机制进一步形成,企业及消费者广告意识进一步增强,人们的消费需求日益旺盛,大力促进了广告业的健康与快速发展,我国广告市场日益繁荣。广告经营单位快速增长,达到 31770 家,比上年增长 90.6%,从业人员 310638 人,比上一年增长 68.6% 。广告营业额 1340874 万元,增长率为 98%,创造了广告恢复发展以来的最高发展速度。

在公益广告发展初期,媒体主要承担公益广告制作发布所需费用并扮演着重要角色。随着广告市场的进一步发展,一些企业的社会责任意识加强,不少企业意识到公益广告是提升自身社会形象的有效方式,开始逐步参与到公益广告运行中来。自 1993 年起,孔府家酒厂、海尔集团、联想集团等企业开始以承担广告制作费的方式加盟《广而告之》,缓解了央视广告部制作经费的压力,同时也借国家级的媒体平台宣传了自己。企业的参与为公益广告注入了活力,为公益广告的长远发展提供了支撑。

1994 年

1994 年我国经济体制改革的重点是转换国有企业经营体制,积极探索建立现代企业制度的有效途径。广告进入稳步发展时期,广告营业总额达到 200.3 亿元,比 1993 年增长 49.3%,广告增长速度减缓。行业结构开始趋向合理,广告公司已成为行业的骨干力量。同时,全国开展广告公司实力评价和广告专业技术岗位资格培训,将提高经营单位质量和从业人员素质纳入规范化管理,行业的整体素质和效益得到提高。

由中央电视台组织的首届全国电视公益广告研讨会在山东曲阜召开,来自电视台、学术界、企业界的代表参加会议,这是我国公益广告史上第一个专门以公益广告为主题的研讨会。会上各地电视台就从事公益广告事业的经验进行交流总结,广告专家就电视公益广告的社会效应、表现形式、艺术手法等方面进行深入研讨。学者开始中外公益广告比较研究。党和政府开始重视公益广告事业,企业加大支持公益广告的力度,整个广告行业开始关心公益广告的长远发展问题。

1995 年

1995 年 9 月 25 日,中共十四届五中全会召开,提出实现“九五”计划和 2010 年远景目标的关键是实行两个具有全局意义的根本性转变。全国共有广告经营单位 4.8 万户,比上年增长11.7%，全国广告营业额273.3亿元，比上年增长36.5%。广告公司已成为广告业的主要力量，其中合资公司发展很快，大有与本土公司平分秋色之势，广告市场竞争日益激烈。在媒介中，报纸和电视仍是主要的广告媒体。

由中央电视台广告部主办的第二届全国电视公益广告研讨会召开，为电视公益广告的可持续发展提出建议和指导。会议观摩了优秀电视公益广告作品并进行经验交流，肯定了公益广告的社会作用，深入探讨目前电视公益广告存在的问题，如：部分公益广告作品创意不新颖、题材狭隘、全国公益广告缺乏整体规范，等等，并提出了解决方案。

企业的参与促使公益广告的数量增加、题材拓宽、形式多样化。公益广告拍卖成为社会议论的热点话题。在杭州举行的公益广告拍卖会上，一件题为“保护水资源”的报纸广告以16.8万元的成交额由浙江金义集团拍得，此举开创了公益广告拍卖的先河。中央电视台组织制定《关于企业资助联合制作“广而告之”节目的暂行办法》。公益广告已经受到社会的广泛关注，公益广告的社会影响和价值得到肯定和重视，公益广告的经费来源逐渐多样化。

1996年

1996年，八届全国人大四次会议审议并通过《关于国民经济和社会发展“九五”计划和2010年远景目标纲要的报告》，报告指出，实施科教兴国战略和可持续发展战略，加强精神文明和民主法制建设。广告成为市场竞争的有力武器和建立产品差异化的有效手段，广告投放持续增长。至1996年底，全国广告营业额达366.6371亿元，比上年增长34.2%；专业广告公司得到长足发展，营业额高达156.79亿元，占全国总营业额的42.8%；四大媒体广告持续大幅增长，电视、报纸继续领先，广告营业额较上一年分别增长39.7%、20.1%；全国三大广告中心形成，北京、上海、广州占全国营业总额的一半以上。

1996年我国公益广告进入新的发展阶段，开始快速成长。政府开始重视和管理公益广告，成为我国公益广告发展的重要引导力量。9月1日至10月1日，国家工商局主持开展“中华好风尚”主题公益广告月活动，弘扬中华民族优秀的传统美德和优秀传统文化，鼓励专业广告公司制作公益广告，要求电视、广播、报纸、期刊以及户外媒体发布公益广告，并在活动结束后评选出一大批优秀公益广告作品。这是我国政府第一次大规模地举办公益广告月活动，掀起了创作和发布公益广告的新高潮。此后国家工商局每一年或两年举行一届公益广告优秀作品评选活动，将公益广告纳入可持续发展的轨道，有力地保障了公益广告快速发展。全国人大常委会副委员长陈慕华给“中华好风尚”主题公益广告月活动总结颁奖大会发出贺信，号召全国广告界同仁要继续参与公益广告事业，再接再厉，为精神文明建设、为全社会做出更大的贡献。

自1996年起，我国公益广告理论研究速度开始加快，专业论文数量明显增多。据统计,学术期刊网上收录的这一年关于公益广告的论文达到92篇,比上一年增加53篇。研究主题趋向多样,学者开始关注国外公益广告、农村题材的公益广告以及公益广告创意原则等议题,为我国公益广告的发展提供了理论指导。

1997年

1997年7月1日,中国宣告对香港恢复行使主权。9月12日,中共十五大在北京召开,大会指出全党要毫不动摇地坚持党在社会主义初级阶段的基本路线,把以经济建设为中心同坚持四项基本原则、坚持改革开放两个基本点统一于建设有中国特色社会主义的伟大实践之中。我国广告业呈现低增长态势,增长速度趋缓。广告经营单位57024户,比上年增长7.85%;广告从业人员545788人,比上年增长6.58%;广告经营额462亿元,比上年增长26.02%。各行业中,食品、家用电器、化妆品等成为广告投放的热点。

中宣部、国家工商局、广电部、新闻出版署联合发出《关于做好公益广告宣传的通知》,文件第一次对媒体、企业、广告经营者制作和发布公益广告行为作出规范,保障公益广告的健康发展,提升了公益广告的影响力。国家工商局开展"自强创辉煌"主题公益广告月活动,讴歌中华民族在中国共产党领导下经过长期奋斗取得的辉煌成就,宣传自尊、自信、自强、励精图治、知难而进、自强不息的民族精神。活动得到社会各界的热烈响应和大力支持,全国共制作和发布公益广告作品24155件。活动结束时举行了优秀公益广告作品评选活动,参评作品441件,其中123件作品获得政府奖,获奖公益广告的数量在当时是空前的。

到1997年,我国经济总量已居世界第七位,增长速度居世界首位。

1998年

1998年我国加大经济体制改革力度,全面推进国有企业改革、金融体制改革和政府机构改革,中共中央、国务院发出《切实做好国有企业下岗职工基本生活保障和再就业工作的通知》,确保下岗职工的基本生活保障和再就业工作顺利进行。6—8月份,我国长江、松花江、嫩江全流域发生大洪水,抗洪抢险斗争得到全党全军全国人民的全力支持,取得了决定性的伟大胜利。截至1998年底,全国广告经营单位61730户,比上年增长8.3%;广告从业人员57.9万人,增长6.1%;广告经营额537.8亿元,增长16.4%。在全国广告经营单位中,专营广告公司占一半,四大媒体单位占17%,兼营广告的电视台、广播电台、报社、杂志社的户数,均有不同程度的减少。在国家大力推行国有企业改革政策的影响下,经营广告业务的国有及集体企事业单位比例不同程度减少或与上年持平,个体私营广告企业的比例大幅度上升,股份制广告企业发展较快。

为了调动社会各界参与公益广告活动，拓展广告创意思路，1998年国家工商局不再组织主题公益广告月活动，各类主题的公益广告都可以参加年度公益广告政府奖的评选，这一举措直接促进了当年公益广告主题的多样化。公益广告主题涵盖文明礼仪、保护生态环境、下岗再就业、倡导节约、反腐倡廉、保护妇女权益、远离毒品等方面，丰富了公益广告作品的创作内容和类型。

公益广告成为反映经济、政治以及社会发展状态的一面镜子。公益广告围绕与国计民生联系密切的一些重大事件，生动反映社会发展状况。为贯彻党的十五大精神，开展了“服务全国大局，关注社会热点”的公益广告宣传活动。在举国上下抗洪抢险的热潮中，涌现出大量以“抗洪救灾”为主题的公益广告，宣传了万众一心、众志成城、顽强拼搏、坚韧不拔的伟大抗洪精神。

公益广告发挥维护社会稳定的重要作用。国家进行大幅度的国有企业改革，国有企业下岗职工基本生活保障和再就业成为当时的社会热点问题。媒体通过公益广告宣传来转变下岗职工的再就业观念，其中引起广泛关注的是央视围绕下岗职工再就业这一题材制作的《从头再来》《脚步》《我的父亲》等一系列鼓舞斗志、深入人心的公益广告，宣传下岗工人的自强精神和正确择业观，激发起下岗职工再就业的勇气和信心，引起社会强烈共鸣。这一系列公益广告充分宣传了自强不息的民族精神，积极促进了社会主义精神文明建设，充分发挥了公益广告的社会功能。

1999年

1999年10月1日，中华人民共和国成立50周年，首都举行盛大阅兵仪式和群众游行。12月20日，中国政府对澳门恢复行使主权，标志着实现祖国的完全统一又取得了重大进展。我国广告行业结构实现微调，广告业步入良性发展。至年底，全国共有广告经营单位64582户，比1998年增长5.1%；广告从业人员58.7万人，比上年增长1.5%；广告经营额622.05亿元，比上年增加84.25亿元，增长15.7%。广告公司作为行业主体的地位继续加强，广告公司经营单位数、从业人员数、经营额均占相应全国各项总数的近一半或一半以上。四种主要媒体广告经营额合计占全国广告营业额的46.4%，其中广播广告首次出现负增长。

中央文明办、国家工商局联合发出《关于进一步做好公益广告工作有关问题的通知》，提出定期审查媒介单位刊播公益广告的情况，将每年举行的全国优秀公益广告作品评选活动改为每两年举行一次，继续推进公益广告发展。社会力量也积极支持公益广告事业的发展，由李嘉诚先生联合中央电视台推出的“知识改变命运”系列公益广告，在中央电视台6个不同频道播出，每天共播放三四十次，用纪实的手法诠释“知识就是力量”、“知识改变命运”的主题，在社会上引起很大反响。

2000年

2000年6月，江泽民在中央思想政治工作会议上的讲话中指出："法律与道德作为上层建筑的组成部分，都是维护社会秩序、规范人们思想和行为的重要手段，它们互相联系、互相补充。法治以其权威性和强制手段规范社会成员的行为。德治以其说服力和劝导力提高社会成员的思想认识和道德觉悟。道德规范和法律规范应该互相结合，统一发挥作用。"我国已经胜利实现现代化建设前两步的战略目标，经济和社会全面发展，人民生活总体上达到了小康水平。全国广告经营额712.66亿元，增加90.61亿元，增长14.57%。广告公司数量继续增长，四大媒介广告经营额均有增长。

在世纪交替之年，为了以崭新的面貌迎接21世纪，中央文明办和国家工商局联合发布通知，确定本年度开展"树立新风尚，迈向新世纪"主题公益广告活动。活动以党的十五大和十五届四中全会精神为指导，贯彻落实中央对宣传思想工作和精神文明建设的重要指示精神，围绕党中央、国务院确定的中心工作，把握时代脉搏，唱响主旋律，倡导人民群众积极参与精神文明创建活动。同时，这次公益广告活动也重点宣传环境保护问题，增强自觉保护资源和环境的责任感，确保我国可持续发展战略的实施，造福子孙后代。公益广告内容要以爱祖国、爱人民、爱劳动、爱科学、爱社会主义为基本要求，以职业道德、社会道德、家庭美德的建设为落脚点，积极建立适应社会主义市场经济发展的社会主义思想道德体系，并使之成为全体人民普遍认同和自觉遵守的规范。

继"知识改变命运"系列公益广告之后，个人参与公益广告事业的积极性不断高涨，他们自费购买媒体时段或版面，通过公益广告的形式向大众宣传环境保护、爱国意识，在全社会起到了先锋模范作用。80年代的公益广告以媒体带动为主要特征，90年代的公益广告则以党和政府的大力推进为主要特征，我国公益广告逐渐呈现出主体多元化、主题系列化、活动规模化、融资多样化、运作规范化等特点。在政府以及媒体等各方面力量支持下，围绕"中华好风尚"、"自强创辉煌"、"下岗再就业"、"树立新风尚，迈向新世纪"等主题形成了系列公益广告。公益广告作品的征集以及高频率的刊播活动，增强了公益广告的影响力。随着公益广告社会关注度的提高，其价值和社会功能不断提升，也促使广告公司、企业、社会组织和个人更为广泛地参与到公益广告的出资、制作、刊播等环节中来。

2001年

2001年1月，全国宣传部长会议明确提出把依法治国与以德治国紧密结合起来的治国方略。中共中央制定的《公民道德建设实施纲要》指出，加强社会主义思想道德建设，是发展先进文化的重要内容和中心环节。在新的历史条件下，从公民道德建设入手，继承中华民族几千年来形成的传统美德，发扬党领导人民在长期革命斗争与建设实践中形成的优良传统，借鉴世界各国道德建设的成功经验和先进文明成果，努力建立与发展社会主义市场经济相适应的社会主义道德体系，对形成追求高尚、激励先进的良好社会风气，保证社会主义市场经济的健康发展，促进整个民族素质的不断提高，全面推进建设有中国特色社会主义伟大事业，具有十分重要的意义。该《纲要》是公益广告发展的指导方针。

7月13日，北京申办2008年奥运会获得成功，激发了全国人民的自豪感和爱国热情。11月10日，世界贸易组织第四届部长级会议审议并通过中国加入世贸组织的决定，在中国政府代表签署中国加入世贸组织议定书，并向世贸组织秘书处递交中国加入世贸组织批准书30天后，中国正式成为世贸组织成员。申奥成功和加入世贸组织，充分展现了中国融入世界的决心和信心，也充分表明我国的综合国力在不断提升。

中国广告业持续快速健康增长。据统计，全国广告经营单位已有78339户，比上年增长10.73%，从业人员709076人，增长10.60%；广告营业额7948876.31万元，增长11.54%。这一年按照国务院关于整顿和规范市场经济秩序的决定和国家工商总局党组的部署，广告监管力度加强，针对人民群众反映强烈的药品、医疗、保健食品广告开展了集中整治，市场秩序有所好转；广告经营单位持续发展，个体私营企业增势强劲。2001年4月，全国广告行业的主管机关国家工商行政管理局升格为国家工商行政管理总局，成为国务院直属的正部级单位。

步入21世纪，党和政府继续加强组织和管理公益广告，深入开展公益广告宣传活动。国家工商总局、中央文明办每两年定期举办全国优秀公益广告评选活动，国家计生委、中纪委等国家机关也进行专题的公益广告宣传。另一方面，通过颁布系列规章、文件，进一步规范电视公益广告活动，这些规章、文件包括《关于进一步做好公益广告宣传的通知》、《广播电视广告播放管理暂行办法》、《关于加强制作和播放广播电视公益广告工作的通知》、《广电总局关于做好有线数字付费频道公益广告片播放工作的通知》等，这些规章和文件为我国公益广告的发布、制作提供了依据，促进了公益广告更加健康、有序地发展。

公益广告得到全社会的广泛认同，许多企业意识到公益广告是企业拉近与公众距离、塑造企业形象的良好方式，于是开始参与公益广告事业。2001年哈药集团制药六厂在中央电视台和绝大多数省市级电视台全天候（包括黄金时间段）播出系列公益广告，这场声势浩大的公益广告活动引起全社会关注。除了哈药集团制药六厂外，热心公益广告的企业还有海尔集团、蒙牛集团、中国移动等。虽然人们对于这类“公益形态的企业广告”有很大争议，但是不可否认的是，公益广告确实在塑造企业良好社会形象的过程中发挥着巨大作用，是消解公众对企业广告产生抵触心理的好方式。

2002 年

2002 年,中国正式加入世界贸易组织,标志着中国对外开放进入新阶段,也标志着中国经济体制改革进入新的历史阶段。11 月 8 日,中共十六大在北京举行,大会的主题报告是《全面建设小康社会,开创中国特色社会主义事业新局面》。广告业继续保持增长势头,广告营业额达到 9031464.43 万元,比上年增长 13.62%,约占国民生产总值的 0.89%。广告公司仍然快速发展,媒介广告经营全面增长。

党、政府和媒体联合开展公益广告活动。2 月 1 日,由中央文明办、国家工商总局、共青团中央、中央电视台共同举办的首届 CCTV 电视公益广告大赛正式启动,面向全社会征集作品。大赛的配套活动有公益广告 Flash 作品评奖、公益广告电视作品研讨会、电视公益广告大赛获奖作品展映、公益广告电视颁奖晚会、十大导演共创爱国主题公益广告片等,至活动结束,共征集作品 1888 件。这是国内首次举办专门以电视公益广告为内容的大型比赛,借助央视高品质的媒体平台产生了一批高质量的公益广告,促进电视公益广告向更高水平发展。

中宣部、中央文明办、国家工商总局、国家广播电影电视总局、新闻出版总署联合发出《关于进一步做好公益广告宣传的通知》,第一次规范媒体公益广告发布的量化指标。该通知在 1997 年《关于做好公益广告宣传的通知》的基础上,规定"广播、电视媒介每套节目用于发布公益广告的时间应不少于全年发布商业广告时间的 3%。平均每天在 19 点至 21 点时段每套节目发布公益广告的时间应不少于该时段发布商业广告时间的 3%",此外还对新兴互联网媒介制定了"按照商业广告 3%的比例发布公益广告"的标准。

2003 年

2003 年初,我国局部地区发生非典型性肺炎传染病,政府采取果断措施,成立全国防治"非典"指挥部,全国人民在党中央、国务院的坚强领导下,坚持一手抓"防治非典"这件大事不放松,一手抓经济建设这个中心不动摇,保持了经济较快增长的良好势头。广告经营额突破千亿元大关,达 1078.68 亿元,比上年同期增加 175.54 亿元,增长 19.44%。专业广告公司继续保持快速发展,其中非公有广告经营单位发展迅速,个体私营广告公司、外资广告公司较上年稳定增长,传统媒介广告经营继续保持优势,稳步发展。

在党和政府领导的抗击"非典"疫情的战役中,公益广告发挥了重要作用。中央电视台第一时间在《新闻联播》中播出以"弘扬民族精神,共同抗击'非典'"为主题的公益广告。4 月下旬,央视联合企业制作"非典"系列公益广告,高频率密集播出,号召人们众志成城抗击"非典",为全国人民齐心协力击败"非典"提供强大的精神支持。公益广告已经成为重大事件发生期间引导舆论、鼓舞斗志的有效方式，为人们带来精神上的鼓舞与共鸣。9月，国家广电总局发布《广播电视广告播放管理暂行办法》，进一步明确规定"广播电台、电视台每套节目中每天播放公益广告的数量不得少于广告总播出量的3%"，由以前的"每年播出总量"改为对"每天播出总量"进行规定，加强公益广告在日常宣传中的地位和影响。为深入贯彻"三个代表"重要思想，认真落实党的十六大提出的"加强国防教育，增强全民国防观念"的要求，国家国防动员委员会综合办公室、国家国防教育办公室和国家工商行政管理总局共同组织开展"国防教育神州行"公益广告宣传活动。

2004 年

2004年的中共中央经济工作会议提出继续加强和改善宏观调控，确保经济平稳较快发展；继续加大对"三农"的支持力度，保持农业和农村发展的好势头；把反腐倡廉作为重要工作，为经济发展创造良好的条件。中央纪律检查委员会第三次全体会议在京举行。胡锦涛强调，对反腐倡廉工作，要继续坚持标本兼治、惩防并举，加大从源头防治腐败的根本举措，各级党委和政府按照"建立健全教育、制度、监督并重的惩治和预防腐败体系"的目标要求，扎扎实实地做好工作。

我国广告业整体增长速度减慢。至2004年底，全国共有广告经营单位113508户，增长11.5%，从业人员913832人，增长4.9%，广告营业额达1264.6亿元，增长17.2%，增长速度与上年相比有不同程度的下降。

配合党的廉政建设，以讲廉政为主题内容的公益广告大量涌现。央视代表中国电视媒体的发展方向，引导社会大众舆论，肩负公益宣传事业的责任与义务。依托高品质的媒体播出平台，央视多年来持续推进公益广告的创意、制作和播出。央视《新闻联播》播放了一条由青岛模范工人许振超亲自出演的公益广告片《劳动创造人生价值》，时长1分钟，以真实、平民化的视角打动观众，激发人们学习模范先进的热情。全国其他媒体和单位也相继举办公益广告大赛等活动。

国家广电总局发出《关于加强制作和播放广播电视公益广告工作的通知》，规定"各级广播电视播出机构每天均应在每个自办频率、频道中播放不少于其广告播出总量3%的公益广告"，此通知明确规定了公益广告在媒体黄金时段的曝光量，提升了公益广告的地位和影响力。

2005 年

2005年的中共中央经济工作会议提出，要完善和落实宏观调控政策以保持经济平稳较快发展的好势头，着力改善民生，以促进社会和谐。"十五"时期的主要任务完成较好，为"十一五”时期经济社会发展奠定了良好基础。神舟六号载人航天飞行圆满成功、青藏铁路全线贯通。在宏观经济平稳较快发展的影响下,广告业持续稳定地发展,广告经营额1416.35亿元,比上年同期增加151.79亿元,增长12%。广告公司继续稳定发展,个体私营、外商投资企业广告经营单位继续保持快速增长,所占份额不断增加。传统媒介广告经营额继续稳步增长,网络广告发展迅速,广告经营额9.33亿元,较上年增长21.22%。

在党和政府对公益广告的大力倡导和央视的带动下,各地举办公益广告活动的热情日益高涨,如海口市举办第一届“文明椰城”公益广告征集活动、南京市举办反腐倡廉公益广告优秀作品展览、温州市举行首届公益广告大赛颁奖典礼等。地方性公益广告活动的广泛举办对于增强市民社会公德意识、提高市民文明程度发挥了积极作用。

2006年

2006年,中共十六届六次会议通过《中共中央关于构建社会主义和谐社会若干重大问题的决定》,全会提出,在新世纪新阶段,我们党要带领人民抓住机遇、应对挑战,把中国特色社会主义伟大事业推向前进,必须坚持以经济建设为中心,把构建社会主义和谐社会摆在更加突出的地位。构建社会主义和谐社会是建设中国特色社会主义的重大战略任务,是把我国建设成为富强民主文明和谐的社会主义现代化国家的重要构成部分。

我国广告行业在继续调整中保持稳定增长。全国广告经营额达1573亿元,比上年增长156.7亿元,增长率达11.1%。媒介广告经营格局发生变化,电视、报纸、广播广告经营额都有所增长,杂志广告出现负增长,网络广告继续保持较高的发展势态,广告经营增长幅度超过20%。

在建设社会主义新农村的思想指导下,央视积极配合工商行政管理部门,拿出一定量的广告时间,在主要频道播放“红盾护农”的公益广告,为农业、农村、农民争取更多的利益,推进我国构建和谐社会的进程。首都是首善之区,7月份,北京市开展“迎奥运,讲文明,树新风”公益广告比赛,北京市委宣传部等六部门通过公益广告的征集评选活动,进一步推动首都的精神文明建设,为成功举办一届有特色、高水平的奥运会营造良好的氛围。随着公益广告创意以及表现手法的不断提升,公益广告以一种潜移默化和生动、愉悦的方式说服人们去改变不文明行为。“迎奥运,讲文明,树新风”公益广告征集评选活动又一次证明公益广告已经成为促进社会主义精神文明建设的有效方式,成为党和政府通过大众媒体实现与社会大众沟通的一条重要渠道。

2007年

2007年,国民经济和社会发展取得新的成就。面对我国部分重要商品和居民基本生活必需品价格较大幅度上涨等问题,中共中央政治局召开会议,提出要坚持稳中求进,保持经济持续平稳较快协调发展。这一年我国国内生产总值已由1978年的3645亿元迅速跃升至249530亿元，世界排名第四。

全国广告经营额达1741亿元，比2006年增加68亿元，增长10.68%；2007年中国广告经营额占GDP的0.706%，比2006年的0.751%略有下降。四大媒体电视、报纸、广播和杂志广告营业额都有所增长，但增幅趋缓；互联网广告发展势头强劲，广告营业额比上年增长34.37%。

为了在全国范围内营造良好的奥运氛围，中宣部、中央文明办、国家工商总局、国家广电总局、新闻出版总署、北京奥组委在全国举办"迎奥运，讲文明，树新风"公益广告征集比赛，动员社会各种力量参与奥运公益广告宣传活动。央视充分发挥国家级媒体传播平台的作用，先后在《新闻联播》中插播《婴儿篇》《相信篇》公益广告。观众不仅喜闻乐见，而且在内心引发强烈共鸣。此外，地铁、公交等户外媒体也发布了大量奥运公益广告，主题鲜明，富有视觉美感，美化了城市环境。"迎奥运，讲文明，树新风"系列公益广告鼓励文明行为，倡导社会公德和奥林匹克精神，为2008北京奥运会营造了和谐、文明的氛围。

2008年

2008年发生了国际金融危机、国内南方雨雪冰冻灾害、西藏打砸抢烧事件、汶川地震等重大突发事件，使我国面临着严峻的挑战。面对这些复杂因素，党中央及时做出部署，各级党委和政府坚决贯彻落实中央的要求，带领广大干部群众万众一心、团结奋斗、沉着应对，保持了改革发展稳定的大局。北京奥运会的成功举办、神舟七号飞船的成功飞行，向全世界宣告，中华民族实现了伟大复兴征程上的又一历史跨越。

广告业按照"又好又快"的原则稳健向前发展，广告经营额1899.5614亿元，比2007年增长158.5988亿元，实现了9.11%的稳步增长。全国共有广告经营单位18.58万户，比2007年同期增加1.32万户，增长7.62%；广告从业人员126.64万人，比上年同期增加15.39万人，增长13.83%。

公益广告发展势头良好，在一些重大事件、突发事故中充分发挥了积极作用。抗震救灾、反腐倡廉和迎接奥运成为公益广告的三大主要题材。5月12日汶川发生8.0级大地震，中央宣传部、中央文明办、国家工商总局、国家广电总局、新闻出版总署主办"我们心连心、同呼吸、共命运，夺取抗震救灾的伟大胜利"主题公益广告，人民日报、中央电视台、光明日报、中央人民广播电台、工人日报、中国妇女报、中国青年报等媒体迅速推出抗震救灾题材的公益广告。中央电视台迅速组织公益广告创作，于14日播出第一支抗震公益广告"到达篇"，接着陆续创作播出了七支公益广告，以媒体的力量凝聚人心，鼓舞全国人民战胜困难、重建家园。全国各地媒体纷纷制作播出一大批积极向上、鼓舞斗志的公益广告。企业主减少商业广告的投放，或与媒体合作制作发布公益广告、举办公益活动，或筹集公益资金捐助灾区，以履行自身社会责任。北京奥运会开幕之前，公益广告的宣传力度日益增加，中央电视台调整节目编排，开辟专门时段播出“迎奥运，讲文明，树新风”系列公益广告，为北京奥运会的成功举办营造和谐、文明的氛围。

党和政府机关广泛开展公益广告活动，如中纪委、中宣部等部门联合组织开展“扬正气，促和谐”全国廉政公益广告创作评选展播活动，国家税务总局办公厅与中国税务杂志社联合举办“第二届全国税收公益广告作品大赛”等，产生了很好的影响。

各地的公益广告事业也有很大的发展，地方政府出台条例加强当地的公益广告管理，当地政府和媒体主办、企业赞助开展公益广告大赛等。地方各种主题公益广告的广泛开展，提高了当地市民的文明水平，促进了我国社会主义精神文明的全面发展。

2009 年

2009 年，中华人民共和国成立 60 周年。60 年来，在党中央的领导下，勤劳智慧的我国各族人民同心同德、艰苦奋斗，战胜各种艰难曲折和风险考验，取得了举世瞩目的伟大成就，谱写了自强不息的壮丽诗篇。2009 年也是新世纪以来我国经济发展最为困难的一年，面对历史罕见的国际金融危机的严重冲击，面对多年不遇自然灾害的重大考验，实现了经济总体回升向好。

在金融危机的震荡与消费市场拉动的双重作用下，我国广告经营额突破两千亿元，达到 2041 亿元，增长 7.45％，相比上年的增长率有所下降，也低于 GDP 的增长率 9.2％，增速趋缓。广告经营单位 20 万户，广告从业人员 133 万人，较上年继续稳步增长。各类广告经营单位中，广告公司、报社、互联网的广告经营增速高于全行业的增长速度，杂志广告出现负增长。

国家加强对广播电视广告的播出管理工作，对广播电视播出公益广告做出明确规定。8 月，国家广电总局发布《广播电视广告播出管理办法》，扩大了公益广告的影响范围和效力。国家工商总局和中央文明办举办第八届全国优秀公益广告作品评选，各个机关、媒体、企业、行业组织参与公益广告的热情不断高涨，公益广告活动广泛开展。在各地相继举办的公益广告大赛，不仅主题丰富，涉及上海世博、广州亚运、防治甲流、税收、廉政、人口计生、社会和谐等方面，而且不少征集活动每年定期举办，作品水平不断提高，产生了一大批优秀公益广告作品，引起社会广泛关注。此外，更多的名人、明星积极投身公益活动，宣传公益慈善事业，通过公益广告传播平台，以公众人物的影响力号召社会大众关注公益事业，起到了示范作用。

2010 年

2010 年，国际金融危机影响深远，世界经济格局正在发生深刻变化。党中央、国务院团结带领全国各族人民，坚持以邓小平理论和“三个代表”重要思想为指导，深入贯彻落实科学发展观，牢牢把握经济工作主动权。全面完成了“十一五”规划确定的目标任务。成功举办世博会、亚运会。

在国内持续稳定的宏观经济影响下，2010年的广告业呈现出回暖的迹象。广告经营额达到2340.5亿元，比上年增长14.7%，广告经营单位24.3万户，广告从业人员148万人，均有所上升。电视媒体继续占据媒介广告投放量中的最大份额，但增量有所下降；广播媒体投放以超过25%的增长速度继续保持强劲势头；互联网和户外媒体投放在2010年大放异彩，增幅分别达到48.9%和22.1%。

国家政府部门继续加强对公益广告的管理工作，解决影响公益广告发展的突出问题。2010年1月全国公益广告创新研究基地举行揭牌仪式，这是国家工商总局批准在中国传媒大学设立的全国性公益广告研究机构，以发挥学校教学研究资源和优势，研究解决困扰公益广告运行发展的机制问题，推动我国公益广告创新研究工作。

各媒体之间展开合作，加强公益广告跨媒体传播平台的建设。3月份，黑龙江卫视、贵州卫视、甘肃卫视联合开启全国公益广告联播平台，通过举办公益广告大赛征集作品，利用平台进行交叉覆盖展播，以媒体的影响力推动公益事业的发展。上海世博会开幕之前，东方早报联合全国21家主流媒体，共同刊登公益广告，宣传游客参观世博会的各项信息，为全国各地来上海参观世博会的广大游客提供便利。

企业社会责任意识不断提高，以投资制作公益广告、赞助冠名、公开竞标等方式为公益广告提供市场化的融资渠道，在一定程度上缓解了公益广告资金来源困难、运行机制缺乏活力等问题。公益广告理论研究速度加快，研究成果数量猛增。大量的文献对公益广告发展的核心问题如运行机制、资金等方面进行更为深刻的探讨，为我国公益广告的实践提供了借鉴和指导。

我国公益广告正在以党和政府为主导力量，媒体、企业和各类组织为协作力量的运作方式发展。在交通部、铁道部、民航总局的领导下，交通运载工具，比如火车、汽车、飞机，包括空港、车站等，都播放优秀的电视公益广告片，实现公益广告覆盖的最大化。

2011年

2011年是我国“十二五”规划的开局之年，也是国内国际形势复杂多变的一年。国际上，中东地区不断出现混乱和冲突，欧洲主权债务危机升级，朝鲜半岛局势发生变化；面对复杂多变的国际形势和艰巨繁重的国内改革发展稳定任务，我国继续推进改革开放和社会主义现代化建设事业，经济保持平稳较快发展，全面建设小康社会取得新进展。

全年国内生产总值471564亿元，比上年增长9.2%，首度超越日本位居全球第二位，其中第三产业增加值203260亿元，增长8.9%。中国经济增速虽然有所回落，但前行的脚步依旧坚定，中国广告行业逆势上扬，实现了大幅度的增长。2011年，中国国内广告经营单位共296507户，较上年增长53062户，增长比率达到21.90%。全年广告经营额

31255529万元，首次突破3000亿元大关。广告经营额较上一年增长33.54%，再创历史记录。国家出台的一系列针对广告行业的激励措施对这一增长功不可没：发改委第九号令颁布，将“广告创意、广告策划、广告设计、广告制作”列为鼓励类；上海、北京等地建立广告业产业基地和广告产业示范园区；“十二五”现代服务业发展规划提出广告业发展的目标、任务、重大工程及保障措施；党的十七届三中全会明确指出包括广告业在内的文化产业将成为国民经济的支柱性产业，是国家重点支持和发展的行业。这一系列利好政策有力促进了广告行业的自身发展。

继2010年广电总局发布第61号令控制电视广告时长，2011年国家再度推出“限娱令”和“限广令”，旨在提升媒体整体格调水平、把握道德导向、提升受众对于媒体尤其是电视媒体的满意度。其中2011年10月11日，广电总局下发《关于进一步加强广播电视广告播出管理的通知》；11月28日，又下发《〈广播电视广告播出管理办法〉的补充规定》，决定自2012年1月1日起，全国各电视台播出电视剧时，每集电视剧中间不得再以任何形式插播广告。在这种背景下，原来隐匿于商业广告光环之下的公益广告获得了更大的发展空间。中央电视台于年底推出主题为“汇聚力量，传播文明”的全新公益广告主题包装；新开播的中央纪录频道所播出的广告以制作精良的公益广告为主。重庆卫视更是在年初开展了大胆的实践，取消商业广告，全部代之以公益广告，以做“公益频道”作为立台之本，受到关注。除电视媒体以外，广播、报纸、杂志、户外等媒体均给予公益广告以更大力度的重视，很多地区在市容整顿和户外广告管理中，用公益广告装点街道，传播公益理念，收到了良好的效果；在地铁、车站等地布置的大量公益广告吸引人们的注意。同时，网络技术的发展和网民社会影响力的增强使得网络成为公益广告传播的新平台，微博、社交网络等新媒体上的公益广告在这一年中发展迅猛，各大门户网站、视频网站等均积极推出以公益为主题的平台和活动，公益广告的发展紧跟时代脚步。

不仅公益广告所处的媒体环境改善，公益广告创作力量也逐渐加强。政府、媒体、企业、个人的力量均参与其中，实现了良性互动，公益广告的创意和制作水平大幅度提高。各地展开了大量公益广告征集和评选活动，国家工商总局、中央文明办组织开展的“讲文明，树新风”公益广告征集和评选活动继续进行，收集、整理和播出了来自全国各地的大量优秀公益广告作品，其数量和品质均有提高，取得了良好的成效。同时，公益广告的有效运作方式也在积极探索当中，公益广告基金会的构想初步呈现。针对公益广告的学术研究不断深入开展，国家广告研究院在中国传媒大学创办，为公益广告学术研究提供更加精良的平台。2011年，中国公益广告事业在政府和社会各界的积极引导和努力推进之下取得长足进步。

中国公益广告仍然存在着不少有待改进之处。创意上的简单化、一些公益广告制作上的粗糙、言辞上的说教性和深度上的不足受到一些人士的批评。公益广告在媒体上的生存地位依然处于作为商业广告替代物的相对边缘境地；公益广告的运作方式和公益机构的公信力问题依然有待改善；有关公益广告的学术研究依然相对有限。

2012年

2012年11月，中国共产党第十八次全国代表大会召开，提出建设社会主义精神文明、保护国家文化安全、增强国家文化软实力、推动文化繁荣等方针，为我国文化事业的发展提供了理论依据和政治保证。十八大召开前后，中央机关各部委和各个地方都开展了多种多样的主题宣传活动，公益广告也是其中的重要形式，以“喜迎十八大，讲文明，树新风”为主题的公益广告作品出现在全国各地的各种媒体和大街小巷，有力配合了大会的召开，成为人们了解十八大进程，参与政治活动的窗口。

以百姓日常生活和市民社会形态为代表的民生话题受到全社会上下的广泛关注，也出现了人们感触最深、评价最高的一系列公益广告作品。在各地的公益广告评选中，以注重家庭价值、关爱弱势群体、提倡劳动光荣、继承传统文化、弘扬中华美德等为主题的公益广告占绝大部分，受到人们的喜爱和好评。同时，在国际局势愈加纷繁复杂的2012年，伦敦奥运会、利比亚撤侨、钓鱼岛事件等牵动国人心弦，“爱国”成为亿万中华儿女的共识。公益广告这一传播形式亦随之而动，涌现出了一批彰显赤子之心的作品。全民对于社会民生回归本真的可贵关注，为公益广告的发展和传播提供了良好的环境。

中国广告经营单位37.8万户，广告从业人员217.7万人，广告营业额已达4698.2亿元。我国已发展为世界第二大广告市场，国际广告界十分关注。

实施国家广告发展战略，亟须吸纳国际广告资源积极支持和参与，将“引进来”与“走出去”相结合，引导外商投资中国广告业，提高利用外资的质量和水平。在《中华人民共和国国民经济和社会发展第十二个五年规划纲要》第十五章明确指出要促进广告、会展业健康发展。2012年6月，国家工商总局印发《广告产业发展“十二五”规划》，是我国首个纳入国民经济与社会发展规划体系的广告业中长期发展规划。《规划》围绕贯彻落实国家“十二五”规划纲要以及促进服务业和文化产业发展的有关规定，提出广告业要提高专业化、集约化、国际化水平，推动行业健康、全面、协调、可持续发展。同时，阐述了当前我国广告业的产业地位与发展现状，明确了“十二五”期间广告业发展的目标、任务以及相应的政策措施。此后，各地均出台结合本地区实际情况的地方性广告业规划，推出奖励广告行业发展的有力政策，建立广告产业园区，推动广告行业的产业化集中化发展。2012年，北京、上海、广州、长沙等首批九个国家级广告产业园区已经完成园区基建和政策制定的初步工作。《规划》明确提出发展公益广告事业。自此，推进公益广告的发展成为中国广告行业建设中必不可少的重要部分。

全国各地媒体积极推进公益广告事业建设，取得了令人瞩目的成就。电视金鹰奖、星光奖等国家级电视奖项均增设公益广告奖。与此同时，中央电视台将2012年定为“公益广告年”，并开展全球公益广告征集活动，在全世界范围内寻找具有高超创意水平的公益广告作品。此外，公益广告黄河奖、深圳“设计之都”公益广告大奖等公益广告赛事继续举办，大量优秀作品脱颖而出。不仅传统媒体大力推进公益广告事业，以网站、微博等为代表的新媒体也积极参与其中，许多网络媒体都利用其传播优势发布公益广告、举办公益活动，受到了广泛的关注与良好的效果。广大媒体对公益广告事业的投入，使得中国公益广告的创意水平显著提高。

2013 年

中宣部和文明办推动的“讲文明树新风”公益广告大放异彩。为贯彻落实党的十八大精神，有关部门和媒体大力开展公益广告制作刊播，进一步推动正风正气形成。中央主要报刊媒体和网络媒体着重围绕积极培育社会主义核心价值观、社会道德行为规范、生态文明建设和与人民群众生活关联度高的交通安全、食品卫生、健康知识等四个方面内容，推出一批公益广告，营造文明和谐的浓厚氛围。国家工商总局推进《广告法》修订进程，拟定了有关公益广告的条款。

中央级媒体纷纷成立公益广告制作中心。中宣部、中央文明办、中央外宣办等七部委联合发文，要求依托人民日报、中央人民广播电台、中央电视台、中国网络电视台、中国移动等 5 家单位设立 5 家“讲文明树新风”公益广告制作中心，分别牵头设计制作平面类、广播类、影视类、网络类、手机类公益广告，形成公益广告作品库，供各媒体无偿选用。公益广告制作中心的成立有利于动员社会力量参与公益广告，可选择信誉度高、公众形象好的企业冠名襄赞，推动公益广告宣传常态化。

在以央视为代表的媒体推动下，以“讲文明树新风”公益广告《打包篇》《回家篇》等作品赢得社会的广泛好评。今后，我国公益广告必将获得长足的发展，向建设美丽中国和实现中国梦的目标奋勇迈进。

附录二
公益广告作品精选内容简介*

一、影视类

序号	名称	内容简介	时长	单位
1	中国电视广告30年（公益广告片段）	按照时间顺序梳理我国电视公益广告的发展历程，一系列具有代表性的公益广告片说明公益广告在现代精神文明建设中发挥的重要作用。	600秒	中央电视台
2	以小见大篇	申奥成功以来，奥运准备工作有条不紊地展开。2003年8月3日，奥运会徽公布。2005年11月11日，奥运吉祥物公布。2006年11月30日，鸟巢完工。2007年4月26日，奥运火炬发布。奥运离我们越来越近了。宋祖英、刘欢、孔祥东、徐帆等明星号召大家从我做起，从现在做起，迎奥运，讲文明，树新风。	117秒	中央电视台
3	主角是你篇	这个城市每天都在诞生新纪录。送水工人将送达时间提前到17分25秒，路口连续三天没有交通违规事件，工地连续安全施工465天，消防队员连续第164次无懈可击的配合。 广告语：每天都有新纪录，奥运就在你身边。	60秒	中央电视台
4	我有爱	一组援助四川灾区的海报依次闪现。海报表现的是共同关注灾区重建的爱心和热情。只要所有人伸出援助之手，灾区重建定能创造奇迹。	55秒	中央电视台
5	奥运宣传片：婴儿篇	婴儿抬头、举手、蹬腿、翻身，叠印奥运健儿在单杠、吊环、平衡木、跳水台上的英姿。这是源自生命最初的梦想。 广告语：同一个世界，同一个梦想。	60秒	北京广而告之影视制作有限公司
6	真正男子汉：父亲篇	父亲参过军，上过山，这辈子吃过不少苦。在中年下岗后不气馁，寻找新工作。在儿子心中是一个真正的男子汉。 广告语：直面命运挑战，迎接时代考验。	60秒	广东金长城国际广告有限公司、中央电视台广告部
7	下岗再就业篇	李淑芬下岗了，妈妈劝她来帮自己在路边卖馄饨。刚开始她遇到熟人还会尴尬。慢慢地，她体会到了劳动的快乐，找回了自信。	60秒	北京捷先广告公司
8	知识改变命运	藏区汉族女教师汪智秀讲述了她在藏区的教书经历。那里的生存环境艰苦。孩子和村民对知识都充满渴望，这份渴望激励她在当地坚持工作几十年。在她的悉心教导下，学校培养出了多位大学生。	60秒	中央电视台
9	福娃篇	五个福娃从户外广告牌上跳下来，它们带领小朋友列队欢迎外宾，引导乘客在公交车站和地铁站台有序排队，示意市民不要在公共场合大声喧哗。 广告语："迎奥运，讲文明，树新风"。	120秒	中央电视台

* 以下作品的视、音频请见"全国公益广告创新研究基地"网页。

续表

序号	名称	内容简介	时长	单位
10	相信篇	濮存昕说，公益广告不能改变生活中的陋习，但是公益广告是一盏灯，灯光亮些，不文明现象就会少些。什么是文明？文明就是主动把地上的垃圾捡入垃圾桶；就是不占用盲道；就是在公共场所轻声细语；就是和别人共享一把雨伞。 广告语：文明的中国盼奥运。	120 秒	中央电视台
11	冯巩篇	冯巩作为交警协管在路边执勤，纠正路人种种不文明行为。他说就要开奥运了，咱得模范遵守交通规则。 广告语：迎奥运，讲文明，树新风。	30 秒	中央电视台
12	鸟巢篇	不同种类的鸟群衔着树枝，飞越千山万水，从世界各地飞向同一个地方——北京。它们用这些树枝共同搭建了一个鸟巢，这个鸟巢摇身一变，变成了国家体育馆——鸟巢。 广告语：同一个世界，同一个梦想。	90 秒	中央电视台
13	京剧篇之舞台篇	京剧演员孟广禄、迟小秋、袁慧琴、张建国一起号召国人用优雅举止、文明行为、友善微笑、良好形象来迎接奥运。奥运会是世界的盛会，也是中国的机会。 广告语：迎奥运，讲文明，树新风。	105 秒	中央电视台
14	鼓掌篇	在高山上，在大海边，在赛道旁，在雪山下，在音乐会上都有掌声响起。这掌声代表着文明、欢迎和鼓励。让世界记住我们中国人的掌声。 广告语：迎奥运，讲文明，树新风。	60 秒	中央电视台
15	京剧篇之采访篇	京剧演员余魁智、袁慧琴、张建国、张火丁、杨赤、王蓉蓉、李胜素、迟小秋、王艳、孟广禄号召国人共同承办一届文明的奥运。 广告语：登世界的台，唱中国的戏。迎奥运，讲文明，树新风。	120 秒	中央电视台
16	新时尚，环保又健康	选车时，为了享受阳光和新鲜的风，车最好是敞篷的；为了好停车，车最好体积要小；为了省油费，车最好换种能源。选择自行车吧，它都能满足这些需求。	25 秒	中央电视台
17	下岗再就业“支持就是力量”	三个家庭里各有一个人下岗，分别是丈夫、妻子和父亲。他们下岗后，生活发生巨大的变化，情绪低落。但是在亲人的理解、支持和鼓励下，他们都重新站了起来，鼓起勇气，开拓事业。	60 秒	圣像地板公司、盛世长城国际广告、中央电视台广告部
18	理解、支持、关爱	濮存昕和医学专家告诉人们，日常生活中与艾滋病人接触是不会被传染的。濮存昕看望艾滋病人，和他们面对面交谈。 广告语：理解、支持、关爱。	50 秒	广电总局电影卫星频道节目制作中心、北京凯普九歌广告有限公司
19	科技让生活更轻松	王先生家因为有了遥控器、空调、电视机和扩音器而变得丰富。 广告语：科技让人们的生活更轻松。	30 秒	北京桑夏广告有限公司
20	祖国需要你，参军最光荣	在雄壮的军歌声中，军人们踏着有力的正步向前进。一位军人通过艰苦训练，获得了军功章。解放军千锤百炼，你能行吗？ 广告语：祖国需要你，参军最光荣。	20 秒	北京桑夏广告有限公司
21	职业道德之时间篇	空中乘务员陈钰每天要微笑 600 次，邮递员赵砚伟每两个月要换一双新鞋，公交司机叶红禄每年要环绕地球一周。 广告语：为人民服务，从本职做起。	30 秒	北京夏桑广告有限公司
22	实现理想	男子坐在轮椅上，用渴望的眼神看着几位打篮球的年轻人。年轻人发现他后，邀请他一起打球。 广告语：关爱残疾人，帮助他们实现自己的理想。	60 秒	北京桑夏广告有限公司

续表

序号	名称	内容简介	时长	单位
23	欢欢喜喜过个年	水墨动画展现了中国传统节日春节的各种民俗。可爱的儿童玩着花灯，放着风筝，舞着长龙，一派过年的喜庆。	30 秒	北京桑夏广告有限公司
24	爱心传递篇（洗脚篇）	母亲给儿子洗完脚后，又帮奶奶洗脚。转身看见儿子正端着一盆洗脚水走向自己，要帮自己洗脚。 广告语：其实父母是孩子最好的老师。	40 秒	北京捷先广告公司
25	常回家看看	老人在厨房忙着做饭，电话铃声突然响起。儿子、孙子、女儿在电话里相继用各种理由推说不能回家吃饭。老人独自吃完丰盛的菜肴，坐在沙发上睡着了。 广告语：别让老人感到孤独。	60 秒	北京捷先广告公司
26	公众篇：举手之劳，我们能做的还有很多	大街上被掀开的井盖，有人主动搬回原位。人行道上丢弃的香蕉皮，有人主动捡入垃圾箱。马路边倒地的指路牌，有人主动扶正摆好。公德有时只是举手之劳。	40 秒	北京捷先广告公司
27	藏羚羊篇	在可可西里的无人区，藏羚羊原本自由自在地生活着。因为皮毛的昂贵，它们快要被盗猎者杀戮殆尽。 广告语：地球是生命的天堂，不仅仅属于人类。	60 秒	北京广而告之影视制作有限公司
28	老马系列篇：这是我们共同的家	老马家外的墙壁遭人乱涂乱画，不堪入目。老马发现后很惊讶，大叫“这是咱们共同的家啊”。	20 秒	北京广而告之影视制作有限公司
29	老马系列篇：雨后即景	老马在摇椅上躺着晒太阳。飞驰的汽车溅起路边的稀泥，弄花了老马的脸，老马大叫“朋友，慢点”。	15 秒	北京广而告之影视制作有限公司
30	多陪陪孩子	小男孩独自一人下棋，打乒乓球。当他又独自一人荡秋千时，身后出现了爸爸的手。小男孩终于露出了开心的笑容，发出了清脆的笑声。	30 秒	北京广而告之影视制作有限公司
31	中国人世界心：援助海啸公益广告	中国自然灾害频发，得到过很多国家的帮助，这些帮助中国铭记在心。当印度尼西亚发生海啸后，中国也伸出援助之手，全国踊跃捐款捐物帮助印尼重建	30 秒	北京广而告之影视制作有限公司
32	动起来，为奥运喝彩	在生活中，奥运无处不在。人行道旁老大爷吹响的放行哨子，就是比赛开始的信号枪。所有人都动了起来，丢垃圾如同抛掷铅球，扛煤气如同与人摔跤，打呵欠如同表演体操。	30 秒	北京广而告之影视制作有限公司
33	我是一只小小鸟	鸟儿一家原本幸福快乐地生活着，因为人类的捕杀所剩无几。幸存的鸟儿向人类发出疑问：“我们是朋友，为什么会这样？”	60 秒	北京广而告之影视制作有限公司
34	保障司法公正	古有郑人买鞋，以绳定其大小；木工用木取料，以绳定其长短；巧匠建屋垒墙，以绳定其曲直。绳的特性被沿用至今。司法制度就像无形的准绳，度量着我们的社会。	30 秒	北京广而告之影视制作有限公司
35	友爱互助用爱相处	男子扶着老人下楼梯，看似父子却不是父子；搀着孕妇过马路，看似夫妻却不是夫妻；帮助司机推车，看似朋友却不是朋友；为小女孩撑伞，看似父女却不是父女。 广告语：友爱互助 用爱相处。	35 秒	北京广而告之影视制作有限公司
36	珍惜生命预防艾滋病	地铁里坐着几位青年男女，一只手突然伸入画面，将几位女子推到不同男子的面前。艾滋病以性接触为主要传播途径，没有可以治愈的药。有安全套可以预防艾滋病。	40 秒	北京广而告之影视制作有限公司
37	感谢献给生命的礼物	男子的孩子在出生时，需要输血急救，是好心人的血救了孩子的命。看到孩子健康成长，他很感激那位好心人。以后每当孩子生日的那一天，他都会去献血。	40 秒	北京广而告之影视制作有限公司

续表

序号	名称	内容简介	时长	单位
38	迎奥运公益广告(系列)孟关良篇	公园里,正在进行一场别开生面的比赛。参赛的选手只有两位,一位是皮划艇奥运冠军孟关良,一位是骑着自行车的普通人。他们在比皮划艇和自行车哪个速度更快。 广告语:绿色心情,和谐奥运。	30秒	浙江广电集团
39	迎奥运公益广告(系列)卫芬篇	卫芬说水龙头一分钟流五升水。刷牙的时候顺手关上水龙头,一年能省109个浴缸的水。 广告语:再小的力量,也是一种支持。	21秒	浙江广电集团
40	迎奥运公益广告(系列)李悦篇	李悦说白炽灯百分之九十的电量被热能消耗。如果把白炽灯换成节能灯,能减少上千万吨的温室气体排放。 广告语:再小的力量,也是一种支持。	21秒	浙江广电集团
41	迎奥运公益广告(系列)许婷篇	许婷说一包A4纸就是一棵树,把用过的纸翻页再用,一百个人就能节约一条街的树。 广告语:再小的力量,也是一种支持。	21秒	浙江广电集团
42	迎奥运公益广告(系列)胡桦篇	胡桦说我们享受了汽车的便捷和舒适,也得呼吸汽车的尾气。一辆车百公里排污2.3公斤。每个月少开一天车。 广告语:再小的力量,也是一种支持。	21秒	浙江广电集团
43	迎奥运公益广告(系列)席文篇	席文说80部手机一年就会增加一顿二氧化碳排放。如果每人都能及时拔掉充电器,每年可以关闭两百座百万千瓦的发电站。 广告语:再小的力量,也是一种支持。	20秒	浙江广电集团
44	迎奥运公益广告(系列)BEAUTY4篇	BEAUTY4说我们的衣柜有很多买后从来没有穿过的衣服。少买一件衣服,地球就多一件衣服。 广告语:再小的力量,也是一种支持。	24秒	浙江广电集团
45	迎奥运公益广告(系列)范大姐篇	范大姐说我们用洗涤剂洗干净衣服,水却被越洗越脏。中国的城市河流中,符合饮用水标准的仅剩十八条。请少用洗涤剂。 广告语:再小的力量,也是一种支持。	26秒	浙江广电集团
46	环保,在你我一举一动	男青年随手将易拉罐扔在公交车上,售票员教育他不应该在公共场所乱扔垃圾。售票员把易拉罐捡起后,扔出了窗外。这也是一种不文明的行为。 广告语:环保应该做得更彻底一些。	30秒	北京未来广告公司
47	心在一起	央视的几位主持人走出演播室,走上大街。写字楼里,撒贝宁帮赶电梯的人按住开门键;胡同里,刘建宏帮大爷顶开飞来的足球;马路边,鞠萍抱着孩子躲开飞驰的汽车。最后,他们一起向路人分发红色的气球。大家拿着这些气球走到一起,汇聚成了一个红心。	60秒	北京未来广告公司
48	灯篇	晚上的胡同小路一片漆黑,为了让深夜回家的小女孩不害怕,卖夜宵的大爷每天都开着路灯,等着小女孩下班。直到小女孩平安到家,大爷才开始收摊。 广告语:平安中国,和谐为本。	60秒	北京未来广告公司
49	中华魂	我们是长江的后代,我们是黄河的子孙,我们以自己的血脉为荣。五十个世纪的文明,经历多少忧患,我们凭着万古繁衍的强劲血脉和千年统和的万众一心,走上了国富民强的新纪元。华夏精神,就是招展如旗的中华魂,带领我们勇往直前。	60秒	北京未来广告公司

续表

序号	名称	内容简介	时长	单位
50	得蛙蛙旅游记非洲篇	辽阔的非洲草原上，一个小胖子在不停地吃东西，丢东西。小胖子丢的一根鸡腿砸到了豺狼的头，他和得蛙蛙被发怒的豺狼追到了树上。 广告语：践踏环境，怎能自保。	31秒	天地升华文化传播公司
51	得蛙蛙旅游记口香糖篇	人来人往的大街上，青年被自己吐的口香糖粘住鞋底。得蛙蛙在青年身后买刀，一阵风把得蛙蛙手里的钱吹到青年鞋底。得蛙蛙提着刀冲向青年，想取回自己的钱。青年误以为得蛙蛙要拿刀砍他，吓得撒腿就跑。 广告语：和乱吐一刀两断吧。	29秒	天地升华文化传播公司
52	得蛙蛙旅游记排队篇	得蛙蛙动物园门口排队时，被人加塞插队。得蛙蛙生气地跳上人群的头顶，跳着往前插队。跳到一个光头头上时，打滑掉进了鳄鱼的嘴里。 广告语：排队，排才对。	29秒	天地升华文化传播公司
53	得蛙蛙旅游记摘花篇	男子在公园里摘下一捧鲜花，准备献给女友。在花丛中休息的得蛙蛙也被裹在花中，和花一起被男子抱在胸前。男子向女友索吻时，得蛙蛙从花中跳出，碰到了男子的嘴。 广告语：莫伸折枝手，美丽需要呵护。	30秒	天地升华文化传播公司
54	姚明篇	篮球场上，篮球比赛激烈进行。姚明说，在篮球赛场上，观众和裁判随时注视着你，再小的犯规动作也会被发现。在人生的赛场上，裁判就是你自己。你犯了规，即使没有人吹哨人家也会看得见。要干干净净做人。	35秒	中纪委
55	廉洁是一种力量	申纪兰是全国一至十届人大代表，西沟村党总支书记、西沟经济合作社社长。她一辈子扎根西沟。她说，有私心就不是好干部。她以身作则，带领大家建设贫困山区。廉洁是群众拥护共产党的原因。 广告语：廉洁是一种力量。	50秒	中纪委，太原电视台
56	尊重自己尊重他人	给老师送红包是一种伤害，给医生送红包是一种侮辱，给政府官员送红包是一种藐视，给警察送红包是不尊重。 广告语：尊重自己，尊重他人，扬正气，促和谐。	55秒	中纪委
57	端午节(农历5月5日)	龙舟划过，粽子飘香。近看粽子绿，远看麦儿黄。 广告语：香包送祝福，端午节安康。	35秒	中央电视台
58	中国共产党建党日(7月1日)	中共一大会址。在这里点燃星火，革命航船起航。鸟瞰长城、长江、上海夜景、天安门华灯。88年的成就辉煌。庆祝建党88周年。	30秒	中央电视台
59	中秋节(农历8月15日)	中秋夜，亮光光，家家户户赏月忙。切红柿，燃线香，赏罢月亮入梦乡。家团圆，国兴旺，幸福生活万年长。	40秒	中央电视台
60	野生救援李婷篇	奥运跳水冠军李婷沉重地说，跳水对于我是个漫长的过程，对于你眨眼即逝。由于食用鱼翅的需求，成千的鲨鱼被屠杀。鲨鱼正在迅速消失，其消失的速度比跳水的速度还快。请不要食用鱼翅。 广告语：没有买卖，就没有杀害。	30秒	野生救援协会
61	野生救援成龙篇	著名演员成龙在茶馆里与老虎相遇。他说，我们不应该害怕濒临灭绝的老虎，它们不应该成为我们的食物和药品，2020年不要成为最后一个虎年，请抵制虎制品。 广告语：没有买卖，就没有杀害。	30秒	野生救援协会
62	野生救援郎朗篇	郎朗弹奏的钢琴乐曲悠扬欢畅，原野、苍天、飞云、朝霞……美景划过。乐曲突然激烈悲壮，城市污染、冰山坍塌、干旱。郎朗凝重的发问，你听到地球对我们发出的警报了吗?	30秒	野生救援协会

续表

序号	名称	内容简介	时长	单位
63	野生救援姚明篇	豪华酒店，鱼翅汤端上餐桌。如果你看到鱼翅汤是如何做成的，鲨鱼的鱼鳍是如何割下的，每年有7000多万条鲨鱼是为鱼翅汤而送命的，你还会购买它吗？姚明沉痛地说：没有买卖，就没有杀害。	30秒	野生救援协会
64	野生救援孔令辉篇	世界冠军孔令辉沉重地说，不必要有高超的技术才能拯救大象，你只要不使用大象制品，携手同心，无限生机。	30秒	野生救援协会
65	美丽中国篇	江河山川壮美的自然景观，各族人民幸福生活。是第一支登上春晚的公益广告	60秒	中央电视台
66	爱的表达式	英文“family”（家庭）字母的组成拟人化，讲述了“我”所见的父母关爱，以及“我”长大后成为家庭的栋梁	90秒	中央电视台
67	打包篇	患有老年痴呆的父亲屡屡出错，儿子却在老父亲混沌的心中发现他从来没有忘了关爱自己的儿子。	90秒	中央电视台
68	回家篇	这一春节主题的作品分为四支：分居两岸的老年兄弟再度聚首、在重庆打工的贵州人集体骑摩托回老家、漂洋过海回家举办婚礼的新人、在非洲工作的年轻人辗转回家过年。	60秒	中央电视台
69	老爸的谎言篇	年老的父亲为了让女儿放心，在电话里对女儿叙述自己丰富多彩的生活，实际上却空虚、艰难。呼吁儿女多回家看看。	90秒	中央电视台

二、平面类

序号	名称	内容简介	单位
1	洁净环境、爱我家园	蓝天白云之下，天坛巍峨壮美，一个人在清洁蓝天。 广告语：洁净环境、爱我家园	人民日报社
2	矗立在人们心中的座座丰碑	雷锋、焦裕禄、王进喜等先进人物耸立在天安门广场之上，他们是一座座丰碑。	人民日报社
3	常怀感恩之心，常思反哺之义	大手拉着小手，寓意反哺和感恩。	人民日报社
4	希望工程—能改变孩子的命运	背着小书包的学童注视着前方，他们需要全社会的帮助。	人民日报社
5	众志成城缚苍龙	奋力打桩，扛沙袋，军民团结，抗洪救灾。	人民日报社
6	奥运在接力，文明在传递	长城之上，两只大手交接奥运的接力棒，传递文明的精神。	人民日报社
7	任何困难都压不倒伟大的中国人民	汶川地震，破损的时钟定格在地震发生的时刻，碎石与瓦砾中生长出绿色幼芽。	人民日报社
8	十指连心	十指连心，“心”字鲜红醒目。	人民日报社
9	夺一枚文明金牌	背景鲜红，奥运福娃在文明金牌下欢笑。	人民日报社
10	尊严来自实力	五星红旗之下，军人亮剑。以火箭、飞机、军舰、坦克等现代化的装备为背景。	人民日报社
11	继往开来，再创辉煌	邓小平凝视，五星红旗飘扬，特区全景连接巍巍长城。	人民日报社
12	爱我长城，强我中华	巍峨的长城衬托三军仪仗队昂首阔步，军威雄壮。	人民日报社

续表

序号	名称	内容简介	单位
13	服务群众，奉献社会	英武的警官向你敬礼。	人民日报社
14	中国风采	在五星红旗下，一幅幅抗震救灾、道德模范、奥运健儿、航天英雄的照片连接成共和国画卷。	人民日报社
15	最重的金牌是文明	比奥运会奖牌还要大的一块奖牌上，写着“文明”二字。图片下方写着“最重的金牌是文明”。	人民日报社
16	2008 我们是奥运的主人	紫禁城上空站着 5 个福娃。福娃的上面，是打结的锦带。 广告语：2008 我们是奥运的主人	人民日报社
17	社会和谐成就千秋伟业	正在被弹奏的琴弦中间，飘着一面国旗。 广告语：社会和谐，成就千秋伟业。	人民日报广告部
18	携手并肩重建家园	无数的绿丝带拼建成一座小屋，小屋的烟囱上是一颗爱心。 广告语：携手并肩 重建家园。	人民日报广告部
19	道德楷模文明风尚	九位道德模范的照片排列在一起。下方写着：或许下一个道德模范就是你、我、他。	光明日报社
20	危难时刻，我必须到一线去	79 岁的骨科专家卢世璧正在抢救汶川地震的灾民。他说：“危难时刻 我必须到一线去。”	光明日报社
21	同一个世界，同一个梦想一	一张奥运门票上印着中国科学院院士钱伟长的照片和他期盼奥运成功举办的寄语。另一张奥运门票上印着濮存昕的照片和他期盼人人都能讲文明，树新风的寄语。	光明日报社
22	同一个世界，同一个梦想二	一张奥运门票上印着红学家冯其庸的照片和题字“绩健为雄”。另一张奥运门票上印着方永刚教授的照片和题字“绿色奥运，文明中国，和谐社会”。	光明日报社
23	同一个世界，同一个梦想三	一张奥运门票上印着北大教授袁行霈的照片和题字“北京古韵留永久，奥运彩风化物长”。另一张奥运门票上印着中科院院士庄巧生的照片和他期盼奥运成功举办的寄语。	光明日报社
24	我们每个人都是中国的封面	男孩和女孩在长城上习武。他们的脸上印着“CHINA”的字。 广告语：我们每个人都是中国的封面。	光明日报社
25	奥运会没有这项比赛	一张海报上，一个人用踢足球的姿势踢易拉罐。另一张海报上，一个人用跳高的姿势翻越护栏。 广告语：奥运会没有这项比赛。	光明日报社
26	礼仪之邦文明中国	北海、景山等北京具有代表性的建筑聚在一起。前方站着五名举着福娃微笑的志愿者。 广告语：同一个世界，同一个梦想。	光明日报社
27	点燃激情奉献关爱	天坛前，上百个国家的国旗在飘扬。天坛的上方，金晶在传递奥运圣火。残奥会同样需要我们的关注。	光明日报
28	风雨同舟，众志成城	长城周围，围绕着多张支援灾区工作人员的照片。 广告语：与灾区心连心，夺取抗震救灾伟大胜利。	经济日报社
29	心系灾区，爱心相随	四川省地图托起“爱”字，红“心”字醒目。	工人日报社
30	中国挺住	温总理在灾区的学校课堂上讲课，黑板上写着：多难兴邦。解放军战士救助老大娘。众志成城抗震救灾。	工人日报社
31	风雨中的玫瑰最美丽	女警官给灾区的幼儿喂奶，女战士呼喊着冲向灾区，女医生实施手术。玫瑰花托起女英雄。	中国妇女报社
32	伟大的党	在党中央的领导下，军民团结抗震救灾的场景。	中国妇女报社
33	我们的心永远在一起	红色的中国地图上系着金黄色的丝带同心结。	中国妇女报社

续表

序号	名称	内容简介	单位
34	同一个世界同一颗心	抗震棚里,孩子给外国志愿者递上矿泉水。外国志愿者在谦让,说:谢谢,我不渴。	中国青年报社
35	自强不息	灾区的抗震学校开课了,学生们护卫国旗步入课堂。	中国青年报社
36	爱让我们成长	病房的孩子敬礼,感谢献出爱心的人们。	中国青年报社
37	不屈的脊梁	一只只大手擎起国旗,合力同心抗震救灾。	中国青年报社
38	擦干眼泪,挺起胸膛	天安门广场上,万众一心,高呼:四川,挺住。	中国青年报社
39	多难兴邦	在抗震帐篷外,孩子半跪地,在腿上写作业。	中国青年报社
40	弘扬更快更高更强的奥林匹克精神	奥运场馆鸟巢,运动员起跑。发扬奥运精神。	中国青年报社
41	你是我的亲人	灾区的小女孩亲吻抗震救灾的武警战士。	中国青年报社
42	万众一心抗震救灾	运输机前,军民同心装卸抗震物资。	经济日报社
43	共同携手共建家园	军民合作,抢修输电线路。	经济日报社
44	危难时刻伸援手	群众排队献血,支援灾区。	经济日报社
45	有爱就有家	横幅,双手托起爱心。	经济日报社
46	用爱点燃希望	双手托起爱心,抚平创伤。	经济日报社
47	风雨同舟众志成城	军民奋战,在废墟中挖掘和抢救伤员。	经济日报社
48	一方有难八方支援	军人和工人奔赴灾区。	光明日报社
49	众志成城抗震救灾	救护队把伤员送上直升机。	光明日报社
50	你们是最可爱的人	孩子在读报,背景是救灾的解放军。孩子明白了他们是最可爱的人。	光明日报社
51	同胞之爱涌向汶川	解放军救灾,干部和群众捐款,医生救伤员,合成一幅爱心的画卷。	光明日报社
52	同胞啊,我们爱你	灯光下,医生救治伤员。	光明日报社
53	同迎奥运共创文明	时针指向奥运行动。	光明日报社
54	大灾面前大爱无边	解放军战士抱起两个灾区的儿童,冲出地震废墟。	光明日报社
55	把最好的医疗送到灾区	医生列队奔赴灾区。	光明日报社
56	问候篇	灾区的孩子在欢快地歌舞,迎接春节。	光明日报社
57	梦想篇	奥运会开幕式,烟火缤纷映照夜空。	光明日报社
58	励志篇	宇航员准备升空,微笑招手。	光明日报社
59	欢庆篇	威武的国旗护卫队走过天安门金水桥。	光明日报社
60	拜年	鞭炮和灯笼,红火的气氛。	光明日报社
61	我们的节日	剪纸、春联、天坛,喜庆春节。	光明日报社
62	各民族大拜年	各族人民汇聚天安门广场,在国旗和灯笼下拜年。	人民日报社
63	给灾区人民拜年	在灯笼、国旗和同心结下,男娃和女娃拜年。	人民日报社
64	万众一心众志成城	四手相握,环抱四川。	人民日报社
65	多救一个孩子多一分希望	汶川的山峦衬托,医生的大手牵孩子的小手。	人民日报社

续表

序号	名称	内容简介	单位
66	大哉诚信	汶川重灾区的背景，横贯标语：大哉诚信。	人民日报社
67	心手相牵共建家园	高楼大厦的剪影，大手拉小手。	人民日报社
68	心手相牵共克时艰	两颗红心相叠于残破的时钟之上。	人民日报社
69	有一种力量叫同心	长城的背景衬托花环围绕的红心。	人民日报社
70	英雄少年明天希望	学生放飞白鸽。向抗震救灾的英雄少年致敬。	人民日报社
71	让我们共同奉献一颗爱心	双手托起火红的爱心，爱心的中央是汶川的图形。	人民日报社
72	钢筋铁骨傲然挺立	大背景，五星红旗映照宽阔的胸膛。解放军和医生抬着担架冲上山坡。	人民日报社
73	唱支山歌给党听	广东民间绘画风格：三个穿民族服装的女子快活地唱歌，背景是起伏的远山和辽阔的田野。	中国网络电视台
74	我的梦，中国梦	天津泥塑：憧憬未来的小姑娘。	中国网络电视台
75	中国龙腾，中华圆梦	河北蔚县剪纸：二龙戏珠。	中国网络电视台

三、广播类

序号	名称	内容简介	时长	单位
1	落叶归根	母亲来机场送儿子出国留学。母亲送给儿子一本屈原的《离骚》和几张香山红叶，嘱咐儿子要落叶归根。儿子承诺无论走到哪里，根在中国。	60 秒	中央人民广播电台
2	让座	公交车颠簸，年迈的爷爷和孙女站着。孙女提醒坐着的男青年，座位上写着“老弱病残专座”，男青年无地自容，随即给老人让座。 广告语：多一份自觉，少几分尴尬。	35 秒	中央人民广播电台
3	蜡烛篇	停电了，乔迁新居的小夫妻为没有蜡烛而发愁。隔壁的小女孩前来敲门，小夫妻以为小女孩是来借蜡烛的，对她态度恶劣。其实小女孩是妈妈派来送蜡烛的。 广告语：人间需要温情，远亲不如近邻。	60 秒	中央人民广播电台广告部
4	盲道	盲人走盲道上班。路边摆摊的小贩和自行车经常侵占盲道，盲人不时被绊倒。 广告语：请保持盲道畅通。	60 秒	中央人民广播电台广告部
5	文艺之声公益广告美德篇	公交车上，妈妈给老大爷让座。妈妈说老大爷年纪比我大，我应该照顾他。小女孩也把座位让给了妈妈，因为妈妈年纪也比自己大。 广告语：美德在生活的细节里，世界在孩子的眼睛里。	50 秒	中央人民广播电台文艺之声
6	声音与和谐	博物馆里，导游正在向游客讲解展品。吃东西的声音，电话铃声，接电话的声音，孩子的笑声传来，淹没了导游的声音。 广告语：和谐社会从降低分贝开始。	60 秒	中央人民广播电台

续表

序号	名称	内容简介	时长	单位
7	下一站，奥运（三轮篇）	老师傅退休后开三轮，他经常给客人讲老北京的历史故事。为了服务外国游客，还专门学习了英文。他问游客下一站我们上哪儿？一个男子回答“下一站，我们直通奥运”。 广告语：为奥运我们一直在努力。	105 秒	中央人民广播电台
8	礼仪之邦	春秋时期我国盛行乡射礼，礼仪要求严格。人文日新，礼仪天下，现在我国也要求诚实、孝敬、守信，尊重、团结、尊严这些美德。 广告语：构建和谐中国，共创人文奥运。	60 秒	中央人民广播电台
9	奥运有我	奥运不是一个人的事，每个人都是选手，生活中文明不分先后；每个人都是裁判，人人有杆秤，都需文明互勉；每个人都是冠军，文明环境每个人都能听到属于自己的喝彩。做自己的冠军，奥运有我。	92 秒	中央人民广播电台
10	文明观赛 礼仪 闪光灯与喇叭 对话篇	闪光灯为不能到击剑、射击、羽毛球等比赛的现场去而哭泣。小喇叭安慰他，为了运动员能赛出好成绩，我们应该待在家里。他们还提醒手机哥哥记得不要出声，也提醒所有人为所有运动员加油助威。	112 秒	中央人民广播电台
11	微笑中国	男子为了工作奔波，在飞机上突然胃疼，多亏了空中小姐的照顾和微笑。空中小姐感激热心的司机师傅抄近路，没让她上班迟到。司机感激照顾自己孩子的护士，细心周到态度好。护士上班辛苦，回到家中看见女儿的微笑无比安心。复制微笑，传递快乐。微笑的中国是我们献给世界最好的礼物。	114 秒	中央人民广播电台
12	我的健康生活	新的一天开始了，女孩的奥运生活也开始了。早上到公园里和很多人一起晨练。下班后，健身房就是她的奥运舞台，拉丁舞让她激情四射，神采飞扬。练瑜伽让她身心完全放松。 广告语：全民健身，共迎北京奥运。	90 秒	中央人民广播电台
13	爱的色彩	男孩心中的世界在地震中变成了灰白色。全国各地的救援队伍让他重新看到了希望。他的世界里有了绿色，这是解放军战士给他带来生的勇气。白色，这是医护人员带着他与死神抗争。橙色，这是专业救援队点亮的生命之灯。男孩的世界也重新变回彩色。广告语：我们手拉手，心连心，夺取抗震救灾的伟大胜利。	125 秒	中央人民广播电台
14	留下廉洁之名	明代监察御史丁俊生活节俭，常吃豆腐。人称：豆腐御史。清代廉吏于成龙常食粗茶淡饭，人称：于青菜。明代贪官严嵩父子贪腐被杀，清代贪官和珅贪腐被赐死。从古至今，清廉为民敬仰，贪腐背负一世骂名。以古鉴今，警钟长鸣。	85 秒	中纪委
15	精彩人生	京剧的鼓声。人生如舞台，出台和谢幕都要精彩。清白做人，平安一生。	40 秒	中纪委
16	林则徐赴粤途中留清名	钦差大臣林则徐赴广东禁烟，提出途中州县官吏做到“五不”，有送礼官员则官降一级。他的传世名言：无欲则刚。	80 秒	中纪委
17	母亲的话	大雨落场院，担任组长的母亲帮助邻居收回稻谷，而不顾自家。30年后，儿子当公务员，牢记：情系百姓，为官之本。	50 秒	中纪委
18	孔繁森篇	孔繁森生活简朴，遗物仅仅有 8.60 元。高洁如玉，两袖清风。	70 秒	中纪委
19	姚明篇	篮球场上，篮球比赛激烈进行。姚明说，在篮球赛场上，观众和裁判随时注视着你，再小的犯规动作也会被发现。在人生的赛场上，裁判就是你自己。你犯了规，即使没有人吹哨人家也会看得见。要干干净净做人。	40 秒	中纪委

续表

序号	名称	内容简介	时长	单位
20	体操篇	国家队的体操运动员在告诫：体操动作要干净、正、直，每一个人的表现都关乎集体的胜利。人生如赛场。	55 秒	中纪委
21	廉洁是一种力量	申纪兰是一至十届全国人大代表，西沟村党总支书记、西沟经济合作社社长。她一辈子扎根西沟。她说，有私心就不是好干部，廉洁是群众拥护共产党的原因。她以身作则，带领大家建设贫困山区。廉洁是一种力量。	55 秒	中纪委
22	清风正气	清新的空气使人远离疾病，廉政的清风使社会健康。清风正气，干干净净。	35 秒	中纪委
23	金钱的思想者	英国大法官培根受贿，被囚禁伦敦塔。他认识到金钱的阴谋，来路不正的金钱使人恐惧。	65 秒	中纪委
24	毛毛熊	爸爸受贿犯罪，被带走了。孩子抱着爸爸送的礼物毛毛熊，想念爸爸。腐败危害家人。	75 秒	中纪委
25	正气篇	小时候，爸爸讲解“正”字的写法，寓意人生要正直和认真。长大了，我为官记住爸爸的教诲，做到心正。	55 秒	中纪委
26	传承正气	过去，爷爷告诫做村长的爸爸要办事公道。现在，父亲告诫做公务员的儿子做廉政为民的好公仆。	75 秒	中纪委
27	彼此温暖战胜灾难	在南方的冰雪灾难中，温总理向受困群众表示歉意，向大家保证政府正在恢复电网和交通，争取让大家早日回家。温总理的声音让人感动和温暖，带给我们希望和力量。	60 秒	北京人民广播电台
28	言传身教，做孩子的好榜样	孩子当街尿尿，母亲为其遮挡。孩子同样要母亲当街小便，母亲愕然。言传身教，做孩子的好榜样。	60 秒	北京人民广播电台
29	二环路	老大爷说，二环路外以前是片荒地。二环路是北京第一条环路，目前破损严重，市政府决定修缮。专家说希望市民能支持修缮。交管局说只在夜间施工，不影响白天交通。二环路上五环情，美丽北京是我家。	60 秒	北京人民广播电台
30	中国梦篇	来自体育界、文化界、商界、学术界的名人谈自己对于中国梦的理解，分为“奋斗的梦”、“温暖的梦”、“腾飞的梦”三个系列。	60 秒	北京人民广播电台

参考文献

1.〔美〕丹尼尔·切特罗姆著，陈世敏译：《美国大众传播思潮——从摩斯到麦克卢汉》，台湾远流出版事业有限公司1994年版。
2. 马建青：《现代广告心理学》，浙江大学出版社1997年版。
3. 高萍：《公益广告初探》，中国商业出版社1999年版。
4.〔美〕里贾· E. 赫兹琳杰：《NGO管理》，中国人民大学出版社2000年版。
5. 潘泽宏：《公益广告导论》，中国广播电视出版社2001年版。
6. 潘泽宏：《广告的革命（社会文化广告论）》，湖南大学出版社2001年版。
7.〔美〕拉斯维尔：《世界大战中的宣传技巧》，中国人民大学出版社2003年版。
8. 张明新著：《公益广告的奥秘》，广东经济出版社2004年版。
9. 王名、刘培峰等：《民间组织通论》，时事出版社2004年版。
10. 吴博林、徐缘等：《日本广告》，经济日报出版社2011年版。
11. 文春英：《外国广告发展史》，中国传媒大学出版社2006年版。
12. 喻国明、张洪忠：《大众媒介公信力理论研究》，人民出版社2006年版。
13. 樊志育：《实用广告学》，上海人民出版社2006年版。
14. 吕蓉：《广告法规管理》，复旦大学出版社2007年版。
15. 冯一粟、周永龄：《大众传媒导论》，科学出版社2007年版。
16. 李名亮：《广告传播学引论》，上海财经大学出版社2007年版。
17. 王沛：《广告心理效果与评价》，科学出版社2008年版。
18. 汤劲：《现代公益广告新探》，湖南教育出版社2008年版。
19. 宋若涛：《广告效果分析》，郑州大学出版社2008年版。
20.〔美〕威廉·阿伦斯著，丁俊杰等译：《当代广告学》，中国人民大学出版社2008年版。
21. 江作苏：《媒介公信论》，新华出版社2010年版。
22. 吴柏林：《广告心理学》，清华大学出版社2011年版。
23. 中国传媒大学全国公益广告创新研究基地编撰：《中国公益广告年鉴（1986—2010）》，中国工商出版社2011年版。

后　记

春暖花开时节，最后一次校阅书稿，感慨良多。我们从事广告学研究和教学多年，专心致力公益广告研究已经8年，见证了我国广告学学科建设和公益广告发展的历程。光阴荏苒，日月如梭，当今的广告行业已经不是30年前的吴下阿蒙，已然成为国家文化创意产业中的支柱产业。方兴未艾发展的公益广告不仅仅是广告，它还是国家精神文明建设和国家形象的重要组成部分。党和政府高度重视公益广告，近年来组织开展了一系列公益广告活动，影响至深且巨。名大专院校也纷纷尝试建立相关课程。但是学界和教育界还没有推出对公益广告系统研究的教材。本书正是力图为开拓公益广告研究和教学的新领域尽绵薄之力。

本教材尝试建立我国公益广告学研究的理论体系，可分为四部分：第一、二章是对公益广告基础理论的研究；第三、四、五章是对公益广告运行体制、传媒和企业经营实践的表述；第六、七章分析公益广告的创作和表现的规律；第八章是中外公益广告对比研究。本书既适用于高等院校广告学专业教学，也可以作为广告公司和媒体开展相关业务的指导用书。

中国传媒大学广告学院董寄舟积极协助主编对全书编撰和统稿，并参加了第二章、第六章、第七章的撰写工作，苏娜参加了第四、五章的撰写工作，董慧颖参加了第六、八章的撰写工作，杨慧参加了第五章的编写工作。

本书责任编辑蔡开松为本书的出版贡献了高超智慧，付出了辛勤劳动，为本书的编校甚至放弃了节假日的休息。他们的支持大大提高本书的质量，使本书得以顺利出版，我们谨向他们表示诚挚的谢意。

时间仓促，本书虽经反复琢磨，仍多遗憾，亦请广大读者指正。

刘林清　和群坡

2014年4月1日，北京

图书在版编目(CIP)数据

公益广告学概论/刘林清、和群坡主编. ——北京:中国传媒大学出版社,2014.4

(2017.12重印)

(广告学专业“十二五”规划教材)

ISBN 978-7-5657-0964-7

Ⅰ.①公… Ⅱ.①刘… ②和… Ⅲ.①公益广告—广告学—概论

Ⅳ.①F713.80

中国版本图书馆CIP数据核字(2014)第075370号

广告学专业“十二五”规划教材

公益广告学概论

主　　编　刘林清　和群坡
责任编辑　蔡开松
装帧设计指导　吴学夫　杨　蕾　郭开鹤　吴　颖
设计总监　杨　蕾
装帧设计　陈　粤、方雪悦等平面设计创作团队
责任印制　阳金洲
出版人　蔡　翔

出版发行　中国传媒大学出版社
社　　址　北京市朝阳区定福庄东街1号　邮编:100024
电　　话　86—10—65450528　65450532　传真:65779405
网　　址　http://www.cucp.com.cn
经　　销　全国新华书店

印　　刷　北京中科印刷有限公司
开　　本　787×1092mm　1/16
印　　张　15.5
版　　次　2014年6月第1版　2017年12月第2次印刷

书　　号　ISBN 978-7-5657-0964-7/F・0964　定　价　49.00元

本书更多相关资源可从中国传媒大学出版社网站下载
网址：http://www.cucp.com.cn
责任编辑：蔡开松　　意见反馈及投稿邮箱：1091104926@qq.com
联系电话：010-6578 3654